本书为山东省重点马克思主义学院建设经费（2022）资助项目、教育部高校思想政治理论课教师研究专项一般项目（项目编号：22JDSZK057）、曲阜师范大学廉洁文化研究中心支持项目的研究成果。

儒家廉德思想研究

任松峰　著

中国社会科学出版社

图书在版编目(CIP)数据

儒家廉德思想研究 / 任松峰著 . —北京 : 中国社会科学出版社, 2024. 1
ISBN 978 - 7 -5227 - 2997 - 8

Ⅰ. ①儒… Ⅱ. ①任… Ⅲ. ①儒学—廉政建设—政治思想史—研究—中国 Ⅳ. ①B222.05 ②D691.49

中国国家版本馆 CIP 数据核字(2024)第 033959 号

出 版 人	赵剑英
责任编辑	郝玉明
责任校对	谢 静
责任印制	王 超

出 版	中国社会科学出版社
社 址	北京鼓楼西大街甲 158 号
邮 编	100720
网 址	http://www. csspw. cn
发 行 部	010 - 84083685
门 市 部	010 - 84029450
经 销	新华书店及其他书店

印 刷	北京君升印刷有限公司
装 订	廊坊市广阳区广增装订厂
版 次	2024 年 1 月第 1 版
印 次	2024 年 1 月第 1 次印刷

开 本	710 × 1000 1/16
印 张	12. 5
字 数	205 千字
定 价	66. 00 元

目　录

绪　论

"德"是中国传统文化中的重要概念，其内涵历来有多种解释，如"德者，得也"（《管子·心术上》），"德，外得于人，内得于己也"（《说文解字》），"德者，己之所独得"（《朱子语类》卷十三）等。其实，关于"德"之内涵，尽管不同历史时期存有一定差异，但无不视"德"为一种美好的品行。国无德不兴，人无德不立。对国家来说，"德，国家之基也"（《左传·襄公九年》）；对个人而言，德是立身处事之本。

第一节　问题提出

做人要有修养，为官要讲官德。对为官从政者来说，在管理国家和社会事务中必须恪守一定的道德原则，这便是官德。人类社会发展的历史充分证明了这样一个道理：官德隆，国必昌；官德毁，国必亡。"德惟治，否德乱。"（《尚书·太甲》）"国家之败，由官邪也。官之失德，宠赂章也。"（《左传·桓公二年》）"官德"的好坏关乎政权安危、国家治乱，官员的道德水平是整个社会道德的重要标尺与风向标，"官德"影响民风。官德纯，则民风正；官德衰，则民风降。孔子说"君子之德风，小人之德草，草上之风，必偃"（《论语·颜渊》）。官员的道德像风，老百姓的道德像草，风吹到草上，草便会顺风而倒。

一　清廉是官德的重要内容

在中国传统政治伦理思想中，历来对为官从政者就有公、仁、慎、廉、勤、忠、孝、信、节、谦等诸多道德要求。《管子·牧民》中说"礼义廉耻，国之四维。四维不张，国乃灭亡"。礼、义、廉、耻是国家得以存在的基础，如果礼义廉耻不能得到推行，国家必然会灭亡。当然，在众多政治伦理道德的德目中，"廉"德是居于核心地位的。为官从政者能否做到政治上清正廉明，至关重要。其一，廉乃为政之根本。官廉则政举，官贪则政危。《汉书·宣帝纪》中说，"吏不廉平，则治道衰"。元代学者揭傒斯认为："廉非政之极，而为政必自廉始。"（《揭傒斯全集》卷三）其二，廉乃立人之大节。汉儒董仲舒说："有廉耻者，不生于大辱。"（《春秋繁露·竹林》）唐代的武则天认为："理官莫如平，临财莫如廉。廉平之德，吏之宝也。"（《臣规·廉洁》）宋代学者真德秀说："士之不廉，犹女之不洁。不洁之女，虽功容绝人，不足自赎。不廉之士，纵有他美，何足道哉？"（《西山政训》）可见，清正廉洁是为官从政者必须具备的第一品德。

二 儒家廉德思想内蕴丰富

在"何为廉""为何廉"以及"何以廉"等问题上，儒家思想文化中有大量论述。不仅《诗经》《尚书》《周礼》《周易》《春秋》等众多儒学经典中蕴含了大量廉德思想，而且以孔子、孟子、荀子、董仲舒、韩愈、柳宗元、朱熹、顾炎武等为代表的历代儒家学者，都对廉政问题进行了论述与阐释；不仅《为吏之道》《臣规》《西山政训》《三事忠告》《从政录》等官箴书中有诸多为政清廉的忠告，而且《颜氏家训》《朱子家训》等古代家训中也有大量清廉规劝。此外，还有山东曲阜孔府内宅照壁上的"戒贪图"、河南内乡县衙"楹联"，以及各种"戒石铭"等诸多清廉为政的实物警诫。1988 年 75 位诺贝尔奖获得者在法国发出了联名倡议："如果人类要在 21 世纪生存下去，必须回到 2500 年前，从中国孔子那里寻找智慧！"儒家思想文化中蕴含的丰富廉德思想资源，既是中国传统文化的重要组成部分，也是当代中国共产党人进行廉政建设和政德教育的重要"源头活水"。

三 借鉴儒家廉德思想智慧，加强反腐倡廉建设

历史上，不同时代的先进中国人都曾提出过许多反腐倡廉的思想与举措。他们的积极努力尽管未能从根本上阻断社会上发生贪腐，但毕竟为"风清气正""四海晏清"的社会局面出现起到了积极的推动作用。中国共产党是中国工人阶级的先锋队，自成立之日起，就始终坚持全心全意为人民服务的宗旨，秉承为民、务实、清廉的工作作风。无论革命战争年代，还是社会主义建设

的各个历史时期，廉洁从政始终是中国共产党人的靓丽"名片"。但是，随着我国社会主义市场经济的不断发展，由于受到外部环境影响，加之现行体制不够完善，个人理想信念不够坚定，致使党的干部队伍中出现了一些贪污腐败行为，贪财、贪权、贪色等现象层出不穷。党的十八大以来，以习近平同志为核心的党中央进行强力反腐，坚持"老虎""苍蝇"一起打，使一大批贪腐分子、"国之蛀虫"受到严惩。事实上，腐败是伴随人类社会发展了几千年的顽疾，是政权建设中普遍存在的一种现象。可以说，腐败在古今中外各种不同制度的社会中都不同程度地存在着。官员的腐败，损害了政府的公信力，污浊了社会风气，影响着政权的安危。如何治理腐败？各国的理念与措施各不相同，思想理论界的探讨也是聚讼不一。习近平总书记明确指出："深入推进党风廉政建设和反腐败斗争，需要坚持发扬我们党在反腐倡廉建设长期实践中积累的成功经验，需要积极借鉴世界各国反腐倡廉的有益做法，也需要积极借鉴我国历史上反腐倡廉的宝贵遗产。研究我国反腐倡廉历史，了解我国古代廉政文化，考察我国历史上反腐倡廉的成败得失，可以给人以深刻启迪，有利于我们运用历史智慧推进反腐倡廉建设。"[①] 历史的经验值得借鉴，历史的教训更需引以为戒。从中国历史和优秀传统文化中汲取思想智慧，无疑是推进党风廉政建设和反腐败斗争的明智之举。

四　研究意义

深入挖掘儒家廉德思想的丰富内涵，全面探究儒家廉德思想的现代价值，具有重要的理论意义和现实意义。

（一）理论意义

"廉"是中华传统伦理的重要范畴，也是儒家政治伦理思想的重要内容之一。"廉"既表示为一种较高的道德操守，也是为官从政者必须恪守的职业道德。"廉德"主要是从伦理学角度强调"廉"的范畴，是与"公""勤""慎"等并列的一个具体德目。"廉政"是从政治学的角度来探讨"廉"的范畴，是廉德在政治实践中的具体运用。廉德与廉政密切相连：廉德是廉政的道德基础，廉政是廉德的政治表达。在"何为廉""为何廉"以及"何以廉"等问

[①] 《习近平谈治国理政》，外文出版社 2014 年版，第 390 页。

题上，儒家思想文化中有系统的论述。本书主要借助历史学、哲学、伦理学、政治学等多学科知识，以马克思辩证唯物主义和历史唯物主义理论为指导，从多维视角对中国古代儒家廉德思想的理论基础、基本内涵、养成路径与具体践行等问题进行学理上的探究。通过对这一系列问题的研究，有助于补益以往学界关于中国古代廉政思想研究中存在的史论有余而深度不足、分析允中而广度有限、事例翔实而理论不足等缺憾，为中国古代廉政思想的深入研究提供必要的思想基础和理论范式。

(二) 现实意义

儒家之学是一种修齐治平的学问，强调要"修己""安人"。在漫长的历史发展过程中，儒学不仅一直在努力地构建着自己的学理体系，而且也积极地融入社会政治之中。儒学与政治的耦合，不仅表现为汉代官学地位的确立，以及后来成为封建专制国家赖以统治的理论基础，还表现在它从未停止对不同历史时代的社会热点问题的关注与思考。封建专制主义制度下的政治腐败，一直吸引着历代儒家学者的关注，并努力寻求问题的解决之道。儒家廉德思想的孕育与阐发，从根本上说虽然是出于维护封建阶级统治之目的，但也充分体现了中国古代知识分子积极的担当意识与强烈的家国情怀。它对历史上不同时代政治的清正廉明、社会风尚的积极向好，以及官吏贪腐的部分抑制等都起到了积极的推动作用。毛泽东同志说："我们这个民族有数千年的历史，有它的特点，有它的许多珍贵品。对于这些，我们还是小学生。今天的中国是历史的中国的一个发展；我们是马克思主义的历史主义者，我们不应当割断历史。从孔夫子到孙中山，我们应当给以总结，承继这一份珍贵的遗产。"[①] 儒家廉德思想是中国传统政治伦理思想的重要内容，对今天的党风廉政建设和反腐败斗争具有重要启示与借鉴意义。因此，深入研究儒家廉德思想具有重要的现实意义。当然，中国传统文化既有进步合理的精华，也有唯心保守的成分。儒家廉德思想亦是如此。所以，我们要坚持科学的态度与立场，在马克思主义理论指导下，取其精华，弃其糟粕，对其进行创造性转化和创新性发展。

---

① 《毛泽东选集》第 2 卷，人民出版社 1991 年版，第 534 页。

第二节　研究综述

"廉"是中国传统文化中的一种重要伦理道德观念，也是一种重要的治国理政思想。学术界对"廉"范畴的研究，主要围绕"官德之廉"（即"廉德"）和"为政之廉"（即"廉政"）两个方面展开的。

一　关于中国古今官德的研究

官德是中华民族传统道德的重要内容。对官德问题的思考与研究，由来已久。《尚书·皋陶谟》中记录了唐虞时代，皋陶对为官者提出了"宽而栗，柔而立，愿而恭，乱而敬，扰而毅，直而温，简而廉，刚而塞，强而义"的"九德"要求。夏朝时期，出现了"夙夜惟寅，直哉惟清"的官德教化思想。西周时期，提出了"六德"（知、仁、圣、义、中、和）与"六行"（孝、友、睦、姻、任、恤）的官德标准。可以说，卷帙浩繁的古代典籍中蕴含着非常丰富的官德思想，但是也颇为零散。比较而言，我国现代学者对官德问题的研究与论述较为集中。

（一）关于官德的整体研究

李建华《中国官德——从传统到现代》（四川人民出版社 2000 年版）一书是较早专门研究官德的著作，认为"官"是一种特殊的社会角色而非一种职业，官德是一种角色道德而非职业道德，官德的基本要求是"为民""公正""勤政""廉洁""修己"。杨建祥在中国古代官德问题研究方面，先后出版《中国古代官德研究》（上海古籍出版社 2004 年版）和《儒家官德论》（江西人民出版社 2007 年版）两部学术力作，对中国古代官德尤其是儒家官德思想从学理层面上进行了系统阐释。北京市社会科学院编写出版了《中国古今官德研究丛书》（北京出版社 2012 年版），为中国官德研究再添硕果。该丛书洋洋洒洒 90 余万字，包括《史说官德》《大道官德》《为官史鉴》《申论官德》四册，从史和论多层面、多角度对中国官德进行系统介绍。吴黎宏《做合格的领导：中国古代官德概要》（电子工业出版社 2013 年版）一书，则是以现代政治学和行政伦理学为理论基础，对中国古代官德规范的具体内容、古代官德的培养与建设方法、古代官德的积极作用，以及现代启示等问题进行了梳理。岑大利《中国古代官德研究》（中共中央党校出版社 2014 年版）一书，对官与官德的产生和发展、古代官德内容、古代官箴书与官德、古代官德建设、古代官德的缺陷、古代官德对现代官德的借鉴等问题进行了详细阐释。王荣《中国传统文化中的民本与官德》（人民出版社 2021 年版）一书基于中国传统文化大背景下考察传统民本思想的发展，挖掘传统民本思想当中的为君民本、为官民本的思想资源和道德精神，为当下我国的官德建设提供了资源与建议。此外，张梦义、喻承久《官德论》（武汉工业大学出版社 1999 年版）、邢瑞煜《官德建设论》（新疆人民出版社 2004 年版）、郭培贵《官德：中华传统美德精粹》（民主与建设出版社 2003 年版）等也对官德问题进行了一定的探讨。

近年来，有多篇博士学位论文把"官德"问题选作研究对象，对古今官德进行学术探究。比如，张锋《中国古代官德论》（博士学位论文，北京大学，2003 年）通过阐释中国古代官德的理论基础，研究中国古代官德的基本规范、主要内容及其发展规律，探讨中国古代官德的具体实践和历史作用，再现中国古代官德这一较为成熟发达的道德伦理体系。徐云鹏《中国现代官德建设研究》（博士学位论文，中共中央党校，2003 年）、唐利斌《官德建设问题探究》（博士学位论文，湖南师范大学，2006 年）、张永远《马克思主义人学视阈中的现代官德问题研究》（博士学位论文，南京理工大学，2010 年）、贾金易《当代中国官德建设研究》（博士学位论文，东北师范大学，2011 年）、褚玉清《中国新时期官德建设研究》（博士学位论文，大连海事大学，2012 年）、王家荣《官德建设研究》（博士学位论文，南昌大学，2014 年）、姜彦国《重塑中国官德研究》（博士学位论文，吉林大学，2014 年）、江海洋《曾国藩官德修养思想研究》（博士学位论文，南京理工大学，2015 年）、王海强《宋代官德教育研究》（博士学位论文，郑州大学，2018 年）、朱文宇《明宣宗御制〈官箴〉研究》（博士学位论文，吉林大学，2021 年）等，分别从历史学、政治学、伦理学视角对古今官德建设问题进行了积极探讨。

学术期刊上也有一些关于古代"官德"方面的研究论文发表。许启贤《重视我国历史上官德思想的研究》（《道德与文明》1995 年第 6 期）、涂永珍《我国古代官德的缺陷及鉴戒》［《河南大学学报》（社会科学版）1996 年第 6

期］、伍云《略论传统"官德"思想的当代价值》（《桂海论丛》1997 年第 3 期）、侯典峰《儒家的"官德"思想》（《发展论坛》1999 年第 4 期）、牟承碧《先秦儒家论中国官德》（《中国行政管理》2001 年第 5 期）、唐利斌《中国官德建设的历史考察》［《湘潭大学学报》（哲学社会科学版）2004 年第 4 期］、姜国柱《儒学官德与政治文明》（《中国社会科学院研究生院学报》2004 年第 6 期）、毛晓燕《中国古代官德实践与现代官德建设》（《河南社会科学》2004 年第 6 期）、平旭《中国古代官德教育内容及其启示》（《中国行政管理》2007 年第 3 期）、帅克《中国传统官德理念及其现代意义》（《社会科学战线》2010 年第 7 期）、吴黎宏《古代儒家官德思想及现实借鉴》（《中国井冈山干部学院学报》2011 年第 1 期）、黄清吉《中国古代的官德教育及其当代启示》（《西南政法大学学报》2015 年第 4 期）、刘建涛《老子〈道德经〉中的"官德"思想》（《人民论坛》2016 年第 29 期）、王伟《〈澄怀园语〉官德思想及其启示》［《江苏师范大学学报》（哲学社会科学版）2017 年第 5 期］、桑东辉《墨子官德思想及其当代启示》（《枣庄学院学报》2017 年第 4 期）、角云飞《传统官德思想的历史局限与价值》（《人民论坛》2017 年第 13 期）、曹迎春《董仲舒官德思想及其现代价值》（《衡水学院学报》2017 年第 2 期）、卢尚月《古代官德思想的当代启示》（《人民论坛》2017 年第 4 期）、傅琳凯《儒家官德思想探析》（《社会科学战线》2017 年第 2 期）、叶丹《论〈贞观政要〉官德思想及其现代价值》（《伦理学研究》2017 年第 5 期）、姜涵《东林党人的官德思想及其当代廉政建设价值》［《广州大学学报》（社会科学版）2018 年第 10 期］、白杰峰《曾国藩官德思想的合理内核及现代价值初论》（《湖南人文科技学院学报》2018 年第 3 期）、贾金易《中国古代儒家、道家、法家官德建设思想及其当代价值》（《思想教育研究》2019 年第 10 期）、刘倩《朱熹的官德思想简论》（《武夷学院学报》2019 年第 7 期）、陈静《中国古代官德思想及其当代启示》（《唐山学院学报》2020 年第 5 期）、齐卫平《〈晏子春秋〉的官德思想及其当代启示》（《廉政文化研究》2020 年第 4 期）、孙敏《中国传统文化中的"官德"及现代启示》（《辽宁行政学院学报》2020 年第 3 期）、孔令梅《〈吕氏春秋〉的官德修养及其当代启示》［《海南师范大学学报》（社会科学版）2020 年第 1 期］等。

（二）关于具体官德德目的研究

对中华传统伦理道德德目的研究，倍受学界关注。傅永聚主编的《中华伦理范畴丛书》，撷取了中华传统伦理道德中的仁爱忠恕礼义、廉耻忠信和合、善勇敬慈诚德、孝悌勤俭修志、圣公洁贞敏惠等六十四个具体道德德目。丛书作者们探赜索隐、钩深致远，对每个德目都采取从甲骨文一直到现代的全面的历史研究。此外，也有学者从官德角度对某一具体德目进行专门探讨。王丽平《官德"忠"论》（人民日报出版社 2014 年版），不仅对"忠"德的历史演变情况进行了详细考察，而且对"忠"德与恕德、廉德、孝德的关系进行了具体阐释。欧阳辉纯《传统儒家忠德思想研究》（人民出版社 2017 年版）认为，忠德是中国伦理思想史上重要的德目之一，包括做人之忠和为政之忠。儒家忠德的丰富内涵是在历史长河中变化发展而形成的，主要经历了先秦整合与创建、汉唐至明清发展与抗争以及现代批判与重构几个阶段，其中立德、立言、立功是儒家忠德实践的主要表现形式。此外，还有王泽应《忠德论》（《河北学刊》2012 年第 1 期）、赵炎才《中国传统忠德基本特征历史透视》[《山东大学学报》（哲学社会科学版）2013 年第 4 期]、桑东辉《魏晋南北朝时期忠德嬗变之管窥——以东魏、北齐为例》（《伦理学研究》2014 年第 3 期）、鄯爱红《传统忠德在现代行政伦理中的转化与创新》（《中国人民大学学报》2016 年第 4 期）、桑东辉《传统忠德及其当代价值辨析》[《井冈山大学学报》（社会科学版）2017 年第 4 期]、欧阳辉纯《文化传承视野中朱熹忠德思想的当代价值》（《道德与文明》2017 年第 3 期）。关于廉德之研究，孔宪峰《儒家之"廉"的意蕴与价值》（《理论月刊》2011 年第 5 期）一文通过探寻儒家之"廉"的渊源，阐释了儒家之"廉"的思想意蕴，探寻实现儒家之"廉"的时代化和当代价值转化等问题。周云芳《"廉"与古代官德》[《山西农业大学学报》（社会科学版）2012 年第 8 期]对"廉"的含义及作用等问题进行了一定的探讨。此外，宋立林《廉德诠解》（中国方正出版社 2017 年版）、任松峰《汉字中国：廉》（华夏出版社 2020 年版）等对廉德的重要意义、丰富内涵、历史演进及其现代价值进行了探究。

二　关于中国古今廉政的研究

作为伦理道德之"廉"，与政治行为联系起来，即为廉政。"廉"是对"政"的基本道德要求，"政"是"廉"的直接作用对象。"廉政"一词在古籍中使用得并不多，但现代学者对廉政问题的研究较为丰富。综合来看，既有廉政制度之研究，也有廉政思想之探赜；既有宏观层面廉政的整体研究，也有微观层面廉政思想的个案分析。当然，还有学者对当代中国廉政建设问题进行了实证研究。

（一）关于廉政制度研究

余华青主编的《中国古代廉政制度史》（上海人民出版社 2007 年版）一书，对中国古代各个历史时期的廉政规定、职官设置和官吏选拔任用、官吏管理以及法律制度方面的廉政规定进行了详细考察。李洪峰主编的《中国廉政史鉴》（文化艺术出版社 2012 年版）丛书，全书共十六分册 400 多万字，包括《思想理论卷》《典章制度卷》和《历史人物卷》三个部分。其中，《思想理论卷》荟萃了历史上重要政治家和思想家的廉政思想精华；《典章制度卷》对各个历史时期的廉政制度进行了比较系统的梳理；《历史人物卷》精选了从先秦到清代 300 多位著名历史人物的廉政事迹，并附有部分贪墨人物典型。此外，还有单慕远等编著《中国廉政史》（中州古籍出版社 1991 年版）、刘文瑞《中国古代的廉政制度》（民主与建设出版社 1995 年版）和夏赞忠主编的《中国廉政法律制度研究》（中国方正出版社 2007 年版）等。

廉政制度方面的论文，主要有：钱耕文《中国古代廉政制度浅析》（《学术月刊》1994 年第 4 期）、徐忠明《试论中国古代廉政法制及其成败原因》（《学术研究》1999 年第 1 期）、王增平《中国古代的廉政制度》（《山东社会科学》1999 年第 4 期）、刘守芬《对中国古代廉政法律制度的历史考察》[《北京大学学报》（哲学社会科学版）2003 年第 3 期]、王蕙《中国古代传统文化中的廉政思想探析》[《青海师范大学学报》（哲学社会科学版）2014 年第 4 期]、李拥军《中国古代廉政法制经验的现代启示》（《学习与探索》2016 年第 10 期）、黄建军《我国古代廉政制度及其镜鉴》（《中国党政干部论坛》2017 年第 10 期）、肖瑞峰《略议中国古代的廉政诗歌》（《浙江社会科学》2018 年第 5 期）、曲长海《古代官箴中的廉政教育理念及其当代启示》

（《廉政文化研究》2019 年第 4 期）、张晋藩《中国古代廉政法制建设之镜鉴》（《人民法治》2019 年第 5 期）等。

（二）关于廉政思想研究

1. 中国廉政思想文化的整体研究

对廉政思想的研究是廉政问题研究的重点，学术界研究成果颇丰。较早的研究主要有：刘明波《廉政思想与理论》（人民出版社 1994 年版）、刘廷禄《中国廉政思想史》（山东人民出版社 1996 年版）。进入 21 世纪之后，周卫东《廉政理论研究》（中央编译出版社 2005 年版）对古今中外的廉政思想进行了比较研究，为人们全面了解廉政思想提供了一个宏阔视野。张涛等《中华伦理范畴：廉》（中国社会科学出版社 2006 年版）一书，对"廉"在各个历史阶段的发展情况进行了详细梳理，并对"廉"范畴的现代启示问题进行了有益的思考与探索。王同君等编著的《中国历代廉政思想》（中国方正出版社 2007 年版）一书，对自原始社会到近代各个历史时期的杰出人物的廉政思想进行了详细梳理，为我们了解古代廉政思想提供了重要参考。贾育林《中国传统廉政法律文化及其现代价值》（中国方正出版社 2007 年版）、张利生《廉政文化建设要论》（中国方正出版社 2008 年版）等也对廉政文化的基本内容进行了大致梳理。林岩等人编著的《中国古代廉政文化集萃》（中国方正出版社 2009 年版）对中国传统廉政文化的历史发展和现代转化进行了详细阐释。肖杰《中国传统廉政思想研究》（吉林大学出版社 2010 年版）一书首先分析了中国传统廉政思想的理论基础，继而对中国传统廉政思想分别从伦理道德层面、法治层面和制度层面进行了系统梳理，最后对中国传统廉政思想进行了总体评价。李小红等编写的《中国古代廉政思想简史》（中国方正出版社 2011 年版）一书，对中国古代的廉政思想进行了历史梳理和总体评价。此外，麻承照《廉政文化概论》（中国方正出版社 2011 年版）一书，对廉政文化的基本理论、中国传统文化中的廉洁思想、马克思主义廉洁文化，以及西方国家的廉政文化进行了历史考察，并且对廉政文化与其他学科的关系问题进行了分析。

廉政思想文化方面的文章也较为集中。主要有：马伯仁等《我国古代廉政思想探讨》（《探索》1990 年第 2 期）、唐贤秋《中国古代廉政思想源流辨——兼与杨昶先生商榷》［《陕西师范大学学报》（哲学社会科学版）2006

年第 6 期]、卜宪群《中国古代廉政文化建设的基本特点及历史价值》(《中
国监察》2006 年第 1 期)、汪太理《传统廉洁文化的历史局限性》(《文史博
览》2006 年第 6 期)、李慧萍《廉政文化的历史渊源及时代价值》(《甘肃理
论学刊》2006 年第 6 期)、李照修《略论中国传统廉洁文化及其现代价值》
(《思想教育研究》2011 年第 11 期)、卜万红《中国古代廉政文化形态述论》
[《广州大学学报》(社会科学版) 2012 年第 9 期]、成云雷《中国传统廉政文
化解读》(《廉政文化研究》2012 年第 6 期)、常百灵《试论中国传统廉政文
化的现代转型》(《理论视野》2013 年第 2 期)、孙进《中国传统廉政文化的
现代转化》(《廉政文化研究》2016 年第 5 期)、杨建党《儒家廉政文化：地位、
结构与限度》(《江汉论坛》2018 年第 10 期)、李丹等《论中国传统廉政思想文
化的当代价值》(《思想教育研究》2018 年第 3 期)、蒋国宏《中国传统廉政文
化的软实力价值考量》[《南通大学学报》(社会科学版) 2020 年第 1 期]) 等。

2. 重要历史人物或典籍中的廉政思想研究

此类研究成果多见诸期刊论文。主要有蔡罕《太祖太宗与宋初廉政》
[《杭州大学学报》(哲学社会科学版) 1991 年第 3 期]、孙洪涛《朱元璋的廉
政思想与廉政措施》[《河北大学学报》(哲学社会科学版) 1992 年第 1 期]、
宋定国《〈周易〉中的勤廉思想》(《中国青年政治学院学报》1993 年第 5
期)、斐然《孔子廉政思想初探》(《文史杂志》1994 年第 5 期)、邢志第
《论墨子的廉政思想》(《齐鲁学刊》1995 年第 6 期)、育海《论云梦秦简中的
廉政思想》(《理论月刊》1995 年第 4 期)、鹿谞慧《论贞观廉政思想》(《东
岳论丛》1995 年第 2 期)、张子霞《韩非廉政思想初探》(《齐鲁学刊》1996
年第 6 期)、李静波《康熙的廉政兴国方略》(《中国行政管理》1997 年第 5
期)、从希斌《〈易经〉廉政思想述略》[《天津师范大学学报》(社会科学
版) 2001 年第 2 期]、王萍《先秦诸子的廉政》[《山东大学学报》(哲学社
会科学版) 2003 年第 1 期]、谢芳《论王夫之治吏思想及其对当代中国廉政
建设的启示》(《浙江社会科学》2019 年第 2 期)、王舒雅等《曾国藩公文中
的廉政思想》(《廉政文化研究》2019 年第 4 期)、徐瑾等《〈论语〉中的廉
政思想及其当代启示》(《廉政文化研究》2020 年第 3 期)。

(三) 关于当代中国廉政建设研究

如何推进当代中国廉政建设，既是一个重要的现实问题，也是学术界关

注的焦点问题。主要的研究成果有：王沪宁《反腐败：中国的实验》（三环出版社1990年版）、杨春洗主编《腐败治理论衡》（群众出版社1999年版）、胡鞍钢主编《中国：挑战腐败》（浙江人民出版社2001年版）、焦健《当代中国廉政制度预设新论》（天津人民出版社2006年版）、过勇《中国国家廉政体系研究》（中国方正出版社2007年版）等，都对当代中国廉政建设提出了诸多建设性的思想与建议。此外，孙道祥、任建明编著的《中国特色反腐倡廉理论研究》（中国方正出版社2011年版）一书，对中国特色反腐倡廉理论的思想来源、基本框架和发展深化等问题进行了全面深入的探讨。刘杰《中国式廉政——道路与模式》（学林出版社2012年版）一书，在分析了西方国家的廉政与监管的基础上，在深刻认识中国基本国情的前提下，根据中国特色社会主义发展方向，系统地提出了"中国式廉政＋模式与道路"，对中国的廉政建设和反腐倡廉工作有一定参考意义。唐贤秋《廉之恒道：中国传统廉政文化现代转换研究》（中国社会科学出版社2014年版）一书，依托马克思主义唯物史观，历史地考察了中国传统廉政文化的产生、主体内容及其特征；逻辑地分析了中国传统廉政文化现代转换的动力、路径、目标及其具体实现；最后对建设中国特色社会主义廉政文化进行了探索性的建构。

关于当代中国廉政建设方面的期刊论文较多。如赵秀月《推进中国廉政文化建设研究》（博士学位论文，东北师范大学，2010年）、黄钊《弘扬儒家廉政文化，推进和谐社会建设》（《湖北社会科学》2007年第8期）、王新山《儒家廉政思想及其现代价值》（《玉林师范学院学报》2011年第4期）等。

综上，学术界对中国传统官德与廉政的大量研究成果，具有很高的学术价值，对理解中国传统廉政文化和推进当前我国党风廉政建设具有重要的思想启示和方法借鉴意义，也是本书研究得以进行的重要学术前提。同时，已有研究成果中也存在诸多不足之处：一是对官德研究的整体考量多，而对具体的官德德目，尤其是廉德的深入探究少；二是对"廉"范畴的研究，从政治学角度考察廉政制度和廉政思想理论的多，而从伦理学角度分析廉德思想内涵的少；三是对廉德与廉政的研究，从历史的角度、按照发展阶段进行纵向研究的多，而从哲学的视角、依据其内在逻辑进行学理性分析的少。儒家思想是中国传统文化的主干，对中国传统政治伦理进行研究时，鲜有学者专门从儒家廉德思想的视角切入，也很少有从中探究当代中国贪腐问题的解决之道。鉴于此，本书试从儒家文化的视角出发，提出"儒家廉德思想研究"这一研究课题，通过对儒家廉德思想进行现代解构，汲取其价值滋养，为当代官德廉洁建设提供重要启迪和有益借鉴。

第三节　本书框架

本书坚持逻辑与历史相一致，理论与实践相结合的原则，主要借助历史学、伦理学、政治学等多学科知识，在充分吸收相关研究成果的基础上，分别从史、论、例、今等多个维度对儒家廉德思想的历史发展、理论基石、基本内涵、典型案例和当代价值等问题进行分析与探究，拓展中国传统廉政文化研究的视野，深化对当代中国廉政建设的理论认识。研究内容除"绪论"和"结语"外，正文部分共分为七章。

第一章主要介绍了"廉"范畴的基本含义及其历史演进。"廉"是与"贪"相对的一个概念，最初表示为一种高尚的道德操守，后来更多地与政治行为相联系，多表示为一种从政道德。"廉"范畴的产生是多种因素综合作用的结果。国家产生后，社会上出现了一批握有公共权力的"官"，也为贪贿的产生打开了方便之门。先秦诸子在推行自己的社会政治主张时，随之而提出"廉"的思想。从管仲到晏婴，从以孔、孟、荀为代表的儒家到以老、庄为代表的道家；从以墨翟为代表的墨家到以商鞅、韩非为代表的法家，都对"廉"进行了诸多论述，并对后世廉政建设产生了深远影响。秦汉以降，随着儒学独尊地位的确立，秦汉、魏晋南北朝、隋唐、宋元、明清各个历史时期的儒家学者对"廉"的思想均有重要论述和独到见解。因此，对先秦诸子和后世儒家先贤的廉德思想进行梳理与考辨，是阐释和挖掘儒家廉德思想智慧的重要前提。

第二章主要阐释了儒家廉德思想的理论基石。儒家廉德思想内涵丰富，是中国传统廉政文化的重要组成部分，也是当代中国廉政建设的重要思想资源。学术界对儒家廉德思想的探讨，主要围绕其基本内涵和现代价值等问题展开的，鲜有进一步追溯其理论基础是什么？研究认为，儒家廉德思想的理论大厦是在漫长的历史发展过程中逐渐建构起来的。"天人合一"思想是儒家廉德思想的重要哲学基石，"以民为本"思想是儒家廉德思想构建的重要政治基础，"仁者爱人"思想是其伦理基石，"公私、义利、理欲之辨"是儒家廉德思想构建的重要价值基石。深入探究儒家廉德思想的理论基础，对理解和阐释儒家廉德思想有重要的学理意义。

第三章主要诠释了儒家廉德思想的伦理内蕴。"廉"作为中国传统伦理的一个重要范畴，其基本内涵主要通过俭、耻、孝等具体伦理德目进一步展现出来。首先，"俭可养廉"。节俭是清廉的生活基础。俭，德之共也。"居官之所恃者，在廉。其所以能廉者，在俭"，"欲教以廉，先使之俭"。其次，"知耻养廉"。"养廉之基，在于知耻。"知耻是廉洁的前提，廉洁是知耻的升华。再次，"行孝促廉"。百善孝为先，孝是一切美德的基础，也是清廉的基础。孝与廉虽为处理家庭家族关系与国家关系的两种不同道德，但中国古代社会是一种家国同构的社会，所以践行孝道能促动为官之廉。

第四章主要探究了儒家廉德思想的政治表征。道德属于一种实践理性，伦理中的廉德被为官执政者在日常工作中践行，即为廉政。"廉"德在政治实践中表现为诸多方面。《周礼·天官》"六廉"之说便是廉德与政治行为相结合的典范。"善、能、敬、正、法、辨"既是官吏考核、计其功过的六条标准，也是能否确定为"廉吏"的基本依据。同样，行政治事中若能合乎这六个方面之要求，这样的行政便称为"廉政"。这六条标准与要求主要包括三个层面："廉法"属于法律层面，"廉敬"和"廉正"为道德层面，"廉善""廉能"和"廉辨"为能力层面。总之，《周礼》"六廉"思想体现了儒家廉政之主张，对中国封建政治文化发展乃至今天的廉政建设均有重要意义与影响。

第五章主要探究了儒家廉德养成的基本路径。如何提高为官执政者的"廉德"素养？在儒家看来，首先要坚持以德修身，正如马克思所说"道德的基础是人类精神的自律"[1]。廉德之养成关键在不断加强自我道德修养。其次要进行道德教化，实现教以养廉。道德教化的主要手段多种多样：一是家风家训熏染，如《诫子书》《颜氏家训》《训俭示康》和《朱子家训》等都有大量的廉德教化思想；二是学校教育；三是官箴书规劝，如《为吏之道》《臣规》《西山政训》《牧民三告》《从政录》等。最后加强制度规范与法律约束。为防止吏治腐败，保证封建官吏为政清廉，在官吏选任、考核、监督、奖惩

---

[1] 《马克思恩格斯全集》第1卷，人民出版社1995年版，第119页。

等方面，订立了许多行之有效的保障制度。

第六章主要介绍了儒家廉德思想的古代践行。儒家政治是一种理想政治，"廉德"思想落实到为官执政者身上，即为"明君""廉臣""清官""循吏"。从社会发展实际看，在儒家廉德思想的影响与感召下，历史上出现了诸多廉德的践行者，既有像唐太宗、魏征、司马光、明成祖、清圣祖等一批明君廉臣，对封建盛世局面的出现起到了积极的推动作用；也有像包拯、海瑞、于成龙、张伯行等大批清官廉吏，对风清气正社会局面的出现起到了重要作用。不可否认，尽管他们极力地倡廉反腐，但在封建专制政体下，还是出现了"惩贪而贪官不绝，倡廉而廉官稀有"的悖论。当然其中之原因是多方面的，但给我们留下的重要启示就是"廉"德建设如果不能与制度建设结合起来，其作用往往非常有限。

第七章主要阐释了儒家廉德思想的当代价值。儒家廉德思想与马克思主义廉政理论具有内在的会通性与一致性，尤其是党的历届领导人在加强廉政建设时，除了吸收马克思主义廉政理论外，还非常注重从儒家廉政思想中汲取智慧。当前，正处在努力实现中华民族伟大复兴的历史征程中，更需要大力继承和弘扬中华优秀传统文化。可以说，思想理论上的汇通与现实的机缘为汲取儒家廉德思想智慧，加强廉政建设提供了一种现实可能。鉴往知来，当代中国的廉政建设如何借鉴儒家思想智慧呢？基于系统论观点，反腐倡廉事实上是一项多层次的系统工程，道德教育、制度约束和法律惩治是其中三个最为重要的子系统。以德养廉，夯实廉洁从政的道德基础；以制保廉，完善廉洁从政的制度安排；以法促廉，筑牢廉洁从政的法律基石。当代中国，先进的中国共产党人正积极运用历史智慧，强力推进反腐倡廉建设，坚持从源头治理，"老虎""苍蝇"一起打的方针，逐渐形成了"不敢""不能"和"不想"的"三不"反腐思路；实行"以德养廉""以制保廉"和"以法促廉"三管齐下，建立健全惩治和预防腐败体系，真正实现干部清正、政府清廉、政治清明的目标。

第一章　"廉"范畴的基本含义及其历史演进

何谓"廉"？中国古代各家各派对其均有阐释，尽管表达各异，但大都认为"廉"与"贪"相对，是一种高尚的道德操守。上古时期，"廉"意识开始萌芽。伴随着国家的产生，社会上出现了握有公共权力的"官"，为贪贿的产生打开了方便之门。西周时期廉政观念诞生，《周礼》中就提出了"六廉"思想。春秋战国时期，廉德观念兴起，晏子提出了"廉为政之本"的思想。秦汉以降，随着儒学独尊地位的确立，历代儒家学者对"廉"思想均提出了重要见解，着重回答了何以"廉"的问题。

第一节　"廉"范畴的基本含义

"廉"既是中华传统伦理的重要德目，也是中国古代政治思想中的一个重要概念，历来受到人们的褒扬与重视。晏子说："廉者，政之本也。"（《晏子春秋·内篇杂下》）王文禄说："夫廉也者，约众理而统同之也。譬则五色之白，五味之甘，五声之宫，其实无体，其名无穷。……蹈之为道，得之为德，正之为政，罚之为刑，费之为赏，焕之为文，奋之为武"（《廉矩·廉理大统章》），对"廉"之推崇备至，可见一斑。那么，何谓"廉"呢？

一　"廉"义的词源学解析

《汉语大字典》中关于"廉"字之解释有 18 个义项，如"正直""不贪墨""节俭""不苟取""清白高洁""收敛自约""品行端方有志节"等。《辞海》中有"堂屋的侧边""棱角""廉洁不贪""便宜、价钱低""考察、查访"5 个义项。《现代汉语词典》中有"廉洁、清廉"和"便宜、低廉"两种解释。综合各类辞书之解释，可以看出"廉"字之基本含义大致包括了其本义、引申义两大义项多个方面的内容。

"廉"字之本义为"侧边"。许慎在《说文解字》中说:"廉,仄也,从广,兼声。"从词源学角度看,"廉"为形声字,形符为"广",声符为"兼"。在汉字的构字中,"广"部多为代表建筑物的形符,比如府、庭、庐、庙、店、库等均与建筑物有关。由此看来,"廉"字的本义大致应与建筑物相关联。段玉裁在《说文解字注》中说:"堂之边曰'廉'。"徐灏在《说文解字注笺》中说:"'仄'谓侧边也。"《仪礼·乡饮酒礼》中有"设席于堂廉,东上"。郑玄注之曰:"侧边曰'廉'。"可见,"廉"字之本义是指堂屋的侧边。此外,《礼记·丧大记》中也有"卿大夫即位于堂廉楹西"。这里的"廉"也是侧边、侧隅之义。堂廉之石平正而修洁又棱角峭利,所以多用"廉"喻人有清正、洁净等的高行。段玉裁在《说文解字注》中就说:"廉,隅也;又曰廉,棱也。引申之为清也、俭也、严利也。"

"廉"从兼声,而从"兼"为声符的字,多表示为"狭窄"之义。比如,"谦"的意思是"减损、不足","嗛"的意思是"食不满","嫌"的意思是"不足、不满","慊"的意思是"不满足、遗憾"等。可见,"兼"声字多有"小""少"等义。从声符的角度看,"廉"字含有"兼"符,所以"廉"字在古文中也有时表示"少"的意思。韩愈在《晚雨》一诗中写道:"廉纤晚雨不能晴,池岸草间蚯蚓鸣。投竿跨马蹋归路,才到城门打鼓声。"这里的"廉纤",实际就是"细微"的意思。在古代汉语中,"廉廉"一般多用来形容瘦削貌,"溓"即指浅水。在自然世界的"缺少、不足、浅水"等含义的基础上,将其引申到人类的行为领域,多指"少拿""浅取""不多得""不贪婪"等廉洁之义。比如,《逸周书·命训》中就说:"抚之以惠,和之以均,敛之以哀,娱之以乐。"东汉刘熙在《释名·释言语》中说:"廉,敛也,自检敛也。"梁代的顾野王在《玉篇·广部》中说"廉,清也"。

二 道德维度之"廉"

"廉"的含义,既指一种道德操守,也指一种治国理政思想。换言之,前者主要从伦理学角度强调"廉"是一个具体的道德德目,即"德之廉";后者是从政治学层面强调"廉"是一种治国思想,即"政之廉"。

"廉"作为中国古代重要的伦理道德规范之一,最早见于《尚书·皋陶谟》中。皋陶认为，检验一个人的行为有九种美德，即"宽而栗，柔而立，愿而恭，乱而敬，扰而毅，直而温，简而廉，刚而塞，强而义"①。这里的"廉"就有"廉隅"之义，是指一个人的性格、行为不苟。管仲认为"廉"是一种伦理道德，与"礼""义""耻"共同构成了"国之四维"。《管子·牧民》中说："国有四维，一维绝则倾，二维绝则危，三维绝则覆，四维绝则灭。倾可正也，危可安也，覆可起也，灭不可复错也。何谓四维？一曰礼，二曰义，三曰廉，四曰耻。"② 在管仲看来，廉与礼、义、耻诸德目共同被视为维系国家存续的道德基石。孟子多用"廉"表示一种较高的道德操守，《孟子·万章下》中说："故闻伯夷之风者，顽夫廉，懦夫有立志。"③ 这里的"廉"，即为廉洁之义。在孟子看来，那些品行高洁的人自然就可称之为"廉士"。《孟子·滕文公下》中说："匡章曰：'陈仲子岂不诚廉士哉？居於陵，三日不食，耳无闻，目无见也。井上有李，螬食实者过半矣，匍匐往，将食之，三咽，然后耳有闻，目有见。'孟子曰：'于齐国之士，吾必以仲子为巨擘焉。虽然，仲子恶能廉？充仲子之操，则蚓而后可者也。夫蚓，上食槁壤，下饮黄泉。仲子所居之室，伯夷之所筑与？抑亦盗跖之所筑与？所食之粟，伯夷之所树与？抑亦盗跖之所树与？是未可知也。'"④ 在匡章看来，陈仲子"视其兄之禄为不义之禄而不食，以其兄之室为不义之室而不居"，是一位品德高尚的"廉士"。此外，《吕氏春秋·忠廉》中也说"故临大利而不易其义，可谓廉矣。廉故不以贵富而忘其辱"。可见，"廉"是做人的基本道德要求，也就是不因对利益的追求而丧失的一种基本道义。

作为道德范畴的"廉"，多与"洁"字连用，即为"廉洁"。所谓"洁"，就是"洁白""不污"的意思。"廉"与"洁"连用，最早见于屈原的《楚辞》中，如"朕幼清以廉洁兮"（《楚辞·招魂》），"宁廉洁正直以清兮"（《楚辞·卜居》）。东汉学者王逸在《楚辞章句》中对"廉洁"二字加以注释，主张"不受为廉，不污为洁"。"廉"和"洁"的主要区别在于："洁"表示的是一种个人欲洁其身的癖好，是一种生活态度；而"廉"则是在此基

---

① 江灏、钱宗武译注：《今古文尚书全译》，贵州人民出版社 2009 年版，第 34 页。

② 赵守正撰：《管子注译》，广西人民出版社 1982 年版，第 156 页。

③ 杨伯峻译注：《孟子译注》，中华书局 2010 年版，第 214 页。

④ 杨伯峻译注：《孟子译注》，第 145 页。

础上的进一步提升，表示的是一种道德节操。

其实，"廉"不仅仅是一种普通的伦理道德，更多地表示为政治伦理道德，即"官德之廉"。在中国古代政治思想中，强调官吏在为官从政过程中，要以"廉"德为本。《礼记·乐记》中说"廉以立志"，也就是官吏要以廉德自守律己。刘向在《说苑·政理》中说："临官莫如平，临财莫如廉，廉平之守，不可攻也。"《汉书·宣帝纪》中说："吏不廉平，则治道衰。"《臣规·廉洁》中说："理官莫如平，临财莫如廉。廉平之德，吏之宝也。非其路而行之，虽劳不至；非其有而求之，虽强不得。"《清史稿·圣祖本纪》中说："吏治之道，惟清廉为重。"《康熙政要》中也说，"官以清廉为本"，"人臣服官，首重廉耻之节"。可以说，"廉"作为一种政治道德范畴，其实质就是用以规范为官从政者职业道德行为的。

三 政治维度之"廉"

"廉"作为一个道德范畴，不仅是约束为官从政者行为的道德伦理，还与政治行为和政治制度结合在一起，即为廉政。"廉"之所以会由伦理道德领域延伸到政治生活领域，主要是因为随着公共权力的产生和国家的出现，政治生活与行政活动领域中出现了大量的"不廉"现象，即贪污、受贿等腐败现象。①

对于"廉政"一词的含义，学界尚未有一个明确的界定，多见仁见智。一般认为"廉政"有广义和狭义之分，狭义的廉政与贪污腐败相对应，要求为政清廉公正。广义的廉政包含了精简机构、厉行节约、主持公道、政治开明等方面的内容。其实，"廉政"一词在中国古代典籍中的使用，最早见于《晏子春秋·内篇》中："景公问晏子曰：'廉政而长久，其行何也？'晏子对曰：'其行水也。美哉水乎清清，其浊无不雩途，其清无不洒除，是以长久也。'公曰：'廉政而速亡，其行何也？'对曰：'其行石也。坚哉石乎落落，视之则坚，循之则坚，内外皆坚，无以为久，是以速亡也。'"（《晏子春秋·问下第四》）在晏子看来，执政者的品行似水，从善如流，方能为政长久；若

---

① 参见唐贤秋《廉之恒道：中国传统廉政文化现代转换研究》，中国社会科学出版社2014年版，第4页。

品行似石，固执已见，则会招致速亡。其实，在中国古代使用更多的还是"廉正"一词。比如，《周礼·天官冢宰》中就有"六廉"之说："一曰廉善，二曰廉能，三曰廉敬，四曰廉正，五曰廉法，六曰廉辨。"① 许慎《说文解字》说："政者，正也。"因此，从某种意义上说，"廉政"即"廉正"，是指一种清正廉明的政治局面与氛围。

关于"廉"与"政"的关系，有学者认为"'廉'是对'政'的基本道德要求；'政'是'廉'的直接作用对象。'廉'为'政'服务，'政'因'廉'长存"②。其实，在《晏子春秋·内篇杂下》中就有"廉者，政之本也"，廉是为政的根本。《晋书·阮种传》中说："夫廉耻之于政，犹树艺之有丰壤，良岁之有膏泽，其生物必油然茂矣。"可以说，清正廉洁是实现国治的重要手段，能廉则政兴。

第二节　"廉"德思想的产生及早期发展

"廉"作为一种伦理道德观念，起源于何时尚有争论。人们大多认为"廉"范畴开始出现于西周初年，其主要依据为《周礼·天官冢宰》中关于"六廉"之说的材料。有学者认为，"早在西周时期，著名政治家周公旦便大声疾呼，要以廉政、廉法'弊群臣之治'。可以说，'以廉为本'的廉政思想在中国已经发展了3000多年"③。也有学者认为，《周礼》成书较晚，是战国时期的作品。周公并不是"以廉为本"的倡导者，"廉"应该是春秋战国之际的产物。④ 还有学者依据《尚书·皋陶谟》中"九德"之说有关于"简而廉"的材料，坚持认为"廉"范畴最早萌芽于原始社会末期。⑤ 不难看出，在"廉"德起源问题上之所以形成不同的说法，主要是因为基于不同时期的材料而得出完全不同的结论所致。

---

① （清）孙诒让撰：《周礼正义》，中华书局1987年版，第113页。

② 唐贤秋：《廉之恒道：中国传统廉政文化现代转换研究》，第5页。

③ 皮剑龙、姬秦兰：《中国古代的廉政和清官》，中共中央党校出版社1991年版，第1页。

④ 参见杨昶《"廉"德探源及古代廉吏标准》，《华中师范大学学报》（人文社会科学版）1996年第4期。

⑤ 参见诸家永《中国古代廉政建设的若干经验》，《中国监察》2005年第1期。

一 "廉"德意识的产生

要对"廉"的起源问题进行考察,应把"廉"意识的产生与有正式的文献记载区别开来。文字是殷商时代以后才出现的,而"廉"范畴作为一种思想意识与实践活动,在文字出现以前即已经萌芽了。

"廉"是"贪"的对立面。自从贪贿现象出现以后,人们在不断认识和反思贪贿危害的同时,"廉"的意识便随之而萌发。原始社会由于生产力水平极低,人们过着共同劳动、财产公有、社会产品平均分配,没有阶级与剥削的"原始共产主义"生活。《礼记·礼运》中就对原始社会作了如此描绘:"大道之行也,天下为公。选贤与能,讲信修睦,故人不独亲其亲,不独子其子,使老有所终,壮有所用,幼有所长,矜寡孤独废疾者,皆有所养。男有分,女有归。货,恶其弃于地也,不必藏于己;力,恶其不出于身也,不必为己。"①

原始社会后期,随着社会生产力的发展,尤其是在农业革命发生以后,社会产品出现了剩余,为私有制的产生创造了条件。此时,有些氏族首领利用手中掌握的对公共财产的管理权和分配权,或借对外进行产品交换之机,把原本属于集体的财富据为己有。私有制的出现导致了贪贿现象开始滋生蔓延,与之相伴而行的就是清廉意识的萌芽。《尚书·舜典》中有:"象以典刑,流宥五刑,鞭作官刑,扑作教刑,金作赎刑。"②舜作"五刑",其中包括"鞭作官刑"。清代学者孙星衍将其释为"在官有禄者,过则加之鞭笞"。也就是说,居官食禄之人,如果犯了过错,就要受鞭笞之刑,这在一定程度上反映出舜帝的惩贪倡廉思想意识。

原始民主制下选举产生的氏族和部落首领,多是德行高尚之人,堪称社会的道德楷模。他们没有什么特权,管理社会主要是依靠道德的力量。恩格斯就说:"酋长在氏族内部的权力,是父亲般的、纯粹道义性质的。"③他们都有着相当强烈的"为民父母"的原始公仆意识,不仅虚心听取民众建议,而且还用"夙夜惟寅,直哉惟清"(《尚书·舜典》),"克勤于邦,克俭于家"(《尚书·大禹谟》)等"铭言""戒言"来律己诲人。《淮南子》中有:"《尧

① 杨天宇撰:《礼记译注》,上海古籍出版社2004年版,第265页。
② 江灝、钱宗武译注:《今古文尚书全译》,第14页。
③ 《马克思恩格斯选集》第4卷,人民出版社2012年版,第97页。

戒》曰:'战战栗栗,日慎一日。人莫踬于山,而踬于垤。'"(《淮南子·人间训》卷十八)贾谊说:"大禹曰:'民无食也,则我弗能使也;功成而不利于民,我弗能劝也。'"(《新书·修正上》)可以说,这些"戒言"既是中国"廉"范畴萌芽的重要标志,也是孕育后世"廉德"思想的最初胚胎。

如果说私有制触动了人类的贪欲,那么国家的建立则为贪贿的滋生蔓延打开了方便之门。在氏族制度进一步瓦解的基础上,中国在公元前 21 世纪产生了第一个奴隶制国家——夏朝。马克思认为,国家是阶级矛盾不可调和的产物,是阶级统治的工具。国家建立的重要标志就是建立了政府机构,设置了掌管公共权力的官吏,组建了军队、法庭、监狱等暴力机关。氏族部落时期的贵族和首领逐渐转变成国家时期的管理者——各级官吏。随着国家的发展,官吏阶层人员数量不断增多,手中握有的权力越来越大。孟德斯鸠认为,"一切有权力的人都容易滥用权力,这是万古不易的一条经验"(《论法的精神》)。英国历史学家约翰·阿克顿也说,"绝对的权力导致绝对的腐败"(《自由与权力》)。在制度和监督并不完善的情况下,手握很大权力的各级官吏极易发生贪腐。《左传·襄公四年》中记载[后羿]"恃其射也,不修民事而淫于原兽"。太康失国,就是因统治者骄奢贪逸所致。夏王仲康是一位英明的君王,他认识到"天吏逸德,烈于猛火"(《尚书·胤征》)。所以,当有专门负责观察天象的羲和后人"沈乱于酒,畔官离次,俶扰天纪,遐弃厥司"(《尚书·胤征》)时,他便依先王律令而诛杀之。此外,面对社会上的贪腐,夏朝时期也出现了惩贪的法律,《夏书》中就记载了"昏、墨、贼、杀"等惩办违法官吏的严厉刑罚。春秋时期晋国大夫叔向释之曰"已恶而掠美为昏,贪以败官为墨,杀人不忌为贼"。(《左传·昭公十四年》)

夏朝最后一个国王桀非常残暴。《史记·夏本纪》说"桀不务德而武伤百姓,百姓弗堪"。与之形成鲜明对比的是,兴起于东方的商族,首领汤却"夙兴夜寐,以致聪明。轻赋薄敛,以宽民氓。布德施惠,以振困穷。吊死问疾,以养孤孀。百姓亲附,政令流行"(《淮南子·修务训》)。夏桀无道,成汤有德。"有夏多罪,天命殛之。"(《尚书·汤誓》)经汤武革命,建立起中国历史上第二个王朝——商朝。

商朝的统治者们出于维护阶级利益的目的,提出了爱民、重德、慎罚的政治伦理思想。他们深刻地认识到,民心向背是关乎国祚存续的关键,应该重民爱民。商汤提出了"人视水见形，视民知治不"的思想，告诫诸侯"毋不有功于民，勤力乃事"（《尚书·汤诰》）。也就是说，官吏应该为民建功，勤勉做事。商王盘庚将都城从奄迁到殷以后，针对有些官吏存在着不守旧制，傲慢、贪图安逸的情况，他训诫要"克黜乃心，施实德于民"（《尚书·盘庚上》）。为官者应该去掉私心，把实实在在的好处给予百姓。可以说，商朝统治者们的重民爱民思想，既是对虞夏以来重民思想的继承与发展，也是基于对现实社会中民众力量的深刻认识。

前朝"桀不务德"而导致的亡国之痛，时刻警醒着商朝的统治者们。他们对天命由完全信任到逐渐产生怀疑。天命的长短并非完全是由上帝所决定的，很大程度上是看为政者是否有德行，是否以德为政。《尚书·仲虺之诰》中赞美成汤："不迩声色，不殖货利。德懋懋官，功懋懋赏。用人惟己，改过不吝。克宽克仁，彰信兆民。"① 《尚书·太甲下》中说"德惟治，否德乱。与治同道，罔不兴；与乱同事，罔不亡"。伊尹告诫太甲，要实现天下太平必须实行德政。此外，在《尚书·咸有一德》中也说："非天私我有商，惟天佑于一德；非商求于下民，惟民归于一德。"② 意思是说，"并不是上天偏爱我们殷商，只是它扶助道德纯一的人；不是殷商招来百姓，只是百姓归附道德纯一之人"。

为了确保官吏的清廉为政，殷商的统治者们还注重运用法律手段加以规制。《尚书·伊训》中记载了商汤"制官刑，儆于有位"的情况。［商汤］曰："敢有恒舞于宫，酣歌于室，时谓巫风，敢有殉于货色，恒于游畋，时谓淫风。敢有侮圣言，逆忠直，远耆德，比顽童，时谓乱风。惟兹三风十愆，卿士有一于身，家必丧；邦君有一于身，国必亡。臣下不匡，其刑墨，具训于蒙士。"③ 也就是说，商汤制定惩治官吏的刑罚，警诫百官并指出了三种风俗十种过错的严重危害。商王盘庚迁殷后，又对大臣们说："汝无侮老成人，无弱孤有幼。各长于厥居。勉出乃力，听予一人之作猷。无有远迩，用罪伐厥死，用德彰厥善。邦之臧，惟汝众；邦之不臧，惟予一人有佚罚。凡尔众，其惟致告：自今至于后日，各恭尔事，齐乃位，度乃口。罚及尔身，弗可悔。"④

① 江灏、钱宗武译注：《今古文尚书全译》，第 85 页。
② 江灏、钱宗武译注：《今古文尚书全译》，第 111 页。
③ 江灏、钱宗武译注：《今古文尚书全译》，第 97 页。
④ 江灏、钱宗武译注：《今古文尚书全译》，第 123 页。

意思是说，在位为官者不要轻视成年人，不要看不起年少的人，对作恶者用刑罚惩处，对行善的人进行表彰赏赐。从今往后，要做好分内之事，尽职守则；否则，妖言惑众就会受到严惩。殷商时期，人们虽然对"廉"范畴的认知缺乏系统，但它毕竟处在自上古向迄周代的重要过渡中，为周代乃至更久远时期的廉德思想发展奠定了基础。

二 廉德思想的早期发展

商朝末年，纣王无道，搜刮无度，"厚赋税以实鹿台之钱，而盈矩桥之粟"（《史记·殷本纪》）。夏末桀亡的历史悲剧再次上演。牧野倒戈，武王克商，江山易主。《诗经·荡》篇就曰："殷鉴不远，在夏后之世。"从历史发展演进中，周人逐渐认识到"惟命不于常"（《尚书·康诰》），上天所赐予的大命不是固定不变的。对于这种社会意识，《诗经·文王》篇中将其更为简洁地概括为"天命靡常"。

面对"靡常"的天命，如何才能不让其再继续转移，永远普照周原大地，始终眷顾周人子孙呢？周人逐渐感悟到，避免天命转移的关键就在于"敬德""保民"。《尚书·蔡仲之命》中说"皇天无亲，惟德是辅"。上天不刻意去亲近谁，只是辅佑贤德之人。"德"在周人那里是一个重要的综合概念，包括了个人修养、行政、政策等多方面内涵。可以说，一切美好的东西都可以包含在周人所强调的"德"中。召公告诫周成王说，夏商灭亡是因"不敬厥德，乃早坠厥命"（《尚书·召诰》），周朝的先王们"亦既用明德"，才会出现周代商兴。所以，"王敬作，所不可不敬德"（《尚书·召诰》）。王要认真做事，不可以不认真行德。只有根据"德"来行事，才能求得天命的长久。统治者们如何才能做到"敬德"呢？具体来说，统治者在施政过程中要努力做到"宜民宜人"，也就是"保民"。在《尚书·康诰》中，周公反复告诫康叔要"用保乂民""用康保民"。许慎在《说文解字》中说："保，养也。"周公对康叔曾训诫道："欲至于万年，惟王子子孙孙永保民。"[1] 保民即养民。民为邦本，本固邦宁。只有"保民"，才能"王天下"。可以说，"敬德"与"保民"是紧密联系、相辅相成的。"敬德"是"保民"的基础，"保民"是"敬

---

[1] 江灏、钱宗武译注：《今古文尚书全译》，第237页。

德"的目的之一。①"敬德保民"是周朝统治者们廉德思想的基本内核,是治国理念中由神治到德治的重大转折。

"民无常心,惟惠怀之。"要实现保民、养民之目标,有赖于统治者实行"宜民宜人"的具体措施,即应该做到"慎罚""任贤"和"勤政"。

罚与德是相对的一组概念,都是治理国家所使用的重要手段。在治国理政中,德是根本,罚是补充。鉴于殷商滥用刑罚而招致民怨民叛的深刻教训,周代统治者们提出了"慎罚"思想。

一方面,要依据"常典""正刑"来用刑。法律是由上古先民的习惯、习俗演变而来的。在成文法出现以前,法律主要是以习惯法的形式存在着。这样一来,法律的解释带有了很大的随意性,其弊病不言而喻。慎罚,首先实现的就是法律的制度化、规范化。西周初年出现了"洪范九畴",也就是治理国家必须遵循的九条大法。穆王时期,吕侯为相,又作《吕刑》,这是我国现存最早的较为系统的法律著作。《吕刑》中说:"两造具备,师听五辞。五辞简孚,正于五刑。五刑不简,正于五罚;五罚不服,正于五过。"② 这清楚地说明了案件的审判程序。法官先审查五刑的条文,如果罪行可信且符合五刑的条文,就用五刑来惩罚;若不符合,就用五罚来惩治;若五罚惩治而不可从,就用五过来惩治。此外,《周礼·秋官》中还提到了"以五声听狱讼,求民情:一曰辞听,二曰色听,三曰气听,四曰耳听,五曰目听"。"辞听"就是听当事人陈述是否有条理,"色听"就是观察当事人的表情是否紧张,"气听"就是听当事人陈述时的呼吸是否平缓,"耳听"就是观察当事人的听觉反应是否正常,"目听"就是观察当事人的眼睛是否直视。这充分体现了用刑的谨慎性、程序性和公正性。

另一方面,以善用刑,以德施刑。要依据违法犯罪者的动机量刑。《尚书·康诰》中曰:"人有小罪,非眚,乃惟终自作不典;式尔,有厥罪小,乃不可不杀。乃有大罪,非终,乃惟眚灾:适尔,既道极厥辜,时乃不可杀。"③ 意思是说,一个人尽管犯了小罪,但是有意而为且不肯悔改,这样的人必须杀掉;相反,一个人即使犯了大罪,但非故意为之且已经悔改,这样的人便

---

① 参见李小红、张如安《中国古代廉政思想简史》,中国方正出版社 2011 年版,第 11 页。

② 江灏、钱宗武译注:《今古文尚书全译》,第 351 页。

③ 江灏、钱宗武译注:《今古文尚书全译》,第 220 页。

可从轻处罚。要多用些时间审理案件，切勿匆忙判决。《尚书·康诰》中说"要囚，服念五、六日至于旬时，丕蔽要囚"。意思是说，对于监禁犯人的事情，必须认真考虑五六天，十天时间甚至更长时间再断定它，以免出现差错。

任人是否得当关乎"敬德慎罚"的施政原则能否顺利实现。《尚书·君奭》中周公对召公说："成汤既受命，时则有若伊尹，格于皇天。在太甲，时则有若保衡。在太戊，时则有若伊陟、臣扈，格于上帝；巫咸乂王家。在祖乙，时则有若巫贤。在武丁，时则有若甘盘。率惟兹有陈，保乂有殷，故殷礼陟配天，多历年所。"① 成汤建商靠伊尹辅佐，太甲有保衡，太戊有伊陟、臣扈，祖乙有巫贤，武丁有甘盘相助。商代延续许多代，得益于贤人的辅助。周公从历史发展中总结出"爽邦由哲"的道理。也就是说，要实现国家的清正廉明，必须任用贤明之人。《史记·鲁周公世家》中就生动描述了周公求贤若渴之状："然我一沐三捉发，一饭三吐哺，起以待士，犹恐失天下之贤人。"② 为此，周公还在《逸周书·官人》篇中提出了以"观诚""考言""视声""观色""观隐""揆德"为内容的"观人六征法"。难能可贵的是，周公在"观人六征"中首次提出把"廉"作为遴选官吏的重要内容。比如，"其壮者，观其廉洁务行而胜私"，"省其交友，观其任廉"，"临之以利，以观其不贪"，"有隐于廉勇者"，"廉洁而不戾"等。可以说，周公对为官当廉的论述尽管并不完备，但毕竟对后世廉洁为政思想的形成具有重要意义。

治国安邦尤需执政者勤于政事。商朝末年，统治者"惟荒腆于酒"，酿成亡国惨剧。以殷为鉴，周朝的统治者们"小心翼翼"，"如临深渊，如履薄冰"，在政务上不敢有丝毫懈怠。周公在《尚书·无逸》篇中就反复劝诫统治者说"君子所，其无逸"，不要贪图安逸，应该勤勉工作，要了解百姓疾苦，要知稼穑之艰难；反对那些"生则逸，不知稼穑之艰难，不闻小人之劳，惟耽乐之从"的做法。此外，为了督促为政者能够勤勉为政，还要辅之以考核。《周礼·天官》中就说："以听官府之六计，弊群吏之治，一曰廉善，二曰廉能，三曰廉敬，四曰廉正，五曰廉法，六曰廉辨。"③ 善、能、敬、正、法、辨六个方面就是对官吏进行考核的基本内容，如果官吏能够做到这六个方面，

---

① 江灏、钱宗武译注：《今古文尚书全译》，第276页。
② （汉）司马迁：《史记》，中华书局2009年版，第206页。
③ （清）孙诒让撰：《周礼正义》，第113页。

那便可称为"廉吏";那样的行政便可称为"廉政"。

第三节　比较的视阈:先秦诸子论"廉"

公元前 770 年,周平王东迁洛邑,开启了长达 500 年之久的春秋战国时期。春秋战国时期是一个社会大变革的时期。经济上,铁器和牛耕的广泛使用,极大地促进了社会生产力的发展,使得社会物质财富日渐丰裕。政治上,周王室权力式微,失去了对天下的掌控,出现了"礼乐征伐自诸侯出"的局面。在此背景下,统治阶级骄奢淫逸现象更加严重,各诸侯国因贪贿而导致亡国者,屡见不鲜。于是,儒、道、法、墨诸子各家从自身所代表的阶级利益出发,在阐发各自政治主张的同时,对"廉"范畴进行了不同的阐述。

一　儒家论"廉"

春秋战国时期,"廉"范畴已发展成一个成熟的伦理学意义上的道德概念,表示的是一种操守行为。"廉"字在《论语》中仅出现过一次,"古之矜也廉,今之矜也忿戾"(《论语·阳货》)。意思是说,古代矜持之人棱角太锋利使人不能触犯,现在的矜持之人却蛮横无理。可见,此处之"廉"乃取其本义,即为不可触犯的意思。另外,《礼记·礼运》篇中也有关于孔子用"廉"的材料。"大臣法,小臣廉,官职相序,君臣相正,国之肥也。天子以德为车,以乐为御。诸侯以礼相与,大夫以法相序。"[1] 这里的"廉"即有"廉洁"之义。

尽管孔子在《论语》一书中很少用"廉"字来直接表示人的一种道德操守,但其思想中已经包含了"廉"的思想内容。比如,《论语·尧曰》篇中有子张问于孔子曰:"何如斯可以从政矣?"子曰:"尊五美,屏四恶,斯可以从政矣。"子张曰:"何谓五美?"子曰:"君子惠而不费,劳而不怨,欲而不贪,泰而不骄,威而不猛。"这里的"欲而不贪",强调的是人有欲望但不要贪婪,实际上表达的就是反对贪欲,崇尚清廉的思想主张。同时,孔子并不盲目地反对人们去追求富贵,关键是要以正确的途径与方式获取,《论语》中

---

[1]　杨天宇撰:《礼记译注》,第 281 页。

反复表达了这一思想。"富与贵,是人之所欲也;不以其道得之,不处也。贫与贱,是人之所恶也;不以其道得之,不去也"(《论语·里仁》),"富而可求也,虽执鞭之士,吾亦为之","不义而富且贵,于我如浮云"(《论语·述而》)。此外,《孔子家语·辩政》中说:"治官莫若平,临财莫如廉。廉平之守,不可改也。"① 在孔子看来,"廉"是为官者对待钱财的一种正确态度,是检验为官者行为的重要绳矩。

孟子在孔子论"廉"的基础上,对"廉"范畴又有进一步阐发。首先,他直接用"廉"字来表示一种道德操守。在《孟子》一书中,先后有七次用到"廉"字。如"故闻伯夷之风者,顽夫廉,懦夫有立志"(《孟子·万章下》)。"居之似忠信,行之似廉洁,众皆悦之,自以为是,而不可与入尧、舜之道,故曰'德之贼'也。"(《孟子·尽心下》)在这几处引文中,"廉"字均表示为一种道德操守。其次,他还对"廉"的基本含义给予了进一步明确。《孟子·离娄下》中就说"可以取,可以无取,取伤廉。可以与,可以无与,与伤惠;可以死,可以无死,死伤勇"。在孟子看来,"廉"就是不取身外之物,不贪不义之财。否则,就会伤害到"廉"的本性。当然,在孟子看来,"廉"绝对不是那种弃国与家之双重责任而不顾的个人洁癖,而是兼顾道德责任与人伦义务的完全担当。《孟子·滕文公下》篇中有一段关于孟子与匡章的对话,对"廉"之本义进行了非常明确的区分。匡章曰:"陈仲子岂不诚廉士哉?居於陵,三日不食,耳无闻,目无见也。井上有李,螬食实者过半矣,匍匐往,将食之,三咽,然后耳有闻,目有见。"孟子曰:"于齐国之士,吾必以仲子为巨擘焉。虽然,仲子恶能廉?充仲子之操,则蚓而后可者也。夫蚓,上食槁壤,下饮黄泉。仲子所居之室,伯夷之所筑与?抑亦盗跖之所筑与?所食之粟,伯夷之所树与?抑亦盗跖之所树与?是未可知也。"② 在孟子看来,陈仲子尽管是齐国中的佼佼者,但并不能算得上真正的廉洁之士。《孟子·尽心上》中说:"仲子,不义与之齐国而弗受,人皆信之,是舍箪食豆羹之义也。人莫大焉亡亲戚君臣上下。以其小者信其大者,奚可哉?"③ 孟子认为仲子所行之"义",仅是抛弃一筐饭、一碗汤的"小义",相比于避兄离

---

① 杨朝明、宋立林主编:《孔子家语通解》,齐鲁书社 2009 年版,第 169 页。
② 杨伯峻译注:《孟子译注》,第 145 页。
③ 杨伯峻译注:《孟子译注》,第 293 页。

母、无亲戚君臣上下的"大义"而言，实在是微不足道。孟子还认为，像伯夷那种"目不视恶色，耳不听恶声。非其君不事，非其民不使。治则进，乱则退。横政之所出，横民之所止，不忍居也"① 之人，才能算得上真正的廉洁之士，他们对于社会才能真正起到"顽夫廉，懦夫有立志"的榜样效果。

在先秦儒家代表人物中，荀子是较多论及"廉"范畴的一位思想家。《荀子》一书中，先后有十余次用"廉"字来表示道德操守。《荀子·不苟》篇中有，"君子宽而不慢，廉而不刿，辩而不争，察而不激，寡立而不胜，坚强而不暴，柔从而不流，恭敬谨慎而容"②。《荀子·君道》篇中说"厚者进而佞说者止，贪利者退而廉节者起"。不仅如此，荀子还在孟子关于人应有"羞耻之心"的思想论述基础上，首次使用了"廉耻"这一概念，并把是否具有"廉耻"之心作为区分君子与小人的重要标准。《荀子·修身》篇中说："端悫顺弟，则可谓善少者矣；加好学逊敏焉，则有钧无上，可以为君子者矣。偷儒惮事，无廉耻而嗜乎饮食，则可谓恶少者矣。"③《荀子·荣辱》篇中说："争饮食，无廉耻，不知是非，不辟死伤，不畏众强，恈恈然唯利饮食之见，是狗彘之勇也。"④ 对于为官者来说，"廉"还是官员选拔与任用的重要客观标准。《荀子·君道》篇中就主张"德厚者进而佞说者止，贪利者退而廉节者起"。

二 道家论"廉"

道家对"廉"范畴也颇为关注，并且对其进行了诸多阐释。老子主张"无为而治"，正所谓"我无为，而民自化；我好静，而民自正；我无事，而民自富；我无欲，而民自朴"（《老子》第五十七章）。他还强调应该"清静无欲"，认为"清静为天下正"（《老子》第四十五章）。在老子看来，统治者应该效法天道，轻刑薄赋，慎兵节俭，戒除奢靡，清廉为政。老子的"无为""无欲"思想深深地影响了他对"廉"范畴的基本认知。在五千余言的《老子》一书中，尽管"廉"字仅出现过一次，"是以圣人方而不割，廉而不刿，

---

① 杨伯峻译注：《孟子译注》，第214页。
② 张觉撰：《荀子译注》，上海古籍出版社2012年版，第22页。
③ 张觉撰：《荀子译注》，第18页。
④ 张觉撰：《荀子译注》，第32页。

直而不肆，光而不耀"（《老子》第五十八章），但他对"廉"还是给予了充分的肯定，认为"廉"是一种高尚的道德操守，是"圣人"才能达到的一种崇高境界。

在老子"无为而治"思想的基础上，庄子主张绝对的"无为"。《庄子·胠箧》篇中就说："故绝圣弃知，大盗乃止；擿玉毁珠，小盗不起；焚符破玺，而民朴鄙；掊斗折衡，而民不争；殚残天下之圣法，而民始可与论议。"但是，在"廉"范畴问题上，庄子提出了自己的独到见解。在《庄子》一书中，数次提到了"廉"字，如"大道不称，大辩不言，大仁不仁，大廉不嗛，大勇不忮。道昭而不道，言辩而不及，仁常而不成，廉清而不信，勇忮而不成"（《庄子·齐物论》），"夫孝悌仁义，忠信贞廉，此皆自勉以役其德者也，不足多也"（《庄子·天运》），"合则离，成则毁；廉则挫，尊则议，有为则亏，贤则谋，不肖则欺，胡可得而心乎哉"（《庄子·山木》）等。在庄子看来，"廉"就是求己之利而不损人之利的一种行为。简言之，廉即为不贪。《庄子·让王》篇中曰："人犯其难，我享其利，非廉也。"他还认为，"廉"德之养成并非由外力所迫使，而是自身内在不断修养的结果。《庄子·盗跖》篇中曰："廉贪之实，非以迫外也，反监之度。"

三　法家论"廉"

法家是春秋战国时期的一个重要思想流派，其代表人物主要有春秋时期的管仲和子产，战国时期有李悝、吴起和商鞅等人，而韩非子则是法家思想的集大成者。面对物欲横流、战乱不休的社会现实，法家主张用法制来治理国家的同时，对"廉"范畴也进行了许多阐释。

管仲在辅佐齐桓公进行变法改革的同时，也十分重视"廉"德的重要作用。在《管子》一书中，"廉"字前后使用有十余次之多。管子认为："国有四维，一维绝则倾，二维绝则危，三维绝则覆，四维绝则灭。倾可正也，危可安也，覆可起也，灭不可复错也。何谓四维？一曰礼，二曰义，三曰廉，四曰耻。"[1] 在管子看来，"廉"与"礼""义""耻"共同构成了维系国家稳固的四大支柱。《管子·立政》中说"礼义廉耻不立，人君无以自守也"，认

---

① 赵守正撰：《管子注译》，第1页。

为"廉"是国君的立身之基，是必须坚守的基本道德操守。同时，管子又认为"廉"是官员为官执政应该必备的一种素质要求，应以"廉"来处事。《管子·四称》中就说："近君为拂，远君为辅，义以与交，廉以与处，临官则治。"① 此外，管子还将"廉"区分为"小廉"和"大廉"，这反映了管子对"廉"范畴的认识有了很大的突破。《管子·权修》篇曰："凡牧民者，欲民之有廉也。欲民之有廉，则小廉不可不修也。小廉不修于国，而求百姓之行大廉，不可得也。"②

韩非子在强调权、术、势的同时，对"廉"的含义也进行了富有创见性的解释。《韩非子·解老》中说："所谓廉者，必生死之命也，轻恬资财也。"《韩非子·诡使》中说："难致谓之正。难予谓之廉。难禁谓之齐。有令不听从谓之勇。无利于上谓之愿。少欲宽惠行德谓之仁。"在韩非子看来，"廉"就是不贪恋资财，并且把那些不求"廉"德而贪慕钱财之人视为"盗跖"。《韩非子·忠孝》中说"毁廉求财，犯刑趋利，忘身之死者，盗跖是也"。此外，《韩非子·孤愤》中说："贤士者修廉而羞与奸臣欺其主，必不从重臣矣。"《韩非子·有度》中说："轻爵禄，易去亡，以择其主，臣不谓廉。"在韩非子看来，"廉"就是洁身自爱。在韩非子看来，"廉"德之养成，从根本上说离不开法治。《韩非子·守道》中说："古之善守者，以其所重禁其所轻，以其所难止其所易，故君子与小人俱正，盗跖与曾、史俱廉。"《韩非子·六反》中说："故明主之治国也，众其守而重其罪，使民以法禁而不以廉止。"

四 墨家论"廉"

春秋末期的墨家是与儒家并称的"显学"。墨家的基本主张是"兼爱""非攻""尚贤"和"节俭"，代表了当时平民阶层的利益诉求和社会理想。墨子是墨家的创始人，在其思想主张中非常重视"廉"。《吕氏春秋·不二》中就曾评价为"墨翟贵廉"。在墨子看来，"廉"是君子的一种重要品行。《墨子·修身》中说："君子之道也，贫则见廉，富则见义，生则见爱，死则见哀。四行者不可虚假，反之身者也。"作为君子，应该具有"廉""义"

① 赵守正撰：《管子注译》，第314页。
② 赵守正撰：《管子注译》，第18页。

"爱""哀"四种道德修养,贫困时能守住"廉",富贵时能坚守"道义",对待生者要有爱心,遇见死者要表现出哀悯之心。在这"四行"之中,"廉"是居于首位的。此外,墨子还特别指出,"廉"应该是为官从政者需要恪守的基本道德之一。《墨子·号令》中说:"守之所亲举吏贞廉忠信无害可任事者,其饮食酒肉勿禁,钱金、布帛、财物各自守之,慎勿相盗。"《墨子·明鬼下》中说:"是以吏治官府不敢不洁廉,见善不敢不赏,见暴不敢不罪。"

此外,在先秦时期,还有集儒墨道法各学派思想于一体的杂家,其代表作是战国末期成书的《吕氏春秋》。《吕氏春秋》又名《吕览》,为秦丞相吕不韦及其门客共同编写而成。全书共二十六卷,一百六十篇,以道家黄老之学为主,兼采儒墨道法诸子百家言,故《汉书·艺文志》将其列入杂家。《吕氏春秋》中有多处论及"廉"字。《吕氏春秋·忠廉》中说:"故临大利而不易其义;可谓廉矣,廉,故不以贵富而忘其辱。"所谓"廉",其实质就是不因追求利益而丧失道义,不因眼前的富贵而忘记曾经的屈辱。

总体来说,由于政治思想主张和阶级立场不同,先秦诸子各家均从不同角度对"廉"范畴进行了具体阐释。儒家主张德治,在论"廉"时,多将"廉"寓于德政之中;道家主张无为,释"廉"时,把"廉"德置于无为而治的思想中进行考察;法家主张法治,对"廉"范畴进行阐述时,体现着鲜明的法治色彩;墨家主张兼爱非攻,在阐述"廉"范畴时,主要强调其道德意义。可以说,先秦诸子各家尽管对"廉"范畴的理解与阐释存在着一定的差异,但比较起来看,其共同之处也是非常明显的,即都认为"廉"是一个重要的伦理道德范畴,"廉"与"贪"是相对的概念,其基本含义就是"不妄取""不苟得""不贪"。

第四节 历史的视野:后世儒家论"廉"

公元前221年,秦王朝建立,结束了自春秋战国以来五百余年分裂混战的局面,中国历史由此进入了一个新的历史时期。政治上的统一为思想文化的繁荣创造了重要条件。儒学历经"秦火"近百年后而终获重生之机,汉武帝接受董仲舒之建议而罢黜百家,表彰《六经》。(《汉书·武帝纪》)自此,儒家思想与封建政治紧密地耦合在一起。一方面,儒家思想成为维护封建统治的正统思想，并逐渐渗透到政治、法律和文化等各领域；另一方面，儒家思想在此后的历史嬗变中又烙上了深深的政治印记，儒学经学化和政治化的历史进程由此而开启。历代儒家学者在阐释自己政治思想主张的同时，对"廉"范畴进行了新的历史阐发，"廉"范畴更多的是与从政行为联系在一起，表示官员为官从政中应具备的一种职业道德。本书主要择取了中国古代儒学发展史上几位关键性人物的"廉"德思想加以阐释。

一　董仲舒论"廉"

董仲舒（前179—前104年）是西汉时期著名的政治哲学家，是继孔子、孟子、荀子之后和宋代朱熹之前儒学发展史上最为关键的人物之一。董仲舒专治《春秋》公羊学，曾"三年不窥园"，终成经学博士。他学识渊博，因作《天人三策》而被汉武帝赏识重用。他潜心著书立说，著有《春秋繁露》和《天人三策》。董仲舒"为人廉直"，对"廉"德颇为重视。《汉书·董仲舒传》中就说，"立学校之官，州郡举茂材孝廉，皆自仲舒发之"。

在董仲舒的相关论著中，直接论"廉"的内容并不太多。《春秋繁露》中有几处提及"廉"。《春秋繁露·竹林》中说："天施之在人者，使人有廉耻。有廉耻者，不生于大辱。"《春秋繁露·盟会要》中说："天下者无患，然后性可善；性可善，然后清廉之化流；清廉之化流，然后王道举，礼乐兴，其心在此矣。"《春秋繁露·为人者》中说："故君民者，贵孝弟而好礼义，重仁廉而轻财利。"此外，《汉书·董仲舒传》中也有"下高其行而从其教，民化其廉而不贪鄙"。董仲舒认为，"廉"对为政者而言，首要的就是"不与民争利"。关于这一思想，《礼记》中其实早有论述。《礼记·坊记》中说："君子不尽利以遗民。"《大学》中说："畜马乘不察于鸡豚，伐冰之家不畜牛羊，百乘之家不畜聚敛之臣。"董仲舒继承了先秦时期的"不与民争利"思想，并强调说"天不重与，有角不得有上齿，故已有大者，不得有小者，天数也。夫已有大者，又兼小者，天不能足之，况人乎！故明圣者象天所为为制度，使诸有大奉禄，亦皆不得兼小利、与民争利业，乃天理也"[①]。也就是说，上天不会重复地给予好处，长了犄角的动物，就不能再长有上齿了；已

---

① 曾振宇、傅永聚注：《春秋繁露新注》，商务印书馆2010年版，第163页。

经拥有大的利益者，就不能再拥有小的利益了，这是天数。否则，上天也不会满足它的，何况人呢？所以，对为官执政者来说，已经享有政府发放的俸禄了，就不应该再去贪赃了，也不应该再去争夺民众的利益了，而应该廉洁。

《春秋繁露·深察名号》中说："身之名，取诸天。天两有阴阳之施，身亦两，有贪仁之性；天有阴阳禁，身有情欲栊，与天道一也。"[1] 在董仲舒看来，人有"仁"和"贪"两种不同的质，因受外界不同环境之影响，进而形成善恶两种不同的人性。"性待教为善"，"贪"质而成恶。要倡廉，就必须抑制人的贪欲。那么，如何才能遏制人的贪欲呢？董仲舒主张的就是要"教化去贪"。他认为"教化立而奸邪皆止"，"教化废而奸邪并出"。为此，《汉书·董仲舒传》中就指出："南面而治天下，莫不以教化为大务。立大学以教于国，设庠序以化于邑，渐民以仁，摩民以谊，节民以礼，故其刑罚甚轻而禁不犯者，教化行而习俗美也。"

二 刘向论"廉"

刘向（前77—前6年），字子政，西汉经学家、文学家、目录学家。刘向著述颇丰，有《说苑》《新序》《列女传》《别录》等论著传世。其中，《说苑》一书主要编辑了自先秦至西汉时期的历史故事和传说，兼有作者的议论与见解，对儒家政治思想和道德观念进行了具体阐释。尤为值得一提的是，《说苑》中对"廉"范畴进行了颇多论述，是秦汉以来论"廉"较为集中的一部书。比如，《说苑·臣术》中有"进不事上以为忠，退不克下以为廉"。《说苑·尊贤》中说："非必与之临财分货，乃知其廉也。非必与之犯难涉危，乃知其勇也。举事决断，是以知其勇也；取与有让，是以知其廉也。"《说苑·敬慎》中有："富有天下，自守以廉。"《说苑·谈丛》中有："义士不欺心，廉士不妄取"，"毒智者莫甚于酒，留事者莫甚于乐，毁廉者莫甚于色，摧刚者反己于弱"。《说苑·修文》中有"薄而不挠，廉而不刿"，"丝声哀，哀以立廉，廉以立志"等。

可以说，刘向对"廉"的论述，非常有见地。一方面，他从伦理道德角度出发，强调"廉"为一种高尚的道德情操，是圣人君子必备的一种品质。

---

[1]　曾振宇、傅永聚注：《春秋繁露新注》，第212页。

《说苑·立节》中说:"王子比干杀身以成其忠,伯夷、叔齐杀身以成其廉,尾生杀身以成其信,此三子者,皆天下之通士也,岂不爱其身哉?以为夫义之不立,名之不著,是士之耻也,故杀身以遂其行。因此观之,卑贱贫穷,非士之耻也。夫士之所耻者,天下举忠而士不与焉,举信而士不与焉,举廉而士不与焉,三者在乎身,名传于后世,与日月并而不息,虽无道之世不能污焉。然则非好死而恶生也,非恶富贵而乐贫贱也,由其道,遵其理,尊贵及己,士不辞也。孔子曰:'富而可求,虽执鞭之士,吾亦为之;富而不可求,从吾所好。'大圣之操也。《诗》云:'我心匪石,不可转也。我心匪席,不可卷也。'言不失己也。能不失己,然后可与济难矣,此士君子之所以越众也。"① 在刘向看来,伯夷、叔齐是真正的"廉"者,是身处险境而"不降其志,不辱其身"的古之贤人,是"士者敬之,玩夫从之"的高洁之士。

另一方面,刘向又从政治的角度对其加以审视,把"廉"与从政行为联系起来,认为"廉"是为官从政者必备的一种职业道德。其实,视"廉"为一种职业道德,古已有之,并非刘向之首创。《周礼·天官》中有"六廉"之说,《管子·牧民》中有"廉"为"国之四维"之一的阐释,甚至《秦简·为吏之道》中视"廉"为"五善"之一。但刘向在《说苑·政理》中说:"临官莫如平,临财莫如廉,廉平之守,不可攻也。"② 他认为,对于为官从政者来说,没有比公平更好的美德,面对资财没有比廉洁更好的操守。一个人如果能够拥有公平的美德和廉洁的操守,就可以经受住各种考验,坚不可摧,永远立于不败之地。可见,刘向已经把"廉"范畴提升到一个很高的政治高度。

三 周敦颐论"廉"

周敦颐(1017—1073 年)是宋代著名理学家。《宋元学案·濂溪学案上》中有黄百家之按语:"孔孟而后,汉儒止有传经之学。性道微言之绝久矣。元公崛起,二程嗣之,又复横渠大儒辈出,圣学大昌。故安定、徂徕卓乎有儒者之矩范,然仅可谓有开之必先。"周敦颐在世 57 年,留给后人的作品仅有6000 余言,与那些著作等身之人相比,似乎显得有些微不足道。但是,周敦

---

① (汉)刘向撰,向宗鲁校证:《说苑校证》,中华书局 1987 年版,第 78 页。
② (汉)刘向撰,向宗鲁校证:《说苑校证》,第 164 页。

颐"上承孔孟,下启程朱",在中国儒学发展史上所具有的重要地位是毋庸置疑的。周敦颐为官从政时,躬行勤政廉洁,堪称儒家学者从政之典范。黄庭坚曾对周敦颐给予极高的评价。《宋史》中说:"人品甚高,胸怀洒落,如光风霁月。廉于取名而锐于求志,薄于徼福而厚于得民,菲于奉身而燕及茕嫠,陋于希世而尚友千古。"(《宋史·周子世家》)

周敦颐在担任广东路提刑期间,多次到连州巡视,途经巾峰山麓,见一山泉潺潺不绝,遂在泉水之下的石崖上题写"廉泉之源",以此来警示后来者要清廉为政,正直为人。周敦颐虽然鲜有用"廉"字直白操守,但他的思想人格中即已包含了"廉"的内容。《爱莲说》中写道:"水陆草木之花,可爱者甚蕃。晋陶渊明独爱菊。自李唐来,世人甚爱牡丹。予独爱莲之出淤泥而不染,濯清涟而不妖,中通外直,不蔓不枝,香远益清,亭亭净植,可远观而不可亵玩焉。予谓菊,花之隐逸者也;牡丹,花之富贵者也;莲,花之君子者也。噫!菊之爱,陶后鲜有闻。莲之爱,同予者何人?牡丹之爱,宜乎众矣。"①《爱莲说》仅119个字,却字字珠玑。周敦颐以"莲"喻"廉",以"莲"之"不染""不妖""不蔓""不枝""不可亵玩"的"五不"思想来高度概括为官之德和为人之德。"官清赢得梦魂安",恰是周敦颐清廉一生的生动写照。他将"廉"与"洁"有机结合,从而形成独立的廉洁文化,发挥着独有的教化功能,影响了一代又一代为官从政者。

四 薛瑄论"廉"

薛瑄(1389—1464年),山西河津人,永乐十九年(1421)进士,官至礼部右侍郎兼翰林学士。晚年致仕居家,著书立说。著作主要有:《读书录》《读书续录》《薛文清先生全集》。从其著作中,辑录出九十七则语录体论述,定名为《从政录》,专门研讨了为官从政之道,也是薛瑄数十年官场生涯的经验总结。

在《从政录》中,薛瑄对"廉"范畴多有提及。如"正以处心,廉以律己,忠以事君,恭以事长,信以接物,宽以待下,敬以处事,此居官之七要

---

① (宋)周敦颐:《周敦颐集》,中华书局1990年版,第53页。

也"①,"以己之廉,病人之贪,取怨之道也","亦有小廉曲谨而不能有为,于事终无益"等。在薛瑄看来,"廉"就是不贪,这是为官从政者必须具备的重要品质之一。同时,薛瑄还对世之"廉者"进行了细致区分,认为"世之廉者有三:有见理而不妄取者,有尚名节而不苟取者,有畏法律保禄位而不敢取者。见理明而不妄取,无所为而然,上也;尚名节而不苟取,狷介之士,其次也;畏法律保禄位而不敢取,则勉强而然,斯又为次也"②。在薛瑄看来,清廉的官吏有"不妄取者""不苟取者"和"不敢取者"三类。其中,境界最高的就是深明大义而不随意索取者,强调的是"廉"为一种理性的自觉;其次是洁身自好者,突出的是"廉"乃一种自觉的行为;再次是为保禄位而畏法律者,代表了利害权衡下而进行的道德选择。薛瑄对"廉"的论述,充分体现了他对"廉"范畴的深入思考,也标志着儒家学者对"廉"范畴的认知达到了一个新的水平。

五 顾炎武论"廉"

顾炎武(1613—1682年),出生于世儒名门,早年科举累试不第,退而潜心读书。明朝灭亡以后,投笔从戎,为复明大业奔走各地。"读万卷书,行万里路。"顾炎武对经学、音韵学、历史、地理、诗文等都有深入研究。顾炎武孜孜一生,著述丰硕。王弘曾对其评价"卷帙之积,几等于身"。其主要著作有:《日知录》《天下郡国利病书》和《音学五书》等。

顾炎武生活在一个"天崩地坼"的时代,面对"神州荡覆,宗社丘墟"的社会现实,顾炎武对国与天下、君主与臣民的关系进行了深入的思考,对封建专制制度进行了尖锐的批判,对社会风气进行了猛烈的抨击。《日知录·明教》中就说:"乃以今观之,则无官不赂遗,而人人皆吏士之为矣;无守不盗窃,而人人皆僮竖之为矣。自其束发读书之时,所以劝之者,不过所谓千钟粟、黄金屋,而一日服官,即求其所大欲。君臣上下怀利以相接,遂成风流,不可复制。"③ 在顾炎武看来,社会风气的败坏关键在于人缺乏应有的伦理道德。在《日知录·廉耻》中,顾炎武肯定了管子的"礼义廉耻,国之四

---

① 张希清、王秀梅主编:《官典》第一册,吉林人民出版社1998年版,第644页。
② 张希清、王秀梅主编:《官典》第一册,第647页。
③ (清)顾炎武著,(清)黄汝成集释:《日知录集释》,上海古籍出版社2013年版,第767页。

维；四维不张，国乃灭亡"的思想，认为"礼义，治人之大法；廉耻，立人之大节，盖不廉则无所不取，不耻则无所不为。人而如此，则祸败乱亡亦无所不至，况为大臣，而无所不取，无所不为，则天下其有不乱，国家其有不亡者乎?"① 为此，顾炎武强调人若不廉，就会"悖礼犯义"，"廉耻者，士人之美节……士人有廉耻，则天下有风俗"。②

那么，何谓"廉"呢？顾炎武在《日知录·史记注》中说："廉者知取知予，无求多于人，义然后取，人不厌其取。是以取之虽少，而久久更富，廉者之所得乃有其五也。"③ 可见，顾炎武对"廉"范畴的解释与孔子、孟子论"廉"的思想基本一致，"廉"绝不是不食人间烟火的一种个人洁癖，而是在坚持正确的义利原则前提下"知取知予""义然后取"的正确取舍观。

本章小结

总体来说，在"廉"范畴产生之前，关于"廉"的意识即已萌生。"廉"的本义为侧边、棱角，后来引申为清廉、俭朴、收敛。先秦诸子百家在阐述"廉"范畴时，虽然存有一定的差异，但主要还是从伦理道德角度出发的，认为"廉"表示人的一种较高的道德操守。秦汉以后，随着儒学的政治化和制度化，儒家学者在阐释"廉"范畴时，更多的将其与政治行为紧密联系在一起，表示为官从政者在为官过程中应该恪守的一种职业道德。当然，这也并不是绝对的，只能说从总的发展趋势上来讲是如此。其实，先秦时期把"廉"与政治联系起来的情况并不鲜见，在《周礼·天官》中就有关于"六廉"的论述，《管子·牧民》中强调"廉"乃"国之四维"等。同样，秦汉以后的儒家学者在论"廉"时，在很多情况下，既强调"廉"是人应该具有的一种道德操守，"廉耻乃士君子之大节"(《欧阳文忠公集·廉耻说》)，也强调"廉"是官员必备的一种职业道德，"吏不廉平则治道衰"。

---

① （清）顾炎武著，（清）黄汝成集释：《日知录集释》，第 772 页。
② （清）顾炎武著，（清）黄汝成集释：《日知录集释》，第 773 页。
③ （清）顾炎武著，（清）黄汝成集释：《日知录集释》，第 1529 页。

第二章 儒家廉德思想的理论基石

儒家廉德思想内涵丰富，是中国传统廉政思想文化的重要组成部分，也是当代中国廉政建设思想的源头活水。儒家廉德思想的理论大厦是在漫长的历史发展过程中逐渐建构起来的。那么，奠定儒家廉德思想大厦的理论基石是什么？它们又是如何支撑起儒家廉德思想大厦的呢？

第一节 "天人合一"：儒家廉德思想的哲学基石

在科学尚不发达的古代，出于对自然的恐惧与崇拜，"天"成为思想家们热衷谈论的一个概念。中国传统哲学中的"天"有多重含义，不同时期的思想家，甚至同一个思想家在不同的阶段，对"天"的界定也往往是不一的。在儒家思想中，"天"虽然有时被理解为客观的自然界，但更多的是赋予"天"以人的主观意志和道德理念。有学者认为，"儒家所讲的'天'一直保存了西周时期'天'的道德含义，'天'具有道德属性"①。儒家"天人合一"思想中的"人"，指代的并不是整个人类或者泛指一般的个人，而特指那些所谓的"大人""圣人"或"君子"。《易传》中就有"夫'大人'者，与天地合其德，与日月合其明，与四时合其序，与鬼神合其吉凶"。

一 儒家对"天人"关系的基本论述

关于天与人的关系问题，儒家思想视阈中一直存在着两种主张。一种主张是"天人不一"，以荀子的"天人相分"、柳宗元的"天人不相预"为代表；另一种主张是"天人合一"，天与人、天道与人道、天性与人性之间的相

---

① 张世英：《中国古代的"天人合一"思想》，《求是》2007年第7期。

通、相合与统一。比如，孟子的"万物皆备于我"，董仲舒的"天人之际，合而为一"，张横渠的"天人之本无二""天人一物"，朱熹的"天人一物，内外一理"，王阳明的"天地万物与人原是一体"之说等。所以说，在中国传统哲学中，天人合一的主张是天人之辨关系的主流。北宋学者邵雍就强调道："学不际天人，不足以谓之学。"（《皇极经世·观物外篇》）可见"天人合一"思想在中国传统文化中的重要地位。从历史发展的角度看，儒家"天人合一"思想在历史嬗变过程中，主要历经了先秦、汉初和宋明三个阶段。

夏商周三代时期，天人合一思想即已萌芽。《礼记·表记》中说"殷民尊神，率民以事神"。此时，人们把"天"视为有意志、主宰万物的至上神。西周时期，周公提出了"以德配天"的主张，使"天人合一"思想沾染上了浓烈的道德色彩。《周易》中有"天行健，君子以自强不息"。这里的"行健"，就是"自强不息"的意思。也就是说，在这一方面君子与天是相合的。此时，"天人合一"思想的主要含义是天人合德。

春秋时期，孔子虽然谈论天道时，一方面，把"天"看作有意志、能赏罚的。如《论语·述而》中就说，"天生德于予"。另一方面，又把"天"理解为包括四时运行、万物生长在内的自然界，说"天何言哉？四时行焉，百物生焉，天何言哉"（《论语·阳货》），认为天命是可以被认知和把握的，提出"不知命，无以为君子"（《论语·尧曰》）。同时，他又认为人通过自身的努力可以达到天命，提出"五十而知天命"（《论语·为政》）。

孟子所讲的"天"，主要是义理之天和道德之天。《孟子·尽心上》中说："尽其心者，知其性也；知其性则知天矣。"孟子认为人性在于人心，尽心则能知性。所以，孟子所讲的"天人合一"，主要是人性、人心要以天为本。孟子还指出，人心有仁义礼智四端，所以人性本是善的。人的善性既是"天之所与我者"，又是"我固有之者"，所以天与人合一。此外，孟子还说"夫君子所过者化，所存者神，上下与天地同流，岂曰小补之哉"，"万物皆备于我矣。反身而诚，乐莫大焉"（《孟子·尽心上》）。这里的"上下与天地同流"和"万物皆备于我"，强调的都是人与万物一体的含义。不过，孟子的这种"万物一体"观，还是比较模糊的。

汉初，以董仲舒为代表的儒家，继承了先秦儒家天人合一思想的基本精神，又充分汲取了道家、墨家、阴阳五行家天人关系中的相关理论，形成了特征鲜明的"天人合一"思想。有学者就指出:"从地域文化看,董仲舒的天人合一思想融合了鲁学与齐学的思想成果。作为鲁文化的主体和精华的儒学是董仲舒天人合一思想的主干,属于齐文化的阴阳五行、黄老之学则居于辅翼的地位。"① 从中可以看出董仲舒天人合一思想的来源。董仲舒在阐释"天人合一"思想时,一方面把"天"理解为自然之天,如"天、地、阴、阳、木、土、火、金、水,九,与人而十者,天之数毕也";另一方面,他又把"天"看作主宰万物的至上神,"人之为人本于天",人的一切言行都应该遵循"天"意。在董仲舒看来,"天人合一"存在着多层含义。一是人源于天。董仲舒说"天者,万物之祖,万物非天不生"(《春秋繁露·顺命》),"天地者,万物之本,先祖之所出也"(《春秋繁露·观德》)。二是天人相类。董仲舒又说:"以类合之,天人一也。"(《春秋繁露·阴阳义》)在董仲舒看来,人有小关节三百六十节,和一年的日数相当;大关节十二节,和一年的月数相当。眼睛一开一闭,和昼夜相当;性情有时刚强,有时柔和,和冬季、夏季相当;有时悲伤,有时欢乐,和阴阳之气相当。也就是说,在数量关系上人与天存在着对应关系,即所谓的"人副天数"。三是天人感应。《春秋繁露·同类相动》中说:"帝王之将兴也,其美祥亦先见;其将亡也,妖孽亦先见。物故以类相召也……。"② 《春秋繁露·必仁其智》中也说:"凡灾异之本,尽生于国家之失。国家之失乃始萌芽,而天出灾害以谴告之;谴告之,而不知变,乃见怪异以惊骇之;惊骇之,尚不知畏恐,其殃咎乃至。"③ 四是人道取法天道。《春秋繁露·基义》中说:"君臣、父子、夫妇之义,皆取诸阴阳之道。君为阳,臣为阴,父为阳,子为阴,夫为阳,妻为阴……天为君而覆露之,地为臣而持载之,阳为夫而生之,阴为妇而助之,春为父而生之,夏为子而养之……王道之三纲,可求于天。"④ 董仲舒把自然界和人类社会中所能观察到的一切概括为阴和阳两大类,"阴阳大义"决定了人道要取法天道。所以,君为臣纲、父为子纲、夫为妻纲是符合阳尊阴卑、贵阳贱阴之天道的。总起来说,董仲舒的"天人合一"思想,是通过天人感应来实现天与

① 白奚:《儒家天人合一思想展开的向度》,《社会科学战线》2013 年第 6 期。

② 曾振宇、傅永聚注:《春秋繁露新注》,第 269 页。

③ 曾振宇、傅永聚注:《春秋繁露新注》,第 186 页。

④ 曾振宇、傅永聚注:《春秋繁露新注》,第 260—261 页。

人之间的贯通，天人相类和人效法天是其主要的思维方式，把古代中国人对天人关系的认识推进到一个新的高度。

宋明理学家们的"天人合一"思想，在接续孟子"天人关系"思想的基础上，也实现了一定的超越。他们提出了"万物一体"的思想，从而把"天人合一"发展到了顶峰。张载首次明确提出了"天人合一"的命题。在《正蒙·乾称》中说："儒者则因明致诚，因诚致明，故天人合一。"① 同时，他还对"天人合一"思想作出了创新性的阐释。在《西铭》篇中就有一段颇为经典的阐述："乾称父，坤称母，予兹藐焉，乃混然中处。故天地之塞，吾其体；天地之帅，吾其性。民吾同胞，物吾与也。"② 这实际上就是强调人与天地万物是一体的。在此基础上，程颢提出了"仁者以天地万物为一体，莫非己也……如手足不仁，气已不贯，皆不属己。故博施济众，乃圣人之功用"③。这形象地说明了"仁"与"万物一体"之间的关系。凡有"仁"之天性者，皆能与天地万物为一体。程颢的"仁"源于"万物一体"之说，是对孟子"万物皆备于我"和张载"天地之塞，吾其体"的进一步发挥。朱熹在继承二程的"人与万物以理相通"的思想基础上，把"天"更多地界定为"理"。他说"天之所以为天者，理而已。天非有此道理，不能为天，故苍苍者即此道理之天"④。朱熹所讲的"理"，指的是有时在"气"之内，有时在"气"之外的抽象的精神实体。所以，"天人合一"也就具体地表现为与"理"为一。陆九渊则认为"人心便是天理"。他说"人皆有是心，心皆具是理，心即理也"⑤。所以，"天人合一"就是吾心与宇宙的融合，"宇宙即是吾心，吾心便是宇宙"，"宇宙之事是己分内之事；己分内之事，是宇宙内之事"。王阳明《传习录》中认为"天地万物与人原是一体，其发窍之最精处，是人心一点灵明"⑥。也就是说，人心即天地万物之心，是人心使天地万物具有意义。明显可见，王阳明的这一思想是对程颢"仁者以天地万物为一体"思想的继承和

---

① （宋）张载：《张载集》，中华书局 1978 年版，第 65 页。
② （宋）张载：《张载集》，第 62 页。
③ （宋）程颢、程颐：《二程集》，中华书局 2004 年版，第 15 页。
④ （宋）黎靖德编：《朱子语类》，中华书局 1986 年版，第 621 页。
⑤ （宋）陆九渊：《陆九渊集》，中华书局 1980 年版，第 149 页。
⑥ （明）王守仁：《王阳明全集》，线装书局 2014 年版，第 126 页。

发展。

二 "天人合一"观念对儒家廉德思想之启示

"天人合一"思想不仅是中国古代哲学的基本命题,也是儒家廉德思想的重要哲学基石,对儒家廉德思想具有重要启示。

其一,人应该法天之公正无私。《论语·阳货》中说"天何言哉!四时行焉,百物生焉,天何言哉?"在孔子看来,上天从来不会说些什么,但是一年四季照常交替运行,大地上的万物仍照常生长。在《礼记·孔子闲居》中,也有类似的表述:"天无私覆,地无私载,日月无私照。奉斯三者,以劳天下,此之谓三无私。"① 孔子认为,上天无私地覆盖着大地,大地也无私地承载着万物,日月无私地照耀着天下,奉行这三种精神以抚慰天下,这就叫作"三无私"。董仲舒也认为"上天"是公平的。《春秋繁露·度制》中说:"天不重与,有角不得有上齿,故已有大者,不得有小者,天数也。夫已有大者,又兼小者,天不能足之,况人乎?"② 也就是说,上天是公正的,它不会重复地给予好处的。有了角的动物不能再有上齿了。已经享有大的利益了,还要兼有小的利益,上天也不能满足它,更何况人呢?因此,对为官从政者来说,应该效法上天,学习上天这种"大公无私"的精神,要秉公办事;官员既然已经领受了官府的俸禄,自然就不要再去与民争利了。

其二,从天人感应的角度来看,为政者廉洁与否,是否勤于政事,往往会招致上天降下祥瑞或灾异,以示对其的褒奖或警告。对于君主来说,大都认为他们的权力是上天授予的,这一点是很重要的。一方面,意在强调君权的神圣性。君主们有命在天,他们是上天在人间的代言人,神圣不可侵犯。《春秋繁露·深察名号》中说:"受命之君,天意之所予也,故号为天子者。"③《春秋繁露·顺命》中说:"天子受命于天,天下受命于天子,一国则受命于君。"④ 在董仲舒看来,民众应该自觉接受君主的领导。另一方面,君权天授,实际上存在着对君主权力进行制约或约束的意味。在封建专制社会

① 杨天宇撰:《礼记译注》,第 673 页。
② 曾振宇、傅永聚注:《春秋繁露新注》,第 163 页。
③ 曾振宇、傅永聚注:《春秋繁露新注》,第 207 页。
④ 曾振宇、傅永聚注:《春秋繁露新注》,第 309 页。

中，皇帝拥有至高无上的权力，皇权是几乎不受约束与监督的。我们知道，缺乏监督与约束的权力往往是极易导致腐败的。所以，从天人关系的角度来看，既然君主的权力是上天授予的。那么，对专制君主来说，"上天"就是对其进行权力制衡的一种重要力量。如果君主对自己的行为不加节制，而是为所欲为的话，上天就会收回其所授予的权力。在中华文化的信仰体系中，"天"是信奉的最高神，是万物的主宰，是人格化的上帝。对广大为官执政者而言，应该对"天"保持一份"敬意"。我们常说"人在做，天在看"，"举头三尺有神明"。事实上，这都是强调人应该对上天怀有一颗敬畏之心。"心有所敬，行有所循；心有所畏，行有所止。"为官从政者只有心存敬畏，才会守住道德的底线，慎用权力，廉洁从政。

第二节　"以民为本"：儒家廉德思想的政治基石

民本思想是儒家政治思想的基本内容之一。它萌芽于殷周之际，形成于春秋战国时期，发展于汉唐时期，完善于明清时代。民本思想既是儒家政治理论的基石，也是儒家廉德思想的政治基石。对于廉德而言，脱离了"民本"的"廉"，仅仅是一种为了"廉"而"廉"的"伪廉"。

一　儒家民本思想的历史嬗变

在人类文明的早期，由于对自然和人类自身不甚了解，于是产生了自然神论和灵魂不灭的观念，神灵成了社会之根本。夏商之际，中国最高统治者们往往声称自己受命于天，奉"天"之命来治理国家、统治人民。《论语·尧曰》中就有："尔舜！天之历数在尔躬。"但历经了"汤武革命"之后，人们逐渐认识到"天命靡常"，甚至认为"天不可信"。统治者也认识到要保住天命不被转移，不仅是单纯祈求上天庇护，更是要靠自身修德来保民。《尚书·蔡仲之命》中说："皇天无亲，惟德是辅。民心无常，惟惠之怀。"上天公正无私，只帮助品德高尚的人。这说明，人们对上天的信仰已发生动摇，转而强调人事的重要，进而提出了"敬天保民"的思想，标志着由"神为邦本"向"民为邦本"思想的嬗变。

春秋战国时期，正是中国社会发生剧烈变动的时期。在诸侯争霸、列国纷争的社会动荡里，人民群众日益显示出伟大的力量。诸子百家纷纷从各自的立场出发，尽管提出了各不相同的思想主张，但是"民为邦本，本固邦宁"（《尚书·五子之歌》）的思想已渐成各派之共识。《左传》中记有："国将兴，听于民；将亡，听于神。"在此历史背景下，儒家继承了自西周以来源远流长的"民为邦本"的思想，发展而成"贵民""重民"思想。

生活在春秋末年的孔子，目睹了人民群众在社会历史变动中所发挥的巨大作用，深刻认识到"君者，舟也；庶人者，水也。水所以载舟，亦所以覆舟"的道理，进而提出了许多重民、富民的思想，构成了儒家民本思想的雏形。一方面，强调要重民、爱民。在《论语》中，有多处关于重民、爱民的阐发。《论语·学而》中说："道千乘之国，敬事而信，节用而爱人，使民以时。"《论语·乡党》中有："厩焚。子退朝。曰：伤人乎？不问马。"孔子的重民思想可见一斑。另一方面，他还提出了爱民、重民的具体措施。比如"庶""富""教"的理论。《论语·子路》中有："子适卫，冉有仆。子曰：'庶矣哉！'冉有曰：'既庶矣，又何加焉？'曰：'富之。'曰：'既富矣，又何加焉？'曰：'教之。'"可见，孔子爱民重民的基本措施就是"庶之""富之""教之"。

孟子是先秦儒家民本思想的集大成者，较为明确地提出了民本的思想。政治上，孟子主张"民贵君轻"。《孟子·尽心下》中说："民为贵，社稷次之，君为轻。是故得乎丘民而为天子。"可见，民对于国君、社稷来说，都是至关重要的；民心向背，关乎国家的兴衰、政权的更迭。经济上，孟子主张"制民恒产""取民有制"。孟子认为"若民，则无恒产，因无恒心"（《孟子·梁惠王上》）。所以，开明的君主应该制民之产，"使仰足以事父母，俯足以畜妻子，乐岁终身饱，凶年免于死亡"（《孟子·梁惠王上》）。孟子认为"易其田畴，薄其税敛，民可使富也"（《孟子·尽心上》）。"明贤君必恭俭礼下，取于民有制。"（《孟子·滕文公上》）孟子认为最理想的赋税应当以古代圣君尧舜所实行的十取一税率为法度标准，"什一者，天下之中正也"。孟子认为征收赋税之方式有三："有布缕之征、粟米之征，力役之征。"（《孟子·尽心下》）贤德的君主一般只取其一，若同时取两种，百姓就会有冻馁之虞；若同时取用三种，即使父子之亲也难以相顾惜。

在孔孟民本思想的基础上，荀子对民在国家中的地位与作用有着更为深刻的认识。首先，他进一步强调了"民水君舟"说。当然，"民水君舟"说并非由荀子首先提出，在其之前即已有此说法，荀子只是服膺并宣传了此说。《荀子·王制》中说："君者舟也，庶人者水也，水则载舟，水则覆舟。此之谓也。故君人者，欲安，则莫若平政爱民矣。"其次，他还提出了"立君为民"说。《荀子·大略》中说："天之生民，非为君也，天之立君，以为民也。"这是一个反对君主专制的重要命题，也被后来的儒家学者反复引用，这标志着民本思想的重大进步。此外，荀子还明确提出了"故君人者，爱民而安，好士而荣，两者无一焉而亡"（《荀子·君道》）。也就是说，把是否爱民上升到关乎国家存亡的高度。总之，从孔子的"重民""爱民"到孟子的"民贵君轻"，再到荀子的"立君为民"说，标志着儒家民本思想在春秋战国时期已形成系统的理论。

在历经秦末农民大起义的风暴之后，初创的刘汉政权，即刻围绕"秦所以失天下，吾所以得之者何"问题，展开了一场激烈的讨论。在此背景下，年轻且极富才华的政治家贾谊，在总结秦王朝二世而亡的经验教训基础上，特别指出了"民为政本"的思想。《新书·大政上》中说："闻之于政也，民无不为本也。国以为本，君以为本，吏以为本，故国以民为安危，君以民为威侮，吏以民为贵贱。此之谓民无不为本也。"① 贾谊认为，国家的安危存亡关键在民。所以，他告诫统治者不要与民为敌，而要重视老百姓。他说："故夫民者，至贱而不可简也，至愚而不可欺也。故自古至于今，与民与仇者，有迟有速，而民必胜之。……夫民者，万世之本也，不可欺。凡居于上位者，简士苦民者是谓愚，敬士爱民者是谓智。夫愚智者士民命之也。故夫民者，大族也。民不可不畏也。故夫民者多力而不可适也。呜呼！戒之哉！与民为敌者，民必胜之。"② 贾谊对民本思想的贡献在于，不仅最早提出了"民本"的命题，而且对其进行了多视角、多层面的论证，对汉初统治者产生很大触动。从某种意义上说，"文景之治"的出现就是统治者以民为本的结果。

唐朝初年，为了汲取隋王朝覆亡的历史教训，也同样展开了一场"鉴彼之所以失，念我之所以得"的大辩论。李世民和魏征等人纷纷阐发自己的思

---

① （汉）贾谊撰，阎振益、钟夏校注：《新书校注》，中华书局 2000 年版，第 338 页。

② （汉）贾谊撰，阎振益、钟夏校注：《新书校注》，第 339—341 页。

想主张，他们关于重民、爱民、保民的相关论述，将儒家民本思想推向了新的高度。李世民对大臣们说："为君之道，必须先存百姓，若损百姓以奉其身，犹割股以啖腹，腹饱而身毙。"①《贞观政要·政体》中说："夫治国犹如栽树，木根不摇，是枝叶繁茂；君能清静，百姓何得不安乎？"②谏臣魏征曾上疏李世民说："《书》曰：'抚我则后，虐我则仇。'荀卿子曰：'君，舟也，民，水也。水所以载舟，亦所以覆舟。'故孔子曰：'鱼失水则死，水失鱼犹为水也。'故唐、虞战战栗栗，日慎一日。安可不深思之乎？安可不熟虑之乎？"③正是基于对"国以民为本""民水君舟"等思想的认识，李世民以"存百姓"为宗旨，采取了一系列措施来安定民众，改善民生，恢复社会生产，缓和阶级矛盾，从而开创了封建社会的太平盛世——"贞观之治"。

明末农民大起义，推翻了统治近三百年的朱明王朝，再次显示了人民群众的伟大力量。明清之际的政治思想家们，在深刻地思索着君民关系，提出了"民主君客"的思想主张，从而孕育了中国民本思想发展的第三次高峰。主要代表人物有黄宗羲、王夫之、唐甄等人。

黄宗羲（1610—1695 年）生活在中国封建社会后期，目睹了明王朝的黑暗统治，充分认识到民众的巨大力量，提出了具有鲜明民主色彩的民本思想。在《明夷待访录》中，黄宗羲集中阐发了他的"民主君客"思想。《明夷待访录·原君》中说："古者以天下为主，君为客，凡君之所毕世而经营者，为天下也。"④在黄宗羲看来，上古时代人民是"天下"的主人，是主体；君是客体，是人民的公仆，要终其一生勤勤恳恳地为天下人兴利除害。但是，自秦汉以降，为人君者却"以为天下利害之权皆出于我，我以天下之利尽归于己，以天下之害尽归于人"，其结果是"以君为主，天下为客"，最终导致了君民关系的完全颠倒。黄宗羲指出"为天下之大害者，君而已矣"⑤。为此，黄宗羲为限制君权，进行了一整套的制度设计。政治上，黄宗羲主张对君主实行舆论监督和法制约束；经济上，主张实行按户授田和工商皆本等。总体

---

① （唐）吴兢撰：《贞观政要》，上海古籍出版社 2008 年版，第 1 页。
② （唐）吴兢撰：《贞观政要》，第 17 页。
③ （唐）吴兢撰：《贞观政要》，第 61 页。
④ （清）黄宗羲著，孙卫华校释：《明夷待访录校释》，岳麓书社 2011 年版，第 8 页。
⑤ （清）黄宗羲著，孙卫华校释：《明夷待访录校释》，第 9 页。

来说，黄宗羲的"民主君客"思想，既是对传统儒家民本思想的继承，也是立足于社会现实而对传统民本思想的一种突破，把儒家民本思想发展到了一个新的阶段。

王夫之（1619—1692 年）是与黄宗羲同时代的另一位著名思想家。他在深刻总结前朝的历史经验教训，针对政治时弊，提出了较为全面的民本思想。王夫之说，"君以民为基，……无民而君不立"（《周易外传》卷二八一），"尽君道以为民父母，是切身第一当修之天职"（《读四书大全说》卷八）。此外，他还公开提出"民即天"的思想。他说"人之所同然者即为天"，把"民"提升到了"天"的地位。为此，他提出"故严以治吏，宽以养民，无择于时而并行焉，庶得之矣"①，主张要"藏富于民"。

清初思想家唐甄（1630—1704 年）与黄宗羲、王夫之等人一样，也有着强烈的民本意识。他说"人之生也，无不同也"（《潜书·大命》）。在唐甄看来，天子与庶民一样，都是平等的、一样的。天子不能妄自尊大，庶民也不要妄自菲薄。支撑国家兵、食、礼、刑的是民，而不是君。《潜书·明鉴》中说："国无民，岂有四政！封疆，民固之；府库，民充之；朝廷，民尊之；官职，民养之；奈何见政不见民也！"② 民是国家的根本，为政者应该为民着想，为民服务。只有使民众"茅舍无恙""蓑笠无失""豆蔻无缺"，君主才能实现"宝位可居""衮冕可服""天禄可享"的目标。

纵观儒家民本思想发展的历史，不难看出，封建盛世的出现与儒家民本思想的发展密切关联。汉初，儒家民本思想的第一次高涨，催生了"文景之治"的出现；唐初，民本思想的第二次高涨，促使了"卄元盛世"的到来；明清之际，民本思想的第三次高涨，迎来了"康乾盛世"的繁荣。从某种意义上说，民本思想发挥了封建专制的"制动器"作用。当封建专制加强时，阶级矛盾愈加尖锐，民众的反抗越强烈，民本思想就越兴盛。民本思想的高涨必然会促使封建统治者反思统治政策，进而采取"与民休息"的政策，发展社会生产，促成了封建盛世局面的出现。

---

① （明）王夫之：《读通鉴论》卷八，中华书局 2013 年版，第 215—216 页。
② （清）唐甄著，吴泽民编校：《潜书》，中华书局 1963 年版，第 108 页。

二 民本思想与儒家廉德思想的发展

儒家民本思想内涵丰富，包含了重民、爱民、养民、富民、教民等一系列内容。事实上，儒家强调"以民为本"，这既是一个事实判断，也是一个价值判断。之所以说它是一个事实判断，就在于它深刻揭示了民为国之实体，无民则国家不会成为国家；说它是一个价值判断，主要是因为民本充分揭示了民在整个国家中的地位与作用。在儒家思想中，不论是在事实判断上还是在价值判断上，民都是国之为国的基础与核心。① 儒家民本思想是儒家政治理论的基石，也是儒家廉德思想的政治基石。可以说，儒家民本思想与官员廉洁从政之间具有内在的一致性。

其一，"以民为本"思想是官员廉洁从政的理论基点。"民本"是一种伦理范畴，是以道德形式存在的，而不具有制度化的形态。民本思想的推行，主要不是依靠制度，而在很大程度上依赖于统治者的德行。所以，"民本"作为官员"德性"的重要内容和价值标准，客观上要求官员的外在行为符合这种德性的要求，也就是要求官员清正廉明，勤政为民。换言之，只有"心中有民、心存百姓"，才能心有所诚，行有所止。《周礼·天官冢宰》有"六廉"之说，即"一曰廉善，二曰廉能，三曰廉敬，四曰廉正，五曰廉法，六曰廉辨"。实际上，善、能、敬、正、法、辨这六个方面都是围绕着"以民为本"而展开的。

其二，"民为邦本"思想是官员廉洁从政的逻辑起点。《孟子·离娄上》中说："桀纣之失天下也，失其民也，失其民者，失其心也。得天下有道：得其民，斯得天下矣。"在儒家看来，民心向背关系到政权的存亡。得民心者得天下，失民心者失天下。李世民曾谓侍臣说："天子者，有道则人推而为主，无道则人弃而不用，诚可畏也。"（《贞观政要·政体》）统治者在强调以民为本的同时，心里其实也暗含着一种对民的"敬畏"之情。清代河南内乡县衙的一副对联就说道："吃百姓之饭，穿百姓之衣，莫道百姓可欺，自己也是百姓；得一官不荣，失一官不辱，勿说一官勿用，地方全靠一官。"所以，正是因为对民怀有"敬畏"之心，就迫使为官者要想保住自己的官位，就不得不廉

---

① 参见傅永聚、任怀国《儒家政治理论及其现代价值》，中华书局 2011 年版，第 429 页。

洁克己，在一定时期内采取相应的措施使民休养生息，从事富民、教民活动。

第三节　"仁者爱人"：儒家廉德思想的伦理基石

"仁"的思想是儒家伦理思想的核心，孔子将"仁"作为儒家最高道德规范并提出了以"仁"为核心的整套学说，核心是爱人。"仁"也是儒家廉德思想的重要伦理基石。由孔子"仁"而及孟子的"仁政"思想，体现的是儒家"仁"伦理在政治领域的具体践行。

一　儒家仁学思想的基本内容及其历史发展

"仁"作为一种道德观念，很早就已产生。学术界对"仁"字最早出现于何时，尚有争议。[①] 在孔子之前的著作中，有多处提到"仁"字。如《尚书·太甲下》中有"怀于有仁"，《尚书·金縢》中有"予仁若考能"，《诗经·郑风》中有"洵美且仁"，《诗经·齐风》中有"其人美且仁"，《周礼·地官司徒》中有"一曰六德：知、仁、圣、义、忠、和"等。春秋时期，"仁"的观念被人们更为广泛地接受。据统计，"仁"字在《左传》中凡33见，在《国语》中凡24见。[②] 那么，何谓"仁"呢？许慎的《说文解字》中说"仁，亲也。从人，从二。"段玉裁《说文解字注》中说"人耦，犹言尔我亲密之词。独则无耦，耦则相亲，故字从人从二"。可见，"仁"的本义是指两个或两个以上的人，引申为人际伦理关系。在孔子以前，"仁"与忠、信、义、孝、正等诸多道德德目是并列的。春秋时期，在人们的思想观念中，"仁"并没有"礼"显得重要，因为当时"礼"被视为为人之本、治国之基。《论语·尧曰》中说："不学礼，无以立。"《左传·隐公十一年》中说："礼，经国家，定社稷，序人民，利后嗣者也。"此外，《左传》中，"礼"出现了462次之多，可见，当时人们对"礼"的重视程度。

《吕氏春秋·不二》中说"孔子贵仁"。孔子不仅继承了先前"仁"的观念，而且从不同角度和层次对"仁"进行了阐发，从而把"仁"提升到了

---

① 参见王钧林《中国儒学史》（先秦卷），广东教育出版社1998年版，第124页。
② 参见王钧林《中国儒学史》（先秦卷），第127页。

"礼"之上的高度。可以说，"仁"真正成为一个哲学的基本范畴和伦理学的道德原则，就是从孔子开始的，这也是孔子最为重要的思想贡献之一。"仁"也是儒家学说的理论基础。《论语》中"仁"字出现了 109 次，远超礼、义、智、信、温、良、恭、俭、让等范畴的使用频率。在孔子思想体系中，对"仁"进行了多重阐释。

其一，"仁"即爱人。在孔子之前，就有"爱亲"的观念。《国语·晋语》中有："为仁与为国不同。为仁者，爱亲之谓仁。为国者，利国之谓仁。"孔子接受了这一思想，并将"爱"的范围进一步扩大。他认为，"仁"不仅要"亲亲"，还要"泛爱众"。在孔子的逻辑体系中，爱自己的家庭成员，父母、妻儿、兄弟姐妹，这是基础。《论语·学而》中说："孝悌也者，其为仁之本与？"若把"仁"仅仅局限于血亲范围内，未免过于狭隘，而应将其推向更为宽广的领域。所以，当樊迟问"仁"时，孔子即回答"爱人"（《论语·颜渊》）。由"亲亲"而及"仁人"，充分反映出孔子爱无差等的博爱思想。虽然博爱思想在当时社会中是很难实现的，但是它作为一种高悬于社会之上的理想召唤，发挥着"虽不能至，然心向往之"的巨大引导作用。

其二，"爱人"要体现忠恕之道。《论语·里仁》中说："吾道一以贯之。"那么，孔子的"一贯之道"具体是指什么呢？曾子释之曰："夫子之道，忠恕而已矣。"孔子所说的"仁"，即"忠恕之道"。可以说，"忠恕"是"爱人"思想的进一步引申和发展。那么，何谓"忠恕之道"呢？从肯定的方面说，就是"己欲立而立人，己欲达而达人"（《论语·雍也》）。自己要有所成就，也要帮助别人有所成就；自己想要通达，也要帮助别人通达，是仁者之所为，"尽己""为人"便是"忠"。从否定的方面说，就是"己所不欲，勿施于人"（《论语·卫灵公》）。自己不想要的，不要强加给别人，应该体谅人、尊重人，这便是"恕"。"恕"道比"忠"道更具基础性和普遍性，是人类社会维持正常秩序的起码准则，被称为黄金规则。[1]"忠恕之道"是解决人与人关系的基本原则和方法。

其三，"克己复礼为仁"。如何才能达到"仁"呢？无论是"己欲立而立人，己欲达而达人"，还是"己所不欲，勿施于人"，都是立足于"己"，由

---

① 参见牟钟鉴《儒家仁学与普遍伦理》，《北京行政学院学报》2003 年第 2 期。

"己"而及人。这也就是孔子所言的"为仁由己"。正是因为"己"如此之重要，所以孔子才反复强调要"克己""修己"。从根本上说，也只有先"律己""修身"，使个人的思想与行为合乎"礼"的规定，才能"爱己""爱亲"，再由"爱亲"而及"爱人"，这充分体现了儒家仁学思想的内在逻辑。

孟子继承了孔子"仁"的思想，并对其有进一步发展。如果说孔子对仁学的贡献主要在于"何谓仁"和"为何仁"的问题上，那么，孟子则以此为起点，由仁本身转向了"为仁之方"。孟子提出"仁"根源于人的内心。《孟子·告子上》中说："仁，人心也。""人心"是人之所以异于禽兽者的根本所在。《孟子·公孙丑上》中说："无恻隐之心，非人也；无羞恶之心，非人也；无辞让之心，非人也；无是非之心，非人也。"正是因为人有"恻隐之心，羞恶之心，辞让之心，是非之心"。所以，与之相对应的便是人有"仁、义、礼、智"这四德。《孟子·告子上》中说："恻隐之心，仁也；羞恶之心，义也；辞让之心，礼也；是非之心，智也。"《孟子·公孙丑上》中也说："恻隐之心，仁之端也；羞恶之心，义之端也；辞让之心，礼之端也；是非之心，智之端也。"所以说，"仁""义""礼""智"这"四德"不是外界给予人的，而是人本来就有的。

孟子认为"仁"包含了"亲""仁""爱"三个层面，其实现路径就是"亲亲""仁民""爱物"三个步骤。《孟子·尽心上》中说："君子之于物也，爱之而弗仁；于民也，仁之而弗亲。亲亲而仁民，仁民而爱物。"[①] 意思是说，君子对于万物，爱惜它却不用仁德对待之；对于百姓，以仁德对待之却不亲爱他。君子先爱自己的亲人，再仁爱百姓，由此而爱惜万物。"亲亲"是孟子仁学思想的第一个层次。《孟子·离娄上》中说："仁之实，事亲是也。"不仅如此，孟子还多次直言"亲亲，仁也"。"亲亲"的内容，既包括对父母之爱，也指对兄弟姐妹的爱。孟子认为侍奉父母是最为重要的，他说"事，孰为大？事亲为大"，"孝子之至，莫大乎尊亲"。"仁民"是孟子仁学思想的第二个层面。《孟子·离娄下》中说："仁者爱人。"这里所说的"人"与"民"有着大致相同的范围，泛指的是社会上所有的人。正如《孟子·梁惠王上》中所说："老吾老，以及人之老；幼吾幼，以及人之幼。"这一思想

---

① 杨伯峻译注：《孟子译注》，第 298 页。

充分说明了孟子所强调的"爱"是有先后次序的，是一种有差等的爱，是一个由近及远的推衍过程。"仁民"的实质是推己及人，这既体现了人类感情活动的一种转嫁，也体现了人对类意识的一种自觉认同。"仁民"由"亲亲"而来，随着"推恩"的进一步扩大，其范围必将推衍到更高的层面。"爱物"便是孟子仁学思想的最后环节。《孟子集注》中释之曰："物，禽兽草木。爱，取民有时，用之有节。"① 孟子所"爱"之"物"，其范围是非常广泛的，包括了人在内的自然界中所有动植物、山川河流、日月星辰等。《孟子·梁惠王上》中说："不违农时，谷不可胜食也；数罟不入洿池，鱼鳖不可胜食也；斧斤以时入山林，材木不可胜用也。谷与鱼鳖不可胜食，材木不可胜用，是使民养生丧死无憾也。"② "爱物"是"仁"所能达到的极致境界。总之，孟子的仁学思想，"施由亲始，前后有定，含义有别、爱分差等，由浅及深，由近及远，循序渐进，广大悉备"③。孟子关于"仁"的三个层面的论述，为人们理解其仁学思想提供了一个清晰的思路，这也是了解整个儒家仁学思想的关键。

汉代以后，儒家学者均以仁为最高道德。董仲舒的仁学思想，是在广泛汲取先秦诸子思想智慧，尤其是孔孟之"仁"的基础上发展而来的。他上承先秦，下启宋明，在儒家仁学发展史上具有重要地位。董仲舒在仁学方面的重要贡献主要表现在两个方面。其一，"仁取之于天"。在先秦时期，儒家学者认为"仁"源自人本身。如孔子就说"为仁由己"。孟子认为"恻隐之心，仁之端也"。在董仲舒的思想体系中，"天"居于重要的地位，有着特殊的意义。他主张"天人合一"，其具体内容包含着"天人同质""天人同构"和"天人同德"三个层面的意义。在董仲舒看来，天是万物的本源，天生人并育之，使人明人伦事理。"天之为人性命，使行仁义而羞可耻。"（《春秋繁露·竹林》）"仁"源自天。"仁之美者在于天。天，仁也。""人之受命于天也，取仁于天而仁也。"（《春秋繁露·王道通三》）"高其位，所以为尊也，下其施，所以为仁也。"既然人之"仁"受命于天，那么，天下所有的人是否都可称为"仁人"呢？当然不能！在董仲舒的思想逻辑体系中，最高的哲学范畴是"气"而不是"天"。"气有阴阳，阳气善，阴气恶。"正是基于气之阴阳

---

① （宋）朱熹：《四书章句集注》，浙江古籍出版社 2012 年版，第 313 页。

② 杨伯峻译注：《孟子译注》，第 5 页。

③ 张奇伟：《论孟子的仁学》，《管子学刊》1994 年第 1 期。

的差别，显现在人心方面，即表现为人性"有贪有仁"。所以，董仲舒就说："人之诚，有贪有仁。仁贪之气，两在于身。身之名，取诸天，天两有阴阳之施，身亦两有贪仁之性。"（《春秋繁露·深察明号》）其二，"先之以博爱，教之以仁也"。就"仁爱"的范围而言，董仲舒与孔孟的主张有所扩大。孔子主张的是"泛爱众"，孟子主张"仁民而爱物"。在先秦儒家学者的思想观念中，仁爱是一种差等之爱。它根植于血缘亲情之中，其逻辑起点是"亲亲"。在此基础上，才有"仁民而爱物"。可以看出，先秦儒家的仁爱思想不同于墨家的"兼爱"说。"'兼爱'是指平等地爱一切人，爱人如己，爱他人的兄弟父母如同爱自己的兄弟父母，爱他国之人如同爱本国人。"[1] 董仲舒充分汲取孔孟"仁爱"思想，兼采墨家"兼爱"思想，明确提出了"博爱"之说。董仲舒说："仁而不智，则爱而不别；智而不仁，则智而不为也。故仁者，所以爱人类也。"（《春秋繁露·必仁且智》）董仲舒认为"仁"不是爱自己，而是重在爱别人，否则便不能称为"仁"。他说："仁之法，在爱人，不在爱我。"（《春秋繁露·仁义法》）简言之，董仲舒的"仁爱"思想，突破了血缘关系的樊篱，提出了"博爱"的主张，标志着儒家仁学思想发展达到了一个新的水平。同时，董仲舒的博爱思想也启发着后人（如韩愈、孙中山等人）的思想主张，在中国思想史上留下了浓墨重彩的一笔。

宋明时期是儒学理论获得更新与拓展的时期。儒家仁学思想沿着孟子心性论的路向，引入体用、性情等新概念来诠释"仁"，从而开出宋明仁学的新理论。张载（1020—1077 年）认为宇宙的本原是"气"，依据"气"化万物的理论，对"仁"学思想进行了新论述。他说："乾称父，坤称母……民吾同胞，物吾与也。"（《张载集·乾称》）也就是说，人和万物由天地所生，全天下之人皆为同胞，万物与人皆是伴侣。张载的仁学主张，体现出来的是一种平等、泛爱的思想。二程汲取了张载的"气化万物"理论，认为人也是由"气"化而成的。二程对"仁"的解释，突破了孔孟以来用"爱""博爱"释"仁"的思想窠臼，引入"公"字，用"公"来释"仁"，注意把"公"和"爱人"结合起来，凸显了宋明"新仁学"的特点。《二程遗书》中说："仁

---

① 王钧林：《董仲舒对儒家仁学的创新与发展》，《济南大学学报》（社会科学版）2009 年第 6 期。

者公也，人（一作仁）此者也。"① 又说："仁之道，要之只消道一公字。公只是仁之理，不可将公便唤做仁。"② "又问：'如何是仁？'曰：'只是一个公字。学者问仁，则常教他将公字思量。'"③ 可见，二程认为"仁"是"公"，但"仁"的本质并不是"公"，而是"爱人"；"公"只是行"仁"的要素与方法。二程释"仁"时，除从"公私"关系的角度外，还使用了"体用"关系进行阐发。"体"与"用"是中国古代哲学中的一对范畴。"体"是根本，是内在的、本质的；"用"是"体"的外在表现、表象。"仁者，全体；四者，四支。仁，体也。"④ 可以看出，二程以"体用言仁"，一方面强调"仁"是人心所固有的东西，另一方面突出"仁"在诸多德目之中处于根本的地位。

朱熹（1130—1200 年）非常重视"仁"，认为"仁"是天地万物之心，是人之所以为人的根据所在。他说："仁者，人之所以为人之理也。然仁，理也；人，物也。"⑤ 他还指出，"仁"是"心之德""爱之理"。可以说，在"何谓仁"和"何以仁"的问题上，朱熹对此进行了系统阐发。其一，以"体用"关系和"公私"关系来释"仁"。朱熹认为，"仁"的本质即爱。《朱子语类》中说"仁是爱底道理，公是仁底道理。故公则仁，仁则爱"（卷六），"仁是爱之理，爱是仁之用"（卷二十）。其二，"克己复礼""立公去私"为"仁"。朱熹认为，"公"是达到"仁"的基本要素与方法。只有具备"公心"，才能接近"仁"，实行"仁"。《朱子语类》中就说"公是仁之方法"（卷六），"非公便是仁，尽得公道，所以仁耳"（卷十一），"公所以能仁"（卷四十一）。此外，行"仁"，关键要做"克己复礼"的工夫。朱熹说："既认得仁如此分明，到得做功夫，须是'克己复礼'；'出门如见大宾，使民如承大祭'；'己所不欲，勿施于人'方是做工夫处。"（卷六）只有做"克己"工夫、遏制私欲才能行"仁"。《朱子语类》中说："须先克己私，以复于礼，则为仁。"（卷四十一）"公是克己工夫极至处。"（卷四）

总体来说，不同时期的儒家学者对"仁"进行了不同的诠释与阐发，赋

① （宋）程颢、程颐：《二程集》，第 105 页。
② （宋）程颢、程颐：《二程集》，第 153 页。
③ （宋）程颢、程颐：《二程集》，第 285 页。
④ （宋）程颢、程颐：《二程集》，第 14 页。
⑤ （宋）朱熹：《四书章句集注》，第 317 页。

予"仁"不同的思想内容，使儒家仁学思想的内涵不断发生变化。

二　儒家仁学理论对廉德思想的影响

"仁"范畴不仅是儒家伦理思想的核心，也是儒家廉德思想的重要伦理基石。由孔子"仁"的思想到孟子"仁政"思想，体现的是儒家"仁"伦理在政治领域的具体践行。对为官从政者来说，恪守儒家仁爱主张，有助于为政过程中的廉洁从政。

其一，"仁"者爱民。中国古代社会的典型特征就是"家国同构"。家族是家庭的扩大，国家是家族的延伸；家是小国，国是大家。儒家仁爱思想的逻辑是"亲亲"而"仁民"。为官从政者由爱自己的家人，扩大至爱整个国家的人民，尤其是爱自己管辖范围之内的民众。所以，中国古代的官员多被称为父母官，强调的是要爱民如子。对为官从政者来说，在从政实践中，若能遵从儒家仁爱伦理思想的教诲，时刻把民众放在心上，爱护百姓就如爱护自己的家人一样，必定能够清廉为政。

其二，行"仁"贵在"克己复礼""立公去私"。"仁"伦理范畴强调的是人们不仅要有一颗仁爱之心，更要有行"仁"之举，有践履"仁"德之方。儒家认为行"仁"需要先"克己""修己"。只有修己、正己才合乎正道，才能爱亲、仁民。对为官者来说，实行仁政，关键是要处理好公与私的关系。只有"立公"而"去私"，才能施行"仁政"，自然也就会做到清廉为政。

第四节　公私、义利、理欲之辨：儒家廉德思想的价值原则

公与私、义与利、理与欲是中国传统哲学中的基本范畴，也是儒家伦理的重要内容。它们既相互联系又相对独立，对其秉持正确态度，进行恰当取舍，深刻反映了人们的基本价值趋向，也是儒家廉德思想建构的重要价值原则。

一　公私之辨与儒家廉德思想

"公"字最早见于甲骨文中。许慎《说文解字》中说"公，平分也。从八从'厶'。八犹背也。韩非曰：背厶为公"。最初，"公"字并不具有道德

上的意义。自西周末期，"私"字出现以后，"公"字才具有道德意义。许慎《说文解字》中有言："私，禾也，从禾，'厶'声，北道名禾主人曰私主人。"尽管学术界对于"公"与"私"的具体含义说法不一，但到战国末期，"人们已经有了将公与私对应起来作为一对道德范畴进行思考的自觉性，也说明中国早期的公私观念至此已基本定型"①。

先秦时期，由于诸子百家对公、私的含义与作用之理解不同，致使对公私关系的认知有较大差异。《尚书》中有"以公灭私，民其允怀"（《尚书·周官》）。《墨子》中有："举公义，辟私怨。"（《墨子·尚贤》）《管子》中说："为人君者，公正而无私；为人臣者，忠信而不党。"（《管子·五辅》）《韩非子》中也有："明主之道，必明于公私之分。……私义行则乱，公义行则治。故公私有分。"（《韩非子·饰邪》）简言之，在先秦时期的伦理思想中，公私关系主要有两种基本主张：一种观点认为公私二者是对立的，应该"存公去私""大公无私"；另一种观点认为公私应兼顾，主张"大公小私""先公后私"。可以说，这两种基本主张贯穿于此后两千多年的公私关系发展的过程之中。

汉唐时期，政治思想家们虽然对公私关系多有讨论，但仍延续了先秦时期对公私关系的基本认识，并未出现大的思想突破。在公与私的关系上，宋明理学思想家们主要强调二者的对立。杨万里就说"利于私，必不利于公，公与私不两胜，利与害不两能"（《诚斋集》卷六十五）。陆九渊把公私关系理解为善恶关系，认为公为善，私为恶；无私为善，私念为恶。他说："为善为公，心之正也。为恶为私，心之邪也。为善为公，则有和协辑睦之风，是之谓福。为恶为私，则有乖争陵犯之风，是谓之祸。"② 不难看出，在公与私的问题上，宋明理学家们更为关注的是"私"对于社会的危害。二程认为，"既是私意，如何得仁"（《河南程氏遗书》卷二十二）。陆九渊认为，"不曾过得私意一关，终难入得"（《陆九渊集》卷三十四）。他们强调的是公与私二者间的对立与矛盾，主张的是"存公去私"。事实上，理学家们的这种价值取向，从根本上说是与人性相背离的，带有某种意义上的政治宣传和道德勉强的色彩。

---

① 参见钱广荣《中国早期的公私观念》，《甘肃社会科学》1996 年第 4 期。

② （宋）陆九渊：《陆九渊集》，第 249 页。

明清时期，随着商品经济的不断发展，人们内心深处的"私意"因受其触动而萌发。致力于倡导经世致用的思想家们，面对人们日益关注自身利益维护的社会现实，也开始从理论上论证"私"的合理性。李贽就说："夫私者，人之心也。人必有私，而后其心乃见；若无私，则无心矣。"（《藏书·德业儒臣后论》）他认为私欲、私利是人固有的本性，是合理的。顾炎武说："至于当官之训，则曰以公灭私，然而禄足以代其耕，田足以供其祭，使之无将母之嗟，室人之谪，又所以恤其私也。此义不明久矣。"① 龚自珍在《论私》中则强调道："天有闰月，以处赢缩之度，气盈朔虚，夏有凉风，冬有燠日，天有私也；地有畸零华离，为附庸闲田，地有私也；日月不照人床闼之内，日月有私也。"② 在龚自珍看来，"私"是一种天地之情，天地日月都有私，何况现实世界的人。

通过对传统公私观念进行历史梳理，不难看出：由于受历史时代、阶级立场等因素的影响，公与私的关系一直处在不断的历史变动中，甚至前后存在着很大差异。但从总体上来说，儒家在公私关系的基本立场是主张"大公无私""崇公抑私"的。这种思想主张与价值追求奠定了中国传统文化公私观的基调，体现了儒家文化行天下之公的大道情怀，展示了儒学独特而永恒的魅力。③

公私问题不仅是道德伦理的重要内容，而且兼具政治伦理意蕴，体现了中国传统的基本政治取向，具体表现为为官者应该树立什么样的为官从政之德？实际上，无论是儒家的历代思想家们，还是封建为官从政的指南——"官箴书"中，都给出了较为明确的回答："公"为立国之本，要"尚公抑私""公正无私""大公无私""公而忘私"。西汉经学家刘向在《说苑》中说："'不偏不党，王道荡荡。'言至公也。古有行大公者，帝尧是也，贵为天子，富有天下，得舜而传之，不私于其子孙也。……此盖人君之至公也。……治官事则不营私家，在公门则不言货利。"④ 傅玄（217—278 年）说，"政在去私，私不去则公道亡。……夫去私者，所以立公道也，惟公然后正天下也"

---

① （清）顾炎武著，（清）黄汝成集释：《日知录集释》，第 148 页。
② （清）龚自珍：《龚自珍全集》，上海人民出版社 1975 年版，第 92 页。
③ 参见杜振吉、郭鲁兵《儒家公私观述论》，《道德与文明》2009 年第 6 期。
④ （汉）刘向撰，向宗鲁校证：《说苑校证》，第 343 页。

（《傅子·问政篇》），认为为政者能否做到公正无私对于治理社会至关重要。《晋书·刘颂传》中也说："尽公者，政之本也；树私者，乱之源也。"（《晋书》卷四十六）北宋的二程就说"一心可以丧邦，一心可以兴邦，只在公私之间尔"（《河南程氏遗书》卷十一），强调能否正确对待和处理公私关系是关系到国家治乱存亡的大问题。朱熹认为，对为官者来说，无论官职高低，都要讲究一个"公"字。他说："官无大小，凡事只是一个公。若公时，做得来也精采。便若小官，人也望风畏服。若不公，便是宰相，做来做去，也只得个没下梢。"（《朱子语类》卷一一二）李觏则说："天下至公也，一身至私也，循公而灭私，是五尺竖子咸知之也。"（《李觏集·上富舍人书》）在李觏看来，循公灭私是连小孩子都明白的道理，对为政者来说，更应该做到大公无私，而不能以手中的权力牟取私利。《明史·王汝训列传》中则说，"天下惟公足以服人"（《明史》卷二三五），同样是在强调为政者只有公正无私才能赢得百姓的拥护与支持，统治基础才稳固。吕坤《呻吟语·治道》中说："'公''私'两字，是宇宙的人鬼关。若自朝堂以至闾里，只把持得'公'字定，便自天清地宁，政清讼息。只一个'私'字，扰攘得不成世界。"① 可见，儒家坚持把"立公去私""崇公抑私"作为治国的根本原则，旨在倡导一种高尚的政治情操，这对于为官从政者廉洁从政具有重要意义。他们把公私与为政清廉密切联系起来，清廉便是公，反之为私。可以说，"公私之辨"是儒家廉德思想的重要价值观基石之一。

二　义利之辨与儒家廉德思想

义与利的关系涉及道德原则与经济利益、物质生活与精神生活等关系的重大问题。它关乎社会的价值导向，影响国计民生。义利关系是儒家思想中最为关注的问题之一。有学者指出，"先秦儒家重义轻利、舍生取义的精神品质是中华民族道德文化生成、延续的精神纽带并积淀为比较稳定的民族心理情结，成为中华民族文化心理和行为特征的精神体现"②。程颢说："大凡出义则入利，出利则入义。天下之事，惟义利而已。"③ 朱熹也说："义利之说

---

①　张希清、王秀梅主编：《官典》第一册，第967页。

②　杨义芹：《先秦儒家义利思想论析》，《齐鲁学刊》2009年第1期。

③　（宋）程颢、程颐：《二程集》，第124页。

乃儒者第一义。"(《朱子语类·与李延平先生书》) 陆九渊说: "凡欲为学,当先识义利公私之辨。今所学果为何事? 人生天地间, 为人自当尽人道, 学者所以为学, 学为人而已, 为有为也。"(《陆九渊集·语录下》)

何谓"义"? 许慎《说文解字》中说"从我从羊"。段玉裁《说文解字注》中释之曰: "从我从羊者, 与善、美同意。"《礼记·中庸》中说"义者,宜也"。孟子认为"义, 人之正路也"(《孟子·离娄上》)。贾谊说"行充其宜谓之义"(《新书·道术》)。扬雄说"事得其宜之谓义"(《法言·重黎》)。由此可见, 义即应当、正当、合乎道义的意思。在儒家看来, 义就是指那些合乎道德要求的行为。

何谓"利"? 许慎《说文解字》中说"利, 铦也。从刀。和然后利, 从和省。《易》曰: '利者, 义之和也。'"清代著名文字训诂学家朱骏声训释说, 利之本义为兵革坚利的意思, 因以刀取禾有获取意, 获取而有悦爱意, 转而又有财利、利益、利欲、自利义。① 在儒家思想中, "利"多指功利、个人利益和私利等。

总体上讲, 儒家在义利关系上的基本主张是"重义轻利"。但在不同的历史时期, 由于受各种因素之影响, 儒家在义利问题上的主张是存在一定差异的。

先秦时期, 儒家主张"重义轻利""义以为质"。有学者认为, 孔子是主张把义与利对立起来的, 因为《论语·里仁》中就说"君子喻于义, 小人喻于利"。这里的"义", 指日常行为中必须遵循的原则, "利"指个人的私利。实际上, 对孔子的义利观, 我们应该辩证地看待。一方面, 孔子对"利"是持肯定态度的。他认为追求私利是人的本能欲望, "富与贵, 是人之所欲也,不以其道得之, 不处也; 贫与贱, 是人之所恶也, 不以其道得之, 不去也"(《论语·里仁》)。另一方面, 他又强调"义"。也就是说, 获取利益要以合乎"义"为前提, "以义制利", 用"义"来约束自己取利的行为。否则,"不义而富且贵, 于我如浮云"(《论语·述而》)。总体来说, 在义与利的权衡对比之中, 孔子主张的是"义以为上"(《论语·阳货》)。在处理物质利益和道义价值关系时, 应该坚持道义价值高于物质利益。

孟子在义利关系上的基本主张是"重义而不轻利"。他说"人亦孰不欲富

---

① 参见陈启智《儒家义利观新诠》,《东岳论丛》1993 年第 6 期。

贵"(《孟子·公孙丑下》)，"欲贵者，人之同心也"(《孟子·告子上》)。孟子认为对普通人来说，追逐私利是人的天性与本能。但对于国君而言，是不宜公开倡"利"的，治理国家应以"仁""义"为根本原则。否则，就会招致国家的危亡。在《孟子·梁惠王上》中孟子与梁惠王的开篇对话中，说得就非常明白，"王！何必曰利！亦有仁义而已矣"。但是，当义利之间出现矛盾与冲突时，人们应该舍利而取义。正如《孟子·告子上》中所说，"生亦我所欲也，义亦我所欲也；二者不可得兼，舍生而取义者也"。

荀子在其性恶论的基础上，提出要以积极的态度对待义利关系。一方面，他肯定追求利欲是人的本性。在《荀子·大略》中，他说"义与利者，人之所两有也"①。也就是说，道义和私利是人们兼而有之、不可缺少的东西。另一方面，他又强调应该把利欲与道德追求统一起来，以义制利，义优先于利。《荀子·荣辱》中说："先义而后利者荣，先利而后义者辱。"② 如果先考虑道义而后考虑利益，那就是光荣的；如果先考虑利益而后考虑道义，那就会招致耻辱。不难看出，在荀子那里，他是把义利作为荣与辱的价值判断和道德评价的重要内容。总之，在义利关系上，先秦儒家主张义与利之间是既对立又统一的，"尚义而不排斥利"；在义与利的轻重缓急问题上，主张的是"重义轻利""义以为上""见利思义"。

汉代的董仲舒提出了"罢黜百家，独尊儒术"，逐步确立了儒学的独尊地位。在义利关系上，其基本主张也是"重义而轻利"。从人性论的角度出发，他承认人生来就具有精神和物质两方面的需要。《春秋繁露·身之养莫重于义》中说："天之生人也，使人生义与利。利以养其体，义以养其心。心不得义不能乐，体不利不能安。"但是，当对精神和物质两方面进行轻重比较之时，董仲舒认为"义之养生人大于利"，"体莫贵于心，故养莫重于义"。(《春秋繁露·身之养莫重于义》) 也就是说，人的心灵对精神的需求要比人的身体对物质的需求更为重要。在此基础上，他又提出"夫仁者，正其谊不谋其利，明其道不计其功！"(《汉书·董仲舒传》)③ 意思是说，有道德的人

---

①　张觉撰：《荀子译注》，第 414 页。

②　张觉撰：《荀子译注》，第 32 页。

③　关于义利问题的两句名言，《汉书》与《春秋繁露》中的表述不尽相同。《春秋繁露·对胶西王越大夫不得为仁》篇中说"仁人者，正其道不谋其利，修其理不急其功"。

在明白了"义"之后，就"不谋其利""不计其功"了。这实际上是否定了人们在合乎"义"的前提下，对"利"追求的合理性。这也标志着儒家对"利"的态度开始发生转变：由先秦时期对"利"的肯定转向对"利"之排斥，义利之间的对立统一关系逐渐被义利间的对立关系取代。客观地讲，义与利是不能割裂开来的，不能只有对立而无统一。作为道德原则的"义"是不能脱离物质基础的"利"而孤立存在的。利是义的物质基础，义是利的思想指导。正如《国语》中所说："夫义者，利之足也；……废义则利不立。"（《国语·晋语二》）

至宋明时期，在先前儒家义利对立的思想基础上，加之受佛教禁欲主义思想的影响，理学家们提出了"存天理，灭人欲"的思想主张，将义利关系绝对化、极端化。理学家们将义利对立关系的阐释引向两个新领域。一是将"义利之辨"与"理欲之辨"结合起来。《河南程氏遗书》卷二十四中说："人心私欲，故危殆。道心天理，故精微。灭私欲则天理明矣。"① 二是把"义利关系"归结为"公私关系"。《二程集·语录十七》中就说："义与利，只是个公与私也。才出义，便以利言也。"② 对此，有学者指出"程朱理学和陆王心学在其他问题上多有分歧，而在义利观上并无大的分歧，只是论证方式不同而已"③。他们分别从理本体论和心本体论出发，论证"存天理，灭人欲"的必要性。可以说，宋明理学义利观主张的不是"重义而轻利"，而是"去利而存义"，从根本上否定了"利"存在的客观性和必要性。至此，先秦儒家辩证的义利观已经完全被扭曲。

明末清初，随着商品经济的发展，实学经世致用思想勃兴。明清实学派的思想家们在对宋明理学中的"存天理，灭人欲"思想进行激烈批判的同时，也对宋明以来的义利关系进行深刻的反思，纠正了义利对立的错误观念，进而提出了"以义为利"的义利观。清初，唯物主义思想家颜元（1635—1704 年）在《四书正误》中说："利者，义之和也。……义中之利，君子所贵也。……予尝矫其偏，改云'正其谊以谋其利，明其道而计其功'。"④ 可见，颜元已

---

① 程颢、程颐：《二程集》，第 311 页。

② 程颢、程颐：《二程集》，第 176 页。

③ 宋志明：《义利之辨新解》，《学术研究》2004 年第 2 期。

④ （清）颜元：《颜元集》，中华书局 1987 年版，第 163 页。

经将功利视为"正谊""明道"的出发点和归宿。总起来说，明末清初的义利观在一定程度上恢复了先秦儒家义利观的本来面貌。

儒家义利观不仅是一个伦理道德问题，也是治国理政中应遵循的一个基本原则，体现了中国传统政治伦理化和伦理政治化的结合。儒家倡导"重义轻利""先义后利""见利思义"等主张，对为官从政者廉洁从政也产生了重要影响。

其一，有助于约束为政者面对利益时的行为。儒家义利之辨，实际上强调的是当人们面对利益诱惑时，如何取舍权衡利益与道德的问题。一方面，在符合道义原则的前提下，可以或者应该去追求利益。遵循的基本原则是"见利思义"，而不是"见利忘义"。另一方面，当义与利发生冲突，二者不可调和时，应该"重义轻利"，甚至"舍利取义"。儒家的这些思想观点和主张，有助于规范为官从政者在利益面前的正确行为，也是历代廉政建设中劝诚教育的基本思想。

其二，有助于推动为政者实施治国安民之道。儒家倡导的义利观，不仅是普通百姓需要遵循的基本道德要求，更是针对那些负有重大社会责任的为官执政者而言的。义利关系是为官执政者在治国理政中首先要遵循的基本方略。一方面，从国家治理的角度看，道德是治国理政的重要基础。人无德不立，国无德不兴。一个毫无道德可言的人是不可能在社会上立足的；同样，一个国家不讲"义"，失去了正确的道德遵循作为支撑，那也是根本不可能发展下去的。另一方面，从国家赖以存在的基础看，经济是根本的物质基础。如果没有"利"，失去了基本的物质基础，那么整个社会无法正常运转，百姓的安居乐业就无从谈起。因此，"利"是不可或缺的。可以说，儒家义利统一的辩证义利观，有助于为政者在治国理政中，正确应对义利关系，采取清正廉洁的措施，实现国治民安。

其三，有助于把个人之小利与国家之大利有机结合起来。儒家义利观强调的是国之大利要高于己之小利、整体利益要高于个人利益。实际上，国之大利或者整体利益就是儒家所说的"大义"或"公义"；而个人之利，即为"小利""私利"。儒家向来宣扬的就是利国利民之大利，重视公利，以公利为本，贬抑个人之私利。

三 理欲之辨与儒家廉德思想

理与欲这对重要的哲学范畴，主要涉及道德原则与物质利益、道德理性与感性欲望、群体利益与个体利益等多个层面的相互关系。关于"理"的本义，许慎《说文解字》中说："理，治玉也，从玉，里声。"可见，"理"就是治理的意思。《荀子·王制》中说："故天地生君子，君子理天地。……无君子，则天地不理，礼义无统……"① 意思是说，天地生养君子，君子治理天地。此外，"理"还有规律、规则之义，如"穷理尽性以至于命"（《易传·说卦》）。当然，与"理"相对的范畴就是"欲"。在中国古代典籍中，关于"欲"字的记载颇为丰富。大致来说，主要有两种基本含义。一是表示"欲望""想要"的意思。《论语·卫灵公》篇中就说："己所不欲，勿施于人。"②《孟子·告子上》中说："鱼，我所欲也；熊掌，亦我所欲也。……生，亦我所欲也；义，亦我所欲也。"二是表示"贪欲"的意思。许慎《说文解字》中说"欲，贪欲也，从欠，谷声"。

理欲之辨是儒家思想中争论最为激烈、影响最为深远的价值难题之一。"理"与"欲"，作为相对独立的两个概念，出现得较为久远。作为一对伦理范畴而被提出，最早见于《礼记》中。《礼记·乐记》中有："人生而静，天之性也。感于物而动，性之欲也。物至知知，然后好恶形焉。好恶无节于内，知诱于外，不能反躬，天理灭矣。夫物之感人无穷，而人之好恶无节，则是物至而人化物也。人化物也者，灭天理而穷人欲者也。"③ 也就是说，"理"是人生而具有的一种内在本性；"欲"是感物而动的感性欲望，是人接触外物之后而产生的一种好恶之情。如果一个人好恶无节，感知外物又为外物所诱惑，却不能进行自我反省，那么它的本性就会因此而丧失。

先秦时期，儒家在理欲问题上的基本主张是"以欲从理""以理导欲"。孔子在谈论理与欲问题时并未直接使用"理"字，而是代之以"仁""义""礼"等概念与"欲"字相对应。如"克己复礼为仁"，"非礼勿视，非礼勿听，非礼勿言，非礼勿动"（《论语·颜渊》）。孔子并不反对追求欲望，如

---

① 张觉撰：《荀子译注》，第104页。
② 钱穆：《论语新解》，九州出版社2011年版，第384页。
③ 杨天宇撰：《礼记译注》，第471—472页。

"富与贵，是人之所欲也"，"富而可求也，虽执鞭之士，吾亦为之"。同时，他又强调人不能不加节制地放纵自己对"耳目之欲"的追求，而应该做到"欲而不贪"，用"义""礼"等道德规范来约束自己的行为。在孔子的理欲思想基础上，孟子也肯定了人的欲望。《孟子·万章上》中说："好色，人之所欲也……富，人之所欲也……贵，人之所欲也。"《孟子·尽心下》中也说："口之于味也，目之于色也，耳之于声也，鼻之于臭也，四肢之于安佚也，性也。"在孟子看来，口、目、耳、鼻、身等感官之欲都是出自人的自然本性。但从修身养性的角度看，孟子也认为人是不能过分追求耳目之欲的，应该"节欲""寡欲"。《孟子·尽心下》中还说："养心莫善于寡欲，其为人也寡欲，虽有不存焉者，寡矣；其为人也多欲，虽有存焉者，寡矣。"荀子在理欲问题上的论述更为辩证而全面。荀子认为"欲"是人的本性，是人生而有之的东西。《荀子·荣辱》中说："饥而欲食，寒而欲暖，劳而欲息，好利而恶害，是人之所生而有也。"[1]《荀子·性恶》中说："若夫目好色、耳好声、口好味、心好利，骨体肤理好愉佚，是皆生于人之情性者也。"[2] 同时，荀子又认为，人的欲望是不可能完全得到满足与实现的。《荀子·正名》中说："虽为天子，欲不可尽。"[3] 即使是高贵的天子，他的欲望也不可能全部得到满足。那么，人们应该如何正确地对待"欲望"呢？荀子并不是完全主张要"去欲""寡欲"，而应该"以道制欲"。《荀子·乐论》中说："以道制欲，则乐而不乱；以欲忘道，则或而不乐。"[4] 用道义来控制欲望，那就能欢乐而不淫乱；为满足欲望而忘记了道义，那就会迷惑而不快乐。可见，荀子主张将人的欲望要求纳入"礼""义"的规范之中。总之，先秦儒家理欲观是辩证合理的，既肯定了"人欲"的合理性，又强调对"人欲"的限制，应该用"礼""义"等"理"的规范加以约束，具有重要的社会历史进步性。

汉儒董仲舒在继承先秦儒家理欲观的基础上，同时又吸收了其他各家的思想，进而提出了"极理以尽情性之宜，则天容遂矣"（《春秋繁露·符瑞》）的理欲主张。"情性之宜"，就是把根于人性而有的感情欲望安顿在适当而合

---

① 张觉撰：《荀子译注》，第 35 页。
② 张觉撰：《荀子译注》，第 340 页。
③ 张觉撰：《荀子译注》，第 331 页。
④ 张觉撰：《荀子译注》，第 295 页。

理的中和状态之中。"天容遂",就是为天所容,所行顺遂。在董仲舒看来,如果能极理以尽"情性之宜",就会为天所容。否则,就会招致祸害。古人认为身国是同构的,董仲舒也把养生和治国结合起来看待。他认为,无论是养生还是治国,都需要做到"情性之宜"。从养生方面说,饮食男女,起居劳逸,喜怒欲恶等都要以"中和"为度。从治国方面说,只有通过"度制"调均,使富不至于骄,贫不至于忧,无骄无忧,情欲适中,才可以使人为义循礼,国家得以治理。①《春秋繁露·保位权》中还说:"故圣人之制民,使之有欲,不得过节;使之敦朴,不得无欲。无欲有欲,各得以足,而君道得矣。"②也就是说,圣人控制百姓,使他们有欲求,但不能超过限度;让他们淳朴,但又不能没有欲求。不论是否有欲求,各自都能得到满足,这样就合乎做君主的道理了。很明显,董仲舒认为为政者应该允许民众有欲求,但是应将其限定在封建秩序允许的范围内。情欲的节制,应该实行道德与法制并用,以道德教化为主。总体来说,董仲舒的理欲观,既"肯定"人的欲望,又主张对其进行"节制"。它是在先秦理欲观的基础上发展起来的,同时又基于时代的需要,将其建构在"天人合一"的思想基础之上,从而把儒家理欲观提升到一个新的阶段与水平。

由于受前儒"以理制欲"思想和佛道两家禁欲主义思想的影响,宋明理学家们在认识理欲关系时,多从理欲对立的层面来谈论的,提出了"存理灭欲"的思想。宋明理学家们尽管也承认人是有欲求的。比如,张载说:"饮食男女皆性也,是乌可灭?"(《正蒙·乾称》)"口腹于饮食,鼻知于臭味,皆攻取之性也。"(《正蒙·诚明》)二程讲"人无利,直是生不得,安得无利?"(《河南程氏遗书》卷十八),"君子未尝不欲利"(《河南程氏遗书》卷十九)。朱熹说"若是饥而欲食,渴而饮,则此欲亦岂能无?"(《朱子语类》卷九十四)但是,他们更强调的是天理与人欲之间的对立。二程就认为"不是天理,便是人欲","人欲肆而天理灭矣"(《河南程氏粹言》卷二),而"灭私欲,则天理自明矣"(《河南程氏遗书》卷二十四)。朱熹则说,"天理人欲,不容并立","人之一心,天理存则人欲亡;人欲胜则天理灭。未有天理人欲夹杂者,

---

① 参见张俊相《董仲舒"极理以尽情性之宜"的理欲观》,《道德与文明》2004年第2期。

② 曾振宇、傅永聚注:《春秋繁露新注》,第125页。

学者须要于此体认省察之"（《朱子语类》卷十三）。陆九渊说："夫所谓害吾心者何也？欲也。欲之多则心之存必寡；欲之寡则心之存必多，……欲去则心自存矣。"① 王阳明也认为天理人欲是根本对立的，"天理日明，人欲日消"，"只要去人欲，存天理，方是功夫"（《传习录·门人陆澄录》）。同时，理学家们主张应该辩证地看待"人欲"。对于人的正常、合理的欲望并不反对。比如，"问饮食之间，孰为天理孰为人欲？"朱熹回答说："饮食者，天理也；要求美味，人欲也。"（《朱子语类》卷十三）可见，理学家们所要灭除的人欲，是指那些过分之欲，邪恶之欲。总之，宋明理学家们在理欲问题的认识是有着丰富内涵的。在他们那里，理欲不再是和谐统一的了，而是处于一种矛盾对立的状态中。

明末清初以后，随着资本主义萌芽的出现和发展，新的生产关系导致了人们对个人利益欲求和个性发展的重视。所以，自明清之际以降，思想家们在批判宋明理学家理欲对立观念的同时，提出了"理欲统一"的理欲观。王夫之说："理欲皆自然。"（《张子正蒙注》卷三）他充分肯定了"理""欲"的合理性，认为"理""欲"都是人性的当然内涵，是人性不可或缺的内容。他说"无理则欲滥，无欲则理亦废"②，认为"理"与"欲"是紧密相连的。简言之，王夫之既充分肯定了人的欲望的丰富性和追求正常生活欲望的合理性，又反对各种形式的禁欲主义。此外，他还认为人欲具有复杂性和难以控制性，反对弃理纵欲，主张"以理制欲"。

戴震（1724—1777 年）继承了王夫之"以理制欲"的思想，并在此基础上提出了"理欲对立统一"的观点。他说："理也者，情之不爽失也；未有情不得而理得者也。……天理云者，言乎自然之分理也，以我之情絜人之情，而无不得其平是也。……情得其平是为好恶之节，是为依乎天理。"③ 在戴震看来，"理"既不是脱离人的情欲而独立存在的，也不是高高在上的精神实体，而是一种规律性和必然性。他说"理非他，盖其必然也。……尽乎人之理非他，人伦日用尽乎其必然而已矣"（《孟子字义疏证·绪言上》）。"理"的基本功能在于对人的情欲进行疏导和调整。他又说："天理者，节其欲而不

① （宋）陆九渊：《陆九渊集》，第 469 页。

② （明）王夫之：《船山全书》，岳麓书社 1992 年版，第 1 册，第 255 页。

③ （清）戴震：《戴震全书》，黄山书社 1995 年版，第 152 页。

穷人欲也。是故欲不可穷，非不可有；有而节之，使无过情，无不及情。"①可以说，明清思想家对"欲"的理解更为全面深刻，他们提出"理"在"欲"中，"理"对"欲"具有依赖性。同时，"理"对"欲"具有规范引导作用。

儒家关于理欲之辨问题的阐发与宣扬，主要是针对"为政者"而言的。无论是孔子的"君子喻于义，小人喻于利"，还是孟子的"养心莫善于寡欲"；无论是董仲舒的"正其宜不谋其利，明其道不计其功"，还是朱熹洋洋洒洒一万五千余言的《戊申封事》奏折中对理欲关系的论述，都表现出了鲜明的政治关切。可以说，儒家关于理欲关系的论辩是其廉德思想的重要伦理基础。

其一，儒家主张"节欲"，这是对为官执政者的一种提醒，有利于他们加强道德修养、清廉为政。我们看到，在理与欲的问题上，尽管儒家学者所持主张各不相同，但是在"节制欲望"问题上却是基本一致的。孔子"欲而不贪"和孟子"寡欲"等主张，都是在告诫为官执政者要廉洁从政，不要有过分的贪欲之心，不要过度地放纵自己的欲望。

其二，儒家"以理制欲"主张，对为政者的基本启示是：既可追求适度的欲望，又要克制自己的行为。一方面，儒家认为"欲"具有一定合理性，适度的欲望是正常的、必需的；另一方面，儒家也认为"欲"的泛滥会带来很大的危害。所以，需要用"理"来限制和引导"欲"。当然，"理"的内涵是非常丰富的，既包括内在的道德伦理，也包括外在的政治法律制度。在儒家看来，为官执政者应该既要遵守封建的政治法律制度，依此来约束自己的行为，保障社会的正常运转；也应该遵从以"三纲五常"为代表的封建伦理道德。这样，通过内在的自我修养和外在的法律制度两种力量，把自己的"欲望"控制在合理范围之内。

其三，儒家提倡"公欲"，反对"私欲"，有利于为政者的廉洁为政。在儒家看来，理欲关系与公私关系是密切相连的，理近于公，欲近于私，理欲之辨实际上是公私之辨的一种深化。理欲之辨，侧重于从个体的理性与感性欲望的关系角度来反映公私之辨。王夫之就主张要存"公欲"，去"私欲"，只有"公欲"才合乎天理。他说："人欲之大公，即天理之至正矣"，"私欲

---

① （清）戴震：《戴震全书》，第 162 页。

净尽，天理流行，则公矣"。① 以公、私为标准来辩证地看待"人欲"，是具有积极意义的。为官执政者若能坚持做到"立公欲、去私欲"，那么，他在执政过程中也定能做到清廉为政。

本章小结

儒家廉德思想内涵丰富，其理论大厦的建构是漫长而复杂的，理论基石是牢固而多元的。从哲学视角看，儒家通过对天人关系的认知，既强调人应该效法天之公正无私，同时又要对天存有敬畏之心，勤于政事，廉洁奉公。否则，将会受到天谴。可以说，"天人合一"思想是构筑儒家廉德思想的重要哲学基石。从政治学视角看，以民为本思想是儒家政治思想的重要内容，为官者要把以民为本的思想内化于心，成为他们廉洁从政的理论基点；同时，还要将其外践于行，成为其廉洁从政的政治归宿。所以说，"以民为本"思想是构筑儒家廉德思想的重要理论基石。从伦理学视角看，"仁"是儒家伦理的核心，也是为官者在其从政实践中必须恪守的基本理念。官员坚持仁者爱人之心，唯此，在为官从政过程中才可能清廉为政。从价值论的视角来看，为官者在为官从政的过程中，还必须处理好公与私、义与利、理与欲的关系，这是实现清廉为政的重要前提。

---

① （明）王夫之：《船山全书》，第 12 册，第 406 页。

第三章　儒家廉德思想的伦理内蕴

"廉"作为中华传统伦理的一个重要范畴，其伦理内涵多是通过其他的具体道德德目体现出来的。其中，"俭""耻""孝"等德目，多与"廉"字连用，形成"廉俭""廉耻""孝廉"等表达，探讨"廉"与"俭""耻""孝"等德目之间存在的密切内在关联性，对于理解儒家廉德思想的伦理内涵大有裨益。

第一节　俭：儒家廉德思想的生活之基

"俭"字最早出现于何时，尚有争论。但据现有文献资料可稽，甲骨文与金文中均未发现"俭"字。目前，学者们探讨"俭"字之起源，多以《尚书》中的有关记载为据。《尚书》中有多处论及"俭"，如《大禹谟》中说"克勤于民，克俭于家"；《太甲》中说"慎乃俭德，惟怀永图"；《周官》中说"恭俭惟德，无载尔伪"。此外，《周易·否卦》中说："君子以俭德辟难，不可荣以禄。"① 这说明，"俭"字至迟在商周时期就已出现。事实上，关于"俭"的思想，很早即已经萌芽。人类产生的早期，在物质生活资料极端匮乏的条件下，"节俭"思想是人类为了生存而自然萌发的一种生存智慧。

一　"俭"范畴的多重含义

"俭"为何意？许慎《说文解字》中说："俭，约也，从人金声。"段玉裁《说文解字注》中释之曰："约者，缠束也；俭者，不敢放侈之意。"大致可知，"俭"字的本义是指一种自我约束、自我克制的思想与行为。随着经济

---

① 周振甫译注：《周易译注》，中华书局 2012 年版，第 64 页。

社会的发展和人们思想道德水平的不断提高，"俭"被赋予了更为丰富的思想内涵，由一种自发的经济行为上升为一种自觉的道德理性。从中国古代的相关文献记载看，"俭"字主要有如下几种解释。（1）俭省，节省。如《汉书·辛庆忌传》中记有："居处恭俭，食饮被服尤节约。"（2）约束，不放纵。如《礼记·乐记》中说："恭俭而好礼者，宜歌小雅。"（3）歉收，年景不好。如《晋书·食货志》中有："丰则籴，俭则粜。"（4）谦逊，谦虚。如《荀子·非十二子》中有："俭然，恀然，辅然，端然，訾然，洞然，缀缀然，瞀瞀然，是子弟之容也。"概言之，随着时代的变迁，"俭"字的含义在"约束""克制"的本义基础上，又被广泛地引申为"谦逊""谦让""节俭""俭省"等道德范畴。

"俭"是中华民族的重要传统美德之一，"倡俭黜奢"的思想历来为人们所重视。早在西周建立初年，鉴于夏桀和商纣王因骄奢淫逸而终致国亡的深刻教训，周公旦就告诫年幼的成王不要贪图安逸，否则会败家亡国。春秋战国时期，"俭"德思想趋于成熟，先秦诸子各家对"俭"德思想均有论述。

《论语·学而》中说："子贡曰：'夫子温、良、恭、俭、让以得之，夫子之求之也。其诸异乎人之求之与？'"此处，子贡用"温、良、恭、俭、让"来回答子禽的疑问。"俭"德作为"五德"之一，正是孔子所倡导的基本社会道德。在《论语·八佾》中也说："与其奢也，宁俭。"《论语·述而》中说："奢则不孙，俭则固；与其不孙也，宁固。"可见，孔子论"俭"，具有双重含义：既强调"俭"的经济价值意义，又强调"俭"的道德伦理意义。

《孟子·滕文公上》中说："贤君必恭俭礼下，取于民有制。"在孟子看来，贤明的君主一定认真办事，节省用度，有礼貌地对待臣下。除了从经济的角度强调节俭的意义，更重视把节俭与统治者的为政结合起来。《孟子·离娄上》中说："恭者不侮人，俭者不夺人。"也就是说，如果为政者自己注重节俭的话，他是不会去掠夺别人的。当然，节俭必须有一定的度和范围，即要在符合"礼"的前提下。《孟子·公孙丑下》中说："君子不以天下俭其亲。"意思是说，无论在什么情况下，都不应该考虑要在父母身上去节省，侍亲要竭尽全力，否则就是不孝。

荀子论"俭"，主要着眼于"俭"的经济价值，"节俭"是其经济思想的基本原则，也是足国富民之道的重要基础。《荀子·富国》中就说："足国之道：节用裕民，而善藏其余。节用以礼，裕民以政。"① 荀子认为，使国家富足的基本途径就是要节约费用。当然，节俭要以合乎礼制为前提，也就是要按照礼的规定，不同等级要按照各自的等级规定来进行消费，即"贵贱有等，长幼有差，贫富轻重皆有称者也"。荀子的节用思想，主要限于经济领域，并未涉及道德领域，与后世社会中流行的崇俭黜奢思想是有较大区别的。尽管如此，但荀子的节用思想仍有积极的意义，有利于促进社会经济发展。

先秦时期，除儒家之外，道家、墨家、法家等学派也对"俭"的思想进行阐述。老子说："我有三宝，持而宝之：一曰慈，二曰俭，三曰不敢为天下先。"② "俭"作为三宝之一，其含义为"有而不尽用"的意思。可以看出，老子在此处也主要是从经济方面强调"俭"的，因为"俭故能广"。王弼注"节俭爱费，天下不匮，故能广"。"广"主要是指经济上的宽裕。"俭"是实现经济上宽裕的主要途径，舍"俭"而求"广"是根本行不通的。从治理国家的角度看，老子认为俭约是治国之根本；从个人修养的角度看，俭朴的生活是合乎自然规律的，是有益于人之身心健康的。所以，老子主张要"见素抱朴"，"处俭去奢"。《老子》第二十九章中说："是以圣人去甚，去奢，去泰。"③

在先秦诸子各家中主张节俭者，尤以墨家为最。墨子提出"俭节则昌，淫佚则亡"（《墨子·辞过》），认为"俭"是实现国家富足的重要条件，"俭节"有利于实现国家的昌盛，而"淫佚"会导致国家的灭亡。墨子提倡"俭节"，反对"淫佚"，既是对以往历史经验教训的深刻总结，也是针对当时广泛存在的骄奢淫逸的社会现实而提出的，深刻表达了广大劳动阶层的呼声。当然，"节俭对于墨子而言，并不仅仅是一种信仰、一种人生观，甚至也不仅仅是一种美德，而且更重要的是一种自己以身作则、严厉躬行的实践"④。墨子本人积极践行"俭"的思想，甚至达到了近乎苦行主义的程度。比如，他强调饮食不求五味，养生即可；衣服不求华贵，御寒祛暑即可。总体来说，墨子的奢俭观，带有小生产者的理想色彩，在阶级对立的社会条件下，缺乏

---

① 张觉撰：《荀子译注》，第 119 页。
② 陈鼓应注译：《老子今注今译》，商务印书馆 2003 年版，第 310 页。
③ 陈鼓应注译：《老子今注今译》，第 188 页。
④ 任怀国等：《中华伦理范畴：俭》，中国社会科学出版社 2006 年版，第 590 页。

实现的社会条件。不过，墨子的节俭思想对后世具有重要的启发意义。无论是李商隐的"历览前贤国与家，成由勤俭败由奢"，还是欧阳修的"忧劳可以兴国，逸豫可以亡身"，都能看到墨子"俭节则昌，淫佚则亡"思想的影子。

节用思想也是先秦法家思想的基本主张。《韩非子·显学》中说："侈而惰者贫，而力而俭者富。"在韩非子看来，奢侈而懒惰的人容易贫穷，勤奋而俭朴的人易于致富。统治者应该鼓励"力而俭"者，批评"侈而惰"者，唯此百姓才会富足，国家方能富强。韩非子还提出了"俭于财用，节于饮食"的主张。他认为，对各级官吏来说，财政开支方面要以"俭"为原则，日常生活要以"节"为原则。

总体来说，先秦诸子论"俭"时，主要突出了"俭"范畴的经济意义和道德意义。从经济角度看，"俭"就是节约物质消费、爱惜劳动成果，反对铺张浪费；从道德角度看，"俭"是一种美德，是涵养人的德性之基础，是成就其他各种美德的"母德"。《司马光·训俭示康》中说："言有德者，皆由俭来也。"秦汉以后，"俭"的思想发展，也主要是沿着这两个理路而展开的。

二 "俭"伦理的重要价值

"俭"虽然是为解决经济问题而产生的，但在物质资料富足的今天，它非但没有消亡，反而历久弥新，其根本原因在于它蕴含着重要的道德价值。节俭虽然是先秦墨家思想的核心内容，但儒家也向来是重视节俭的作用与意义的。在儒家看来，节俭对个人、家庭和国家都有着非同寻常的意义。

对个人来说，"俭"有利于提高个人的道德修养。人们历来重视"俭"在养德、修身中的作用，认为节俭是修养道德的重要基础。《左传》中说："俭，德之共也；侈，恶之大也。"（《左传·庄公二十四年》）司马光则释之说："共，同也。言有德者，皆由俭来也。"（《司马文正公传家集·训俭示康》）换言之，人若不俭，也就失去了各种"德"存在之根基。俭以养德，包含以下两重意蕴。

一是"俭"可以养德。《礼记·表记》中就说："恭近礼，俭近仁，信近情。"[1] 在孔子看来，节俭就会近于仁。因为节俭之人会认识到物力得来不易，

---

[1] 杨天宇撰：《礼记译注》，第719页。

正如朱柏庐在《治家格言》中所说，"一粥一饭，当思来处不易；半丝半缕，恒念物力维艰"。这样就会形成尊重他人劳动成果的意识，故而表现出一定的仁爱精神。诸葛亮在《诫子书》中就说："夫君子之行，静以修身，俭以养德。夫君子之行，非淡泊无以明志，非宁静无以致远。"诸葛亮把节俭与个人的道德修养紧密地联系在一起。朱元璋也说："惟俭养德，惟侈荡心。居上能俭，可以导俗，居上而侈，必至厉民。"（《明太祖实录·洪武九年五月丙寅》）

二是"俭"如何养德。"俭"之所以能养德，就在于"俭"可制"欲"。人之所以"贪"，在于"欲"之不止。从心理层面上说，节俭之人都主张寡欲。司马光就说"夫俭则寡欲。君子寡欲则不役于物，可以直道而行；小人寡欲则能谨身节用，远罪丰家"（《训俭示康》）。"侈则多欲，君子多欲则贪慕富贵，枉道速祸；小人多欲则多求妄用，败家丧身。是以居官多贿，居乡必盗。故曰：侈，恶之大也。"寡欲则贪心不生，奢侈则放情不止。所以，宋人胡宏就说："修身以寡欲为要，行己以恭俭为先，自天子至于庶人，一也。"（《知言·修身》）明代的薛瑄也强调"节俭朴素，人之美德；奢侈华丽，人之大恶"（《读书录》）[1]。

对家庭来说，节俭则兴，奢侈则败。我们看到，在古代众多"治家格言"中，"节俭"历来都是其中非常重要的内容。可以说，能否做到以俭持家，关系到家庭的贫富、家业的兴衰。若能以俭持家，节约用度，即使家境贫寒，仍可勉强度日。反之，若俭德尽失，挥霍无度，即使家庭富有，也会终致破落不堪。唐代桓范在其《政要论》中就说"历观有家有国，其得之也，莫不阶于俭约；其失之也，莫不由于奢侈"。叶梦得说"夫俭者，守家第一法也"（《石林治生家训要略》）。金缨在《白话格言联璧》中也说："勤俭，治家之本。"曾国藩说"勤苦俭约，未有不兴；骄奢倦怠，未有不败"（《曾文正公家训》）。近代学者严复也说："治家者，勤苦操作矣，又必节食省衣，量入为出，夫而后仓有余粮之积，门无索逋之呼。至于因浪费而举债贷贷，则其家道苦矣。"（《严复集·代北洋大臣杨拟筹办海军奏稿》）[2] 总之，节俭有利于家业兴旺，是教育后代保持优良家风的重要基础。

---

① 罗宏曾：《从政史鉴》，天津人民出版社 1989 年版，第 37 页。

② 转引自罗国杰《中国传统道德》，中国人民大学出版社 2012 年版，第 46 页。

对国家而言，俭或奢关乎国之兴衰存亡。唐代诗人李商隐在《咏史》中说"历览前贤国与家，成由勤俭败由奢"，告诫人们勤俭节约，家运国运就会永久兴旺；反之，骄奢淫逸终致国破家亡。南宋著名诗人陆放翁也说："天下之事，常成于困约，而败于奢靡。"（《放翁家训》）可以说，节俭是实现邦安国治之良策。《荀子·富国》中说："知节用裕民，则必有仁义圣良之名，而且有富厚丘山之积矣。"① 在荀子看来，国君若懂得节约费用，使民众富裕起来，就会享受到仁爱、正义、圣明、善良等美好名声，就会拥有像山丘一样丰富的积蓄。反之，奢侈无度必然会国穷民困。《管子·八观》中说："国侈则用费，用费则民贫，民贫则奸智生，奸智生则邪巧作。故奸邪之所生，生于匮不足；匮不足之所生，生于侈；侈之所生，生于毋度。故曰，审度量，节衣服，俭财用，禁侈泰，为国之急也，不通于若计者，不可使用国。"② 《荀子·天论》中说："本荒而用侈，则天不能使之富。"因此，对为官从政者来说，必须尚俭黜侈。隋代王通在《文中子·关朗》中就指出："不勤不俭，无以为人上也。"这里的"为人上"就是指为官从政。近代的魏源也强调"禁奢崇俭，美政也"（《魏源集·治篇》）。

当然，节俭必须有一定的度。在儒家思想中，节俭暗合着中庸之道。不节不俭，失之奢侈，当然无德可言；节俭过度，当用而不用，陷入吝啬之境，则会失去俭德之本义。"俭"与"吝"是根本不同的。《周易·节卦》中说"《节》亨。苦节，不可贞。"意思是说，有节制而又适度，正如"刚柔两分而刚在其中"，就会万事亨通。反之，若以节度为苦而不要节度，则是要碰壁的。《颜氏家训·治家》中说："可俭而不可吝已。俭者，省约为礼之谓也；吝者，穷急不恤之谓也。今有施则奢，俭则吝；如能施而不奢，俭而不吝，可矣。"③ 宋代的洪应明在《菜根谭》中也指出"俭，美德也，过则为悭吝，为鄙啬。反伤雅道"。王夫之在《张子正蒙注·太和》中说："俭者，节其耳目口体之欲，节己不节人。……吝者，贪得无已。何俭之有？"清人申涵光在《荆园小语》中说："俭虽美德，然太俭则悭。"方大湜在《平平言》中也说："可省则省，为之俭；不可省而省，谓之吝啬。"可见，"俭""奢"与"吝"

---

① 张觉撰：《荀子译注》，第119页。

② 赵守正撰：《管子注译》，第113页。

③ （北齐）颜之推著，王利器集解：《颜氏家训集解》，中华书局1993年版，第42页。

之间，重要的是要把握好"度"。正如《资治通鉴》中所说："取之有度，用之有节，则常足。"否则，"过"与"不及"都是有害无益的。

那么，如何做到俭而有度呢？从根本上说，儒家认为"俭"应该合乎"礼"。孔子就强调俭要以"礼"为度，反对那种单纯为追求节俭而去破坏礼制的行为。《论语·八佾》中就说："子贡欲去告朔之饩羊。子曰：'赐也！尔爱其羊，我爱其礼。'"在孔子看来，奢与俭的区别在于是否按照礼制所规定的等级标准进行消费。在日常生活中，如果遵从"礼"的规定标准进行消费，就是"俭"；否则，就是"奢"。当"俭"与"礼"发生冲突时，应以遵守礼制为先；在合"礼"的前提下，自然要选择"俭"。比如，《论语·八佾》中说："礼，与其奢也宁俭。"《论语·述而》中说："奢则不逊，俭则固。与其不逊也，宁固。"《孟子·尽心上》中也指出："食之以时，用之以礼，财不可胜用也。"孟子认为，按时食用，以礼消费，财物是用不尽的。

三 节俭与养廉

"廉"与"俭"都是人类所具有的美德。历史上，"廉"和"俭"多相并而称。《广韵》中就说："廉，俭也。"那么，俭和廉之间的内在关系是如何呢？张鉴在《浅近录》中提到，宋高宗时期，大臣孙樊进宫朝见皇帝，当两人谈到官吏的公正廉明问题时，皇帝就问："何以生公？"孙樊回答说："廉生公。"皇帝又问："何以生廉？"孙樊答曰："俭生廉。"宋人胡太初在《昼帘绪论·尽己》篇中说，守廉"其要莫若崇俭，苟能俭，则买物不必仗官价以求多也，燕宾不必科吏财以取乐也，苟且不必讲，厨传不必丰也"[1]。在《宋史·范纯仁传》中，范仲淹的二儿子范纯仁，继承了范氏节俭的家风。他强调"惟俭可以助廉，惟恕可以成德"，认为节俭是塑造为官从政者廉洁品质的重要条件。明人陈弘谋在《从政遗规》中说："惟俭足以养廉。"清朝顺治帝在《御制人臣儆心录》中说"居官之所恃者，在廉。其所以能廉者，在俭"[2]。康熙在《庭训格言》中说："若夫为官者俭，则可以养廉。居官居乡，只缘不俭，宅舍欲美，妻妾欲奉，交游欲广，不贪何以给之？与其寡廉，孰

---

① 张希清、王秀梅主编：《官典》第一册，第545页。
② 张希清、王秀梅主编：《官典》第一册，第793页。

若寡欲？语云："俭以成廉，侈以成贪"。此乃理之必然者。"（《康熙政要》卷十三）"欲服军心，必先尚廉介；欲求廉介，必先崇俭朴。"（《曾国藩全集·杂著·劝诫浅语十六条》）可以说，"俭"是实现"廉"的重要前提。

那么，"俭"是如何滋养"廉"的呢？寡欲可以养廉。也就是说，生活上节欲、寡欲之人，有利于培养他们的清廉品质。冯梦龙在《古今谭概》中说"贫者，士之常也；俭者，人之性也。贫不得不俭，俭者不必贪"。历史上，俭朴寡欲清廉者，不胜枚举。宋代的包拯，六十大寿时，就事先声明不收任何人的贺礼。皇帝赵祯怕包拯不收礼，就特地在礼盒上题诗道："德高望重一品卿，日夜操劳似魏征；今日帝王把礼送，拒礼门外理不通。"包拯当然拒收，并在礼盒上回复一首诗："铁面无私丹心忠，做官最忌念叨功。操劳本是分内事，拒礼为开廉洁风。"赵祯帝看到包拯的拒礼诗后，就赞叹道"清廉者，当数包拯也"。包拯何以敢拒皇帝送来的生日贺礼呢？正是因为包拯的"清廉"，"公生明，廉生威"。包拯的"清廉"，源自生活上的"节俭"。包拯出行乘坐的轿子破破烂烂，穿的是粗布麻衣，吃的是粗茶淡饭。在其《戒廉家训》中说："后世子孙仕官，有犯脏滥者，不得放归本家；亡殁之后，不得葬于大茔之中。不从吾志，非吾子孙。"还有清朝的宰相刘墉，虽然入朝多年，可谓位高权重。但是他躬行节俭清廉，当告老还乡时，也仅仅是用一根扁担挑着两个箱子，便是他全部的家当。相反，多欲必然生贪。司马光在《训俭示康》中说："君子多欲则贪慕富贵，枉道速祸；小人多欲则多求妄用，败家丧身。"

总之，"俭则约，约则百善俱兴；侈则肆，肆则百恶俱纵"（《格言联璧》）。节俭是滋养清廉的土壤，奢侈是滋生腐败的温床。

第二节　耻：儒家廉德思想的道德前提

耻同"恥"，甲骨文和金文中虽均未见有"耻"字，但"耻"的观念很早即已萌发。《周易·系辞下》中说："小人不耻不仁，不畏不义，不见利不劝，不威不惩。小惩而大诫，此小人之福也。"[1] 意思是说，小人不以不仁为

---

[1]　周振甫译注：《周易译注》，第 342 页。

耻辱，不以不义为可畏，不见到利益就不去努力，不受到威胁就不感到戒惧。《礼记·表记》中也说："殷人尊神，率民以事神，先鬼而后礼，先罚而后赏，尊而不亲。其民之敝，荡而不清，胜而无耻。"许慎《说文解字》中说："耻（恥），辱也。从心，耳声。"《六书总要》中说："耻（恥），从心耳，会意，取闻过自惭之意。凡人心惭，则耳热面赤是其验也。"简言之，"耻"有"耻辱""羞耻""知耻"之义，既表示一种道德意识，也指代一种价值评价。

一 "耻"范畴的基本内涵

"耻"的观念是伴随着人类社会不平等现象的产生而萌发的，是因强者向弱者施"辱"而造成的。"当人类社会的贫富贵贱出现以后，也就产生了强势群体和弱势群体。强势群体往往会依靠自己的优势向弱势群体施辱，而使弱势群体感到羞耻，有耻辱感，于是耻观念产生了。"① 早在殷商时期，人们就已经有"耻"的观念。《尚书·说命下》中说："予弗克俾厥后惟尧舜，其心愧耻，若挞于市。"意思是说，如果我不能使我的君王成为尧舜，我内心感到惭愧和羞耻，就好像在集市上挨了鞭子一样。这说明，人们已经认识到耻感能使人们因内心有羞耻之感而主动向善。《周礼·地官》中说："凡民之有邪恶者，三让而罚，三罚而士加明刑，耻诸嘉石。"这里所说的"嘉石"，就是一种有纹理的石头，立在外朝之左，由专人看管。西周时期，对于那些犯罪情节轻微，不足以关押圜土（狱城）者，就罚其坐于嘉石之上，让其感到羞耻，以便促其反思悔过。这说明，当时羞耻观念已经深入人心了，并将其作为一种惩罚手段应用于法律制度之中。

春秋战国时期，随着生产力的发展，社会成员的贫富差距进一步扩大，以富辱贫、以强凌弱现象渐趋突出，从而也引发了"人的主体意识"的觉醒，人的自尊意识的增强。儒家学者对"耻"观念进行了系统阐发。

《论语》一书中就有着强烈的耻辱取向，全文共四百九十二章，其中有五十八章与"耻"有关，使用"耻"或"耻辱"的地方多达十一处。总体来说，孔子论"耻"主要围绕着"为政"与"做人"两方面展开的。首先，在为政方面，孔子强调为政者应该重视"耻"的作用。《论语·为政》中说：

---

① 李玉洁、任亮直：《中华伦理范畴：耻》，中国社会科学出版社 2006 年版，第 9 页。

"道之以政，齐之以刑，民免而无耻。道之以德，齐之以礼，有耻且格。"①
在孔子看来，用"政"和"刑"来管理人民，民众只求免于受罚，心中并无
耻辱的感觉；用"德"与"礼"来治理民众，他们有耻辱感，内心认同而归
依。《论语·泰伯》中也说："邦有道，贫且贱焉，耻也；邦无道，富且贵焉，
耻也。"意思是说，若在有道之邦，仍是贫贱不能上进，这是可耻的；若是在
无道之邦，仍是富贵不能退，也是可耻的。此外，《论语·宪问》中也说：
"邦有道，谷；邦无道，谷；耻也。"其次，在做人方面，孔子主张为人要知
耻。《论语·学而》中说："信近于义，言可复也。恭近于礼，远耻辱也。因
不失其亲，亦可宗也。"讲恭敬，符合礼制，才能免遭耻辱。《论语·里仁》
中说："古者言之不出，耻躬之不逮也。"意思是说，古人不轻易说话，是羞
耻于自己做不到。此外，《论语·宪问》说："君子耻其言而过其行。"《论
语·公冶长》中说："敏而好学，不耻下问，是以谓之文也。"总体来说，孔
子对"耻"有深刻的认识与详细的阐释，每个人都要践行"行己有耻"的理
念，为政者应该教育百姓做到"有耻且格"。

　　《孟子》一书中，前后有九处论及"耻"字。大致来说，孟子论"耻"，
主要有两个方面。一方面，知耻是为人的根据。孟子说："人之异于禽兽者几
希"，认为人之所以成其为人，就在于人有廉耻之心。"无羞恶之心，非人
也。"(《孟子·公孙丑上》)人若无羞耻之心，就不能称为人；人若不知耻，
那便是真的无耻。《孟子·尽心上》中就说："人不可以无耻，无耻之耻，无
耻矣。"另一方面，孟子又认为知耻是促动人不甘落后、自强进步的重要内在
动力。《孟子·尽心上》中说："不耻不若人，何若人有。"一个人如果不以
赶不上别人为羞耻，那又怎能赶上别人呢？康有为在《论语注》中就说"人
必有耻，而后能向上"。

　　荀子是先秦儒家思想的集大成者。在继承孔孟耻感思想的基础上，荀子
对"耻"德思想进行了进一步阐发。其一，荀子认为好荣恶辱是人的共同追
求。《荀子·荣辱》中说："好荣恶辱，好利恶害，是君子小人之所同也，若
其所以求之之道则异矣。"但是，君子小人的求荣之道是完全不同的。小人主
张的是"疾为诞而欲人之信己也，疾为诈而欲人之亲己也"；而君子主张的是

---

　　① 李泽厚：《论语今读》，生活·读书·新知三联书店 2004 年版，第 49 页。

"信矣而亦欲人之信己，忠矣而欲人之亲己，修正治辨矣而欲人之善己"。其二，义利之先后是界定荣辱的基本依据。《荀子·荣辱》中说："荣辱之大分，安危利害之常体；先义而后利者荣，先利而后义者辱。"其三，荣辱有两端，即"势荣"与"义荣"。"势荣"是指"爵列尊，贡禄厚，形势胜，上为天子诸侯，下为卿相士大夫，是荣之从外至者也"（《荀子·正论》）；"义荣"是指"志意修，德行厚，知虑明，是荣之由中出者也"。

总之，先秦儒家在论及"耻"德时，一方面从伦理角度阐释"耻"德的内涵，强调"耻"对个人修养的重要意义。正是因为人们有羞耻之心，有耻辱之感，所以才会对自己的行为进行规范与约束；另一方面从政治角度，把"耻"德与为政结合起来，建立一个和谐有序的自律型社会，实现全体社会成员"有耻且格"，是儒家德治思想所期达到的理想境界。

二　"耻"伦理的价值意义

"耻"是中华传统道德的重要伦理范畴。"耻"德的存在与发展不仅反映了中国古代先民对耻感的认知程度与水平；而且作为一种思想意识，对个人修为、社会和谐、国家发展都具有重要意义。吕坤在《呻吟语·治道》中说："五刑不如一耻，百战不如一礼，万劝不如一悔。""耻"德的重要价值主要表现在以下几个方面。

知耻是为人之根本，立人之大节。在儒家看来，知耻与否是区别君子与小人的重要标志，也是判断人与禽兽的根本标准。董仲舒说："有廉耻者，不生于大辱。"（《春秋繁露·竹林》）只有知耻之人才能使自己免于蒙受耻辱。朱熹认为："耻者，吾所固有羞恶之心也。存之则进于圣贤，失之则入于禽兽，故所系为甚大。"（《四书章句集注》）知耻是区别人为圣贤或是禽兽的主要标志。此外，朱熹还认为："人须是有廉耻。……人有耻，则能有所不为。"（《朱子语类》卷十三）知耻之人会对自己的行为有所约束与限制而不至于作奸犯科。陆九渊说："而至于甘为不善而不之改者，是无耻也。夫人之患莫大乎无耻。人而无耻，果何以为人哉。"[1] 知耻可谓全人之德，是人之为人的道德底线，是个人道德修养的内在动力，也是塑造君子人格之首要目标。此外，

---

① （宋）陆九渊：《陆九渊集》，第376页。

知耻还是为官之根本。由于"官"的特殊身份与地位决定了官员自身能否做到对其为政做官极为重要。官员知耻可以洁其身，可以幸其民，可以兴其国。龚自珍在《明良论》中就说："士皆知有耻，则国家永无耻矣，士不知耻，为国之大耻。"

耻感意识是推动国家发展的重要精神动力。国民具有耻感意识，可以为国家发展提供重要的精神推动。马克思曾形象地说："耻辱就是一种内向的愤怒。如果整个国家真正感到了耻辱，那它就会像一只蜷伏下来的狮子，准备向前扑去。"[①] 从国家层面上看，耻感可谓治世之大端。《管子·牧民》中说："国有四维。……何谓四维？一曰礼，二曰义，三曰廉，四曰耻。……四维不张，国乃灭亡。"在管子看来，"耻"是支撑国家存在的"四维"之一。不过，在"四维"之中，"耻"尤为要。（《日知录·廉耻》）因为对一个人来说，只有先懂得什么是耻，才能真正懂得什么是礼、义、廉。同样，对一个国家而言，如果国民都毫无羞耻之感，寡廉鲜耻的话，那么，这样的民族是毫无希望的民族，这样的国家是不可能存在下去的国家。

三　知耻与养廉

"耻"德是其他道德德目的基础。宋代理学家范浚说："夫耻，入道之端也。"（《宋元学案》卷四十五）在范浚看来，耻在孝、悌、忠、信、礼、义、廉、耻"八道德"中居于基础地位。"廉"与"耻"都是儒家思想的重要哲学范畴，虽然二者经常被合并而用，但它们是各有侧重的。"廉"多是指向为官者的，而"耻"的指向对象却是所有人。"耻"与"廉"是有其内在关联性的。知耻心是一个人道德修养的基础，也是一个人能够做到清正廉洁的重要道德前提。试想，一个道德沦丧、不辨荣辱的无耻之徒，自然不会有任何清廉可言。顾炎武就说："人之不廉，而至于悖礼犯义，其原皆生于无耻也。"（《日知录·廉耻》）一个人不廉洁，做出许多有悖于礼制仁义之事，就是因为没有羞耻感。清代学者石成金在《传家宝·人事通》中说："耻字乃人生第一要事。如知耻，则洁己励行，思学正人，所为皆光明正大。"

知耻是养成廉德的前提。一个人只有首先"知耻"，才能知之所"止"，

---

① 《马克思恩格斯全集》第 1 卷，人民出版社 1956 年版，第 407 页。

知道什么该做、什么可以做、什么不能做。有羞耻之心的人，会对自己的行为进行约束；而不知耻的人，则会无所不为。正如康有为在《孟子微》中所言："人之有所不为，皆赖有耻心。如无耻心，则无事不可为矣。"可以说，人有耻则廉，无耻则贪。知耻可以养廉，鲜耻则寡廉，无耻则枉廉，知耻近乎廉。

涵养廉耻之心，既是做人的必要前提，也是为官执政的基础。对于应该如何培养人的廉耻之心，儒家学者多有论述。从根本上说，一个人廉耻心的养成，离不开教育的积极引导。儒家教育思想的首要目标就是培养"行己有耻"的士君子。培养人的羞耻之心，需要依靠教育的引导。许衡说："教人，使人必先有耻；无耻，则无所不为。"（《许文正公遗书·语录上》）把培养人的廉耻之心看作教育的首要目标。理学家周敦颐也说"必有耻，则可教"。通过教育引导，一方面有助于树立人的自尊心和健康人格。陆九渊说："人唯知所贵，然后知所耻。"（《陆九渊集》卷三十二）古人也常说"人必自侮，而后人侮之"。一个人首先应该自尊自爱，然后才能做到知耻。另一方面有助于明辨善恶美丑。只有先知晓何为善、何为恶、何为美、何为丑、何为荣、何为辱，才能耻所当耻，而不至于以恶为善、以丑为美，以辱为荣。通过教育引导，树立人们正确的善恶、荣辱、是非观，是知耻的重要前提，也是形成良好社会风气的重要基础。反之，民众耻感意识的培养，也有助于纯化社会的风俗。康有为在《孟子微》中说："风俗之美，在养民知耻。"

第三节　孝：儒家廉德思想的伦理之基

"孝"是中华传统伦理最基本的道德德目之一，是中华民族固有的道德观念和传统美德，是一个具有本根性、原发性特点的重要文化概念。有学者将"孝"称为中华传统伦理的元德。① 儒家历来重视孝，认为"夫孝，德之本也，教之所由生也"。孝与廉关系密切，孝是一切道德的基础，也是廉德的基础；同样，只有做到廉洁才能保证孝道践行得更好。

---

① 参见肖群忠《孝与中国文化》，人民出版社 2001 年版，第 160 页。

一　"孝"范畴的基本内涵

从词源学意义上说，孝的基本含义为子女孝顺父母及其长辈，也就是敬老爱老，侍亲善行。许慎在《说文解字》中说："善事父母者，从老省，从子，子承老也。"《尔雅·释训》说"善事父母为孝"。在现代的语境中进行理解，孝就是以善意的思想与行动对待自己的父母长辈，在世时能够幸福地生活，去世时能够得到很好的安葬。

孝观念的萌发颇为久远，是伴随着血缘家庭出现和父子伦理关系确立之后形成的。在原始社会末期，随着生产力的不断发展，私有制出现，人类社会也逐渐由母系氏族公社时期发展到父系氏族公社时期。在父系氏族公社时期，家庭婚姻形态也逐渐由班辈婚过渡到一夫一妻制，男子不仅在社会生产中居于主导地位，而且在家庭关系中也居于中心地位。此时，父子血缘关系明确，血缘亲属关系中萌生了相互的权利、责任与义务：父母有抚育子女的义务，有要求子女奉养的权利；子女有受父母保护抚养的权利，又有尊敬孝养父母的义务。① 可以说，以男子为中心的个体家庭的出现和父子伦理关系的形成是孝观念产生的重要前提。

夏商周三代是"孝"观念的滥觞时期。蔡元培在《中国伦理学史》一书中就指出："伦理界之通例，非先有学说以为实行道德之标准，实伦理之现象，早流行于社会，而后有学者观察之、研究之、组织之，以成为学说也。在我国唐虞三代间，实践之道德，渐归纳为理想。虽未成学理之体制，而后世种种学说，滥觞于是矣。"② 孝，作为一种伦理道德观念，是早于孝伦理思想学说而在社会上广泛流行的。《尚书·无逸》篇中就记载了商王小乙去世之后，儿子武丁（即高宗）远离王位，为父守孝三年的事情。这说明，殷商时期孝观念就已经较为普遍地流行开来了。此外，在甲骨卜辞中也出现了"孝"字，有"奉先思孝"之义。虽然"孝"的概念是殷人提出来的，但赋予"孝"以明确内涵的却是周人。商周时代，人们重视"孝"，主要是出于维护宗法血缘关系的目的。因为"孝"体现的是下一代人对上一代人的尊崇与感

---

① 参见曾振宇、齐金江《中华伦理范畴：孝》，中国社会科学出版社 2006 年版，第 10 页。
② 蔡元培：《中国伦理学史》，商务印书馆 1999 年版，第 4 页。

恩。人们通过施行孝道，不仅有助于深化对祖先的追忆，而且也有助于深化血统的概念，成为维系宗法血缘关系的重要纽带。可以说，宗法政治是"孝"观念得以确立的现实条件，而"孝"又成为宗法政治的伦理基础。

春秋战国以来，以儒家为代表的各家学派对"孝"伦理进行了理论的丰富和实践的延伸，从而赋予了孝文化以极为丰富的思想内涵。概言之，"孝"伦理包含了以下多个层面。

一是"孝养"。即子女应该尽心竭力地保障父母在物质生活上的基本所需，以保证他们能够安度晚年，这是"孝"的最低层面的要求。《诗经·小雅》中就说，"哀哀父母，生我劬劳"，"父兮生我，母兮鞠我。抚我畜我，长我育我，顾我复我，出入腹我"。① 孔子在论"孝"时，也是首先强调要供养父母。《论语·里仁》中说："父母之年，不可不知也。一则以喜，一则以惧。"对于父母的年龄不可以不记住，喜的是父母能健康长寿，忧的是随着父母年龄的增长，在世之日越来越少了。所以，孔子又强调说："父母在，不远游，游必有方。"《孟子·离娄下》中也讲道："世俗所谓不孝者五：惰其四支，不顾父母之养，一不孝也；博弈好饮酒，不顾父母之养，二不孝也；好货财，私妻子，不顾父母之养，三不孝也；从耳目之欲，以为父母戮，四不孝也；好勇斗狠，以危父母，五不孝也。"② 这里强调的"五不孝"中，其中前"三不孝"都是讲对父母的孝养。总之，"事父母"要"竭其力"，这应该是为人最基本的道德义务。

二是"孝敬"。对父母的孝不能只停留在物质层面上的"养"，还应该包括精神层面的"敬"。《论语·为政》中说："今之孝者，是谓能养。至于犬马，皆能有养。不敬，何以别乎？"对待父母，若仅是养活而已，内心缺乏应有的尊敬，那与豢养动物有何差别呢？所以，在孔子看来，孝敬是在孝养基础上而提出来的一种具有更高道德要求与伦理尺度的"孝"。《礼记·坊记》中说："小人皆能养其亲，君子不敬，何以辩！"③ 把"孝"中是否包含"敬"意，不仅视为人与动物的根本区别所在，也是判断君子与小人的重要依据。《孝经》中也说："孝者三，大孝尊亲，其次不辱，其下能养。"可见，儒家

① 周振甫译注：《诗经译注》，第304—305页。
② 杨伯峻译注：《孟子译注》，第184页。
③ 杨天宇撰：《礼记译注》，第681页。

所倡之"孝"是分多个层次的，其中"孝养"是最低层次的，而"孝敬"是最高层次的要求。换言之，如果说"孝养"是源自一种动物性血缘本能的话，那么"孝敬"则是源于人之为人的一种责任。

三是"孝顺"。"顺"就是顺从父母的意愿而不去忤逆、顶撞父母。《论语·里仁》中说："事父母，几谏，见志不从，又敬不违，劳而不怨。"子女奉事父母时，如果父母有过错应当委婉地去劝谏，若父母不听从，也要恭敬而不违逆；即使操心忧劳，也不要对父母心生怨恨。当然，奉事父母还有一个需要注意的就是"色难"的问题。《论语·为政》中记有"子夏问孝"之事，孔子回答说："色难。有事，弟子服其劳；有酒食，先生馔，曾是以为孝乎？"顺承父母，又和颜悦色，是很难做到的事情。曾子也深受老师的影响，在孝顺父母的问题上，有着同样的表达。《大戴礼记·曾子事父母》中就说："父母之行，若中道则从，若不中道则谏，谏而不用，行之如由己。从而不谏，非孝也；谏而不从，亦非孝也。孝子之谏，达善而不敢争辨。"那么，应该如何做到孝顺父母呢？在孔子看来，就是应该做到"无违"。《论语·为政》中说，梦懿子问孝，孔子回答说"无违"。也就是说，不要违背侍奉父母的基本礼节。具体来说，要做到"生，事之以礼。死，葬之以礼，祭之以礼"。父母在世时，要以礼节侍奉他们；当他们去世时，要以礼安葬他们，祭祀他们。当然，所依之礼自然要"俭"。《论语·八佾》中就说："礼，与其奢也，宁俭；丧，与其易也，宁戚。"此外，所依之礼，重视内心的感受而不是外在的形式。《论语·八佾》中说，"祭如在，祭神如神在"，"吾不与祭，如不祭"。

四是"孝继"。"继"即有继承、延续之义，包括了生命和事业的双重意蕴。一方面，子女要延续父辈的血脉。尽管一代人的生命是有限的，但是若代代相传，自然就会生生不息。《孟子·离娄上》中就强调："不孝有三，无后为大。"赵岐注之曰："于礼有不孝者三事，谓阿意曲从，陷亲不义，一不孝也；家穷亲老，不为禄仕，二不孝也；不娶无子，绝先祖祀，三不孝也。"所以，儒家认为，对父辈而言，子女首先需要尽的孝就是要孕育后代，使家族繁衍壮大。当然，作为子女，更要爱护好自己的身体。《孝经》中就讲，"身体发肤受之于父母，不敢毁伤，孝之始也"。如果一个人不爱惜自己的身体，就是对父母的一种不尊重，就是不孝。当孟武伯问孝时，孔子就回答说："父母唯其疾之忧。"（《论语·为政》）意思是说，让父母担心自己的身体就是不孝。曾子说："身也者，父母之遗体也，行父母之遗体，敢不敬乎。"①另一方面，就是子女要继承父辈的事业。《论语·学而》中说："父在观其志，父没观其行。三年无改于父之道，可谓孝矣。"如果一个人在三年之期内认真遵循守丧之礼，那么，就事父之道而言，便可称得上尽孝了。

随着农业经济的不断发展和宗法制社会的进一步加强，"孝"范畴也在发生着理论上的重大扩展，即由一种家庭范围内的私德逐步扩展为整个社会所要遵守的公德。《礼记·祭义》中说："事君不忠，非孝也；莅官不敬，非孝也；朋友不信，非孝也；战阵无勇，非孝也。"②把"孝"伦理应用于事君、莅官、交友等方面。在孝伦理不断社会化的同时，也出现了政治化的倾向。《吕氏春秋·孝行》中即言："凡为天下，治国家，必务本而后末。……务本莫贵于孝。人主孝，则名章荣，下服听，天下誉。人臣孝，则事君忠，处官廉，临难死。士民孝，则耕芸疾，守战固，不罢北。"正是基于此，所以西汉以后的历代封建王朝都非常重视以孝治天下的重要作用。不仅《孝经》得到了极大的推广，而且在人才选拔方面，汉代还设立了专门的举孝科。可以说，在宗法关系严密的传统社会，借用孝伦理来治理国家，应该说是一种必要且颇为有效的方式，正如《汉书·宣帝纪》中所说"导民以孝，则天下顺"。为此，封建政府还通过法律的形式用治罪不孝来加以保障。

总之，在孝伦理发展演变的过程中，孝的内容在不断丰富，涉及孝养、孝敬等多个层面；孝的范围在不断拓展，涵盖了由家到国，由对父母之爱敬扩展至对社会上的所有人。

二 "孝"伦理的重要价值

孝文化是中国传统文化的重要内容。有学者指出："中国文化在某一意义上，可谓为'孝的文化'。孝在中国文化上作用至大，地位至高；谈中国文化而忽视孝，即非于中国文化真有所知。"③那么，为什么孝文化在中国传统文化中居于如此重要的地位？孝伦理的重要价值体现在哪些方面？有学者认为"中华传统伦理体系主要是由修身道德（个体道德）、齐家道德（家庭伦理）和

---

① 杨天宇撰：《礼记译注》，第 621 页。
② 杨天宇撰：《礼记译注》，第 621 页。
③ 梁漱溟：《中国文化要义》，上海人民出版社 2011 年版，第 26 页。

治平道德（政治伦理）三个方面构成。其中，修身道德是基础，家庭伦理是核心，政治伦理是目的。而孝不仅始终贯穿于这三者之中，而且是其核心与起点"①。正如《孝经》中所说"夫孝，始于事亲，中于事君，终于立身"。

孝为立身齐家之本。《论语·学而》中说："孝悌也者，其为人之本与？"孝敬父母，敬重兄长，应该是为人之根本所在。《中庸》中也说："仁者，人也，亲亲为大。"《孟子·离娄上》中说："事，孰为大？事亲为大。"此外，《孟子·万章上》中也说"孝子之至，莫大乎尊亲"。《司马文正公传家集》中说"治身莫大于孝"。一个人，如果连自己的父母都不孝，那么他能有多高的道德水平，他能对别人好吗？"弟子入则孝，出则悌，泛爱众而亲仁。"反之，道德高尚者，必能善事其父母。所以，《孝经》里就说："夫孝，德之本也。"德以孝为本，孝以德为行。

孝为治国之基。众所周知，中国传统社会是家国同构的，家是国的基础，国是家的放大。《孝经》中说："以孝事君则忠，以敬事长则顺。"所以，在中国传统社会存在着"移孝作忠，忠孝一体"的现象，即"在家孝亲，在朝忠君"。孝与忠具有内在统一性：孝是忠的基础，忠是孝的自然延伸。

在中国传统文化中，政治与伦理耦合在一起：政治是一种伦理型政治，是建构在伦理基础之上的；伦理是政治性伦理，伦理具有政治的结构和功能。所以，在中国传统政治中，历来重视伦理的价值与作用，认为伦理与政治的结合有助于政治的稳固。孝，作为中国传统伦理的重要范畴，对政治统治的作用历来倍受重视。《论语·学而》中即言，"其为人也孝弟，而好犯上者，鲜矣！不好犯上，而好作乱者，未之有也"。一个人在做人方面能孝敬父母，敬重兄长，却喜欢冒犯君上，这是十分罕见的；不喜欢冒犯君上却喜欢作乱，没有这种人。《孝经·纪孝行章》中说："事亲者，居上不骄，为下不乱"。《汉书·宣帝纪》中也说："导民以孝，则天下顺。"所以，儒家的忠孝观念，被封建统治者倚重。汉代就倡行"以孝治天下"。

孝文化作为中华传统伦理道德的重要内容，对维护中华民族的和谐发展，凝聚以血缘为纽带的宗法关系，维系家庭的团结和睦等都有重要的意义和深远的影响。同时，孝文化又是中国传统宗法制社会的产物，不可避免地具有

---

① 肖群忠：《孝与中国文化》，第161页。

典型的封建性与时代性局限。对孝文化的历史作用，应辩证地分析，一分为二地看待；其对中国传统社会的影响与作用是双重的。

一方面，孝是实现社会和谐稳定的重要支撑。在一个家庭中，父慈子孝、兄友弟恭是保证家庭和睦的重要前提。每个家庭成员都能恪守孝伦理的基本规范，有利于维持家庭的和睦、家庭关系的稳定。同时，家庭又是社会最基本的构成要素与单位，孝伦理规范护持着家庭的和睦稳定、邻里关系的和谐，也有助于整个社会的稳定。此外，孝还是凝聚民族力量的重要基石。在世界诸文明中，与西方文化、印度文化、伊斯兰文化相比，孝文化在中华文化中所占的分量最重，居于最为显要的位置。可以说，世界上从没有哪一个民族会像中国人这样如此重视孝道。从孝的产生与发展来看，它是合天道与人道于一体，把祭天、敬祖和孝亲结合在一起的，表达的是慎终追远、爱敬父母的思维方式。孝文化强调的是血缘亲情关系，易于将具有血缘关系有着共同心理的华夏民族紧紧地凝聚在一起。由孝道意识而产生的爱国爱乡道德情感，是中华民族联络情感和聚拢人心的强力"黏合剂"。炎帝和黄帝是中华民族的元祖，每一个中国人都是中华儿女。今天，我们无论是清明节祭祖，还是中秋节、春节的团圆，这些民族传统习俗正是传统孝文化在影响着今天的人们的有力明证。

另一方面，中国传统孝文化对国民性的养成、家庭成员关系的不对等等方面都有不利影响。有学者认为，"孝之权威主义价值导向被封建统治者加以利用和极端化而培育了国人的权威主义人格，即绝对服从，消灭自我的奴性人格"①。还有学者认为，"孝道，似只建立在无条件的服从上，不必有理性的基础。这样的孝道，对维护家族制度是有功的，却不容易培养出独立自尊的人格"②。"孝"之本义是子女孝顺父母及长辈，实际上是包含了双向的关系。一是父母要关心、爱护、教育子女，使其长大成人，这就需要所谓的"父慈""爱幼"。二是子女对父母、长辈的孝顺、尊敬，既有精神上的"取悦"，也有生活上的供养，也就是"子孝""尊老"。可以说，父辈与子辈之间是承担着彼此的责任与义务的，中间存在着一个"度"的问题，而不是有

---

① 肖群忠：《孝与中国文化》，第221页。
② 韦政通：《儒家与现代中国》，上海人民出版社1990年版，第144页。

求必应。但在中国传统孝文化的漫长历史发展过程中，杂糅着封建的礼法制度中的亲亲、尊尊、长长的权威主义价值导向。在这种"他律"的权威主义思想浸润下，人会慢慢变得依赖、服从、逆来顺受、恭顺屈从。宋明时期，理学家甚至提出了"天下无不是的父母""父叫子亡子不得不亡"等荒唐说法。此外，子女对父母的孝，由早期的"子为父隐"发展成后来的"愚孝"。"二十四孝"中"王祥卧冰求鲤""郭巨埋儿"等"愚孝"之举，既违反孝之本义，也是对人性的一种背离。明代的朱元璋，提倡忠君孝亲，但当了解到"卧冰、割股"之事后，表示"皆由愚昧之徒"，并在随后的制谕中规定，对今后父母有疾"而卧冰、割股，听其所为，不在旌表之例"（《明史·孝义传》）。

三　行孝以促廉

孝与廉的关系向来密切。汉代重视孝与廉，既强调"以孝治天下"，又认识到"廉为政本"，所以在人才选拔过程中实行举"孝廉"的制度，分设"孝""廉"两科，足见"孝"与"廉"的重要性。

《孝经》中有一段孔子与曾子的对话：曾子问"敢问圣人之德，无以加于孝乎？"孔子回答说"天地之性，人为贵，人之行，莫大于孝"。可以说，无论是"孝，德之本也"（《孝经》），还是"孝，德之始也"（《大戴礼记·卫将军文子》），都表达着一个共同的思想，即孝为百善之先，孝为众德之基。所以，有学者就主张"孝是中华传统伦理体系的起点与诸德之首"①。"孝"是人类的一种最纯真的情感，是孕育于血缘亲情基础之上的。将其引入社会关系领域，就会泛化成为一种对天下、对万物苍生的敬爱。在中国传统伦理中，"孝"细化派生为"四维"（礼义廉耻）、"五常"（仁义礼智信）和"八德"（孝悌忠信礼义廉耻）等道德条目。

孝为廉之动因，行孝可以促廉。恪守孝道之人，在其价值取向上往往能较好地明是非，辨善恶。一个在家能够尽孝之人，在处理社会关系时，多会倾向于廉洁、公正；为官治政时，才有可能做到清正廉明。"以孝助廉不蔽恶，则行自正。"② 对为官者来说，如果用孝道去促进清正廉洁，而不去掩饰

---

① 肖群忠：《孝与中国文化》，第 161 页。
② 史少博、申圣超：《论孝与礼义廉耻》，《湖南社会科学》2012 年第 4 期。

自己的过错，那么，他为官从政的态度自然就会端正。《礼记》中说："大孝尊亲，其次不辱。"可见，"辱其亲"即为大不孝。对一个为官者来说，能够做到清廉为官，就会显身扬名，光宗耀祖，就是对父母尽的一种大孝；反之，一个贪得无厌，毫无清廉可言的为官者，整天让父母家人为之担惊受怕，能算是孝吗？可以说，贪污腐败，辱没家族门风，当是一种"大不孝"。因此，"不辱其亲"的道德责任感使为官者具有一种清廉为官的责任意识，从而成为促其廉洁自律的重要精神力量。

同时，也需要明确的是，"孝"和"廉"毕竟是不同领域的道德，"孝"是处理家族家庭私人内部关系的一种伦理道德，而"廉"主要是针对国家政治关系的道德。此外，道德的主体分别对应的是"孝子"与"廉吏"。可以说，孝与廉之间存在着很大的差异性，孝亲与廉洁奉公二者之间的关系，并非一种绝对的、必然的联系，"能孝必廉"往往是孝德泛化、思维简单化或是公私不分思维方式的一种体现。

本章小结

"廉"范畴与"俭""耻""孝"等德目之间有着密切的内在关联性。"俭""耻""孝"诸德目是涵养廉德的重要基础，践行"俭""耻""孝"诸德目有助于"廉"德之养成。具体来说，"节俭"是实现清正廉洁的生活基础。"居官之所恃者，在廉。其所以能廉者，在俭"，"欲教以廉，先使之俭"。这些都说明，节俭与清正廉洁之间的内在关系，躬行节俭可以养成廉德。"知耻"是实现清正廉洁的重要道德前提。"养廉之基，在于知耻。"一个人只有首先具有羞耻之心，才能知晓如何做而不蒙羞。只有认识到"不廉洁"是为人之大耻，才会积极向"廉"，故而说"知耻"可以养"廉"。"孝"是廉的家庭伦理基础。"百善孝为先"，孝是一切美德的基础，也是清正廉洁的基础。"孝"与"廉"虽然是处理家庭家族关系与国家关系的两种不同道德范畴，但中国古代社会是一种家国同构的社会。因此，践行孝道可促进"廉"德之养成。

第四章　儒家廉德思想的政治表征

　　道德属于一种实践理性，只有被实践主体践行，才能体现出其伦理价值之所在。伦理中的廉德与政治思想相结合，便构成一种政治伦理，当它被为官执政者在治国理政的过程中践履，表现出来的便是一种"廉洁政治"。《周礼·天官冢宰》中说："以听官府之六计，弊群吏之治，一曰廉善，二曰廉能，三曰廉敬，四曰廉正，五曰廉法，六曰廉辨。"① 学者们经常引用此则材料，借此作为中国古代廉政思想产生的重要标志。"善、能、敬、正、法、辨"虽是对官吏进行考核、记其功过的六条标准，但前面均冠之以一个"廉"字，体现了"廉"的中心地位。若把对官吏考核的六条标准综合起来看，它实际涵盖了道德、法律和能力三个层面。其中，"廉善""廉敬"和"廉正"属于道德层面，"廉法"属于法律层面，"廉能"和"廉辨"属于能力层面。

第一节　道德的向度：廉善、廉敬与廉正

　　官德即官员从政道德，是为官从政者应有的职业道德、思想品德和精神风范。做人要讲道德，为官必须讲官德。自从"官"这一职业产生后，"官德"便随之而产生。《尚书·皋陶谟》中皋陶就提出了为官"九德"："宽而栗，柔而立，愿而恭，乱而敬，扰而毅，直而温，简而廉，刚而塞，强而义。"② 在几千年的历史传承和发展演变中，有着德治主义传统的中国，形成了内涵丰富的官德规范。"善""敬""正"是为官者需要恪守的基本道德规范。

---

① （清）孙诒让撰：《周礼正义》，第 113 页。
② 江灏、钱宗武译注：《今古文尚书全译》，第 34 页。

一 廉善：官德的总体要求

《说文解字》中说："善，吉也。从言从羊。此与义美同意。"《汉语大字典》中关于"善"的解释有二十六个义项，绝大多数表述为"好""美好"的意思。《周礼》中"廉善"一说，对于其义，郑玄注之曰"善其事，有辞誉也"。也就是说，在对官吏进行"考课"时，应该考虑其道德品行方面的表现。作为一个为官从政者，必须讲"官德"，而"廉善"就是对为官者道德品行的一个总体上的要求。

对为官者有道德方面的要求，由来已久。《史记》中记有黄帝"修德而振兵"，战胜了蚩尤；帝喾则是"仁而威，惠而信，修身而天下服"（《史记·五帝本纪》）。这说明，当时的氏族首领已经认识到凭借自身的道德威望可以调解部落联盟内部的矛盾。夏朝建立后，随着官吏队伍的形成和日渐壮大，统治者们开始重视官德的地位和作用，认为如果不修官德，其统治权力就会转移，最终导致王朝的灭亡。商王盘庚说："作福作灾，予亦不敢动用非德。"（《尚书·盘庚上》）周人认为"皇天无亲，惟德是辅。民心无常，惟惠之怀。为善不同，同归于治；为恶不同，同归于乱。"（《尚书·蔡仲之命》）

当然，做好官的前提是先做一个好人，做人的一些基本道德规范是为官者首先必须具备的。孔子将"智仁勇"称为"三达德"，认为这是每个人都应该遵守的基本道德规范。"仁者，人也，亲亲为大；义者，宜也，尊贤为大；亲亲之杀，尊贤之等，礼所生也。"（《礼记·中庸》）孟子主张仁、义、礼、智的道德规范，认为"恻隐之心，仁之端也；羞恶之心，义之端也；辞让之心，礼之端也；是非之心，智之端也。人之有是四端也，犹其有四体也"（《孟子·公孙丑上》）。董仲舒在孟子"四德"的基础上又加上了"信"。在《贤良对策》中，董仲舒提出仁、义、礼、知、信"五常之道"（《汉书·董仲舒传》），认为这"五常"是与天地长久的经常法则（常道）。宋代，理学家们又在管子"礼义廉耻""四维"论的基础上，加上了"孝悌忠信"四德，从而形成了"八德"之说。这些道德规范成为官德规范的基本构成。

此外，基于官吏的特殊身份，人们还提出了一些具体的行政道德规范。如在《睡虎地秦墓竹简·为吏之道》中，提出了"五善"的规范："吏有五善：一曰中（忠）信敬上，二曰精（清）廉毋谤，三曰举事审当，四曰西为善行，五曰龚（恭）敬多让。"① 汉代的刘向提出了"六正"标准："六正者：一曰萌芽未动，形兆未见，昭然独见存亡之几，得失之要，预禁乎未然之前，使主超然立乎显荣之处，天下称孝焉，如此者，圣臣也；二曰虚心白意，进善通道，勉主以礼谊，谕主以长策，将顺其美，匡救其恶，功成事立，归善于君，不敢独伐其劳，如此者，良臣也；三曰卑身贱体，夙兴夜寐，进贤不解，数称于往古之行事，以厉主意，庶几有益，以安国家社稷宗庙，如此者，忠臣也；四曰明察幽，见成败，早防而救之，引而复之，塞其间，绝其源，转祸以为福，使君终以无忧，如此者，智臣也；五曰守文奉法，任官职事，辞禄让赐，不受赠遗，衣服端齐，饮食节俭，如此者，贞臣也；六曰国家昏乱，所为不道，然而敢犯主之严颜，面言君之过失，不辞其诛，身死国安，不悔所行，如此者，直臣也；是为六正也。"② 宋人吕本中在《官箴》中说："当官之法，唯有三事：曰清、曰慎、曰勤。"③ 明人薛瑄《从政录》中提出了"居官七要"："正以处心，廉以律己，忠以事君，恭以事长，信以接物，宽以待下，敬以处事，此居官之七要也。"④ 总之，中国古代官德内容非常丰富，涵盖了官员为人与做官的各个方面。在不同的历史时期，尽管对于官员的具体道德要求不尽相同，但其思想是基本一致的，那就是要忠君爱国、以民为本、立公去私、清正廉明、勤政谨慎。

从历史上来看，官员的道德状况如何直接影响国家的兴亡、社会的稳定。《尚书·太甲下》中说"德惟治，否德乱"，认为只有实行德政，天下才会太平；否则，天下就会动乱不已。《荀子》中说"德不称位，能不称官，赏不当功，罚不当罪，不祥莫大焉"。汉代大儒董仲舒《春秋繁露·立元神》中也说："故以德为国者，甘于饴蜜，固于胶漆，是以圣贤勉而崇本而不敢失也。"⑤ 可以说，加强官德建设，无论是对君主，还是官吏而言，都是至关重要的。

对于君主而言，以德修身，可永保天命。君主作为天之子，是上天在人

---

① 张希清、王秀梅主编：《官典》第一册，第216页。
② （汉）刘向撰，向宗鲁校证：《说苑校证》，第34—35页。
③ 张希清、王秀梅主编：《官典》第一册，第479页。
④ 张希清、王秀梅主编：《官典》第一册，第644页。
⑤ 曾振宇、傅永聚注：《春秋繁露新注》，第119页。

间的代表，有七情六欲，也会犯错误。所以，也应该受到宗法、道德、法律、礼仪的约束。由于君主受万民敬仰，是天下百姓的楷模，君主的言行对百姓有重要影响。《管子·君臣》中就说："道德立于上，则百姓化于下矣。"《孟子·离娄上》中说："君仁，莫不仁；君义，莫不义；君正，莫不正。一正君而国定矣。"君主明德慎罚、修身以德是甚为重要的。《礼记·大学》中说："自天子以至于庶人，壹是皆以修身为本。"唐太宗李世民在《帝范》中劝诫太子李治说："朕闻大德曰生，大宝曰位。辨其上下，树之君臣，所以抚育黎元，钧陶庶类。自非克明克哲，兄武兄文，皇天眷命，历数在躬，安可以滥握灵图，叨临神器?"① 可以看出，唐太宗告诫李治的是对待权力要敬若神明，必须兢兢业业，鞠躬尽瘁。

对于官吏而言，以德修身是安身立命的基础。"治国先治吏"，一个国家的官员的道德水平如何，是至关重要的。《尚书·说命》中说"惟治乱，在庶官"，国家的治乱与官吏是否有道德密切相关。历史发展的事实反复证明了这样一个道理：官德兴，国必兴；官德衰，国必亡。官德如风，民德如草，官风正则民风淳。汉代的王符在《潜夫论·贵忠》中说："德不称其任，其祸必酷。"② 刘向在《战国策·秦策一》中说："道德不厚者，不可使民。"意思是说，作为一个为官者，道德修养不高，是不可以去役使百姓的。因此，对为官执政者来说，为官就必须先修德。

《周礼》中对官吏进行考核，"德"与"行"分开，体现了品德与能力并重的原则。《礼记·乡大夫》中说："三年则大比，考其德行、道艺，而兴贤者、能者。"③ 郑玄注之说："贤者，有德行者。能者，有道艺者。"可见，有德行的人被称为"贤人"，有道艺的人被称为"能人"。其实，《周礼》中所说的"德行"，是有具体内容的。《周礼·大司徒》中说："一曰六德：知、仁、圣、义、忠、和。二曰六行：孝、友、睦、姻、任、恤。三曰六艺：礼、乐、射、御、书、数。"④ 为政者教导万民，必须依靠"六德""六行"和"六艺"。南宋的赵鼎在《从政遗规》中说"吏不善，政虽善不行"，认为没

---

① 张希清、王秀梅主编：《官典》第一册，第314页。
② （汉）王符著，彭铎校正：《潜夫论》，中华书局1985年版，第111页。
③ 杨天宇撰：《礼记译注》，第171页。
④ 杨天宇撰：《礼记译注》，第156页。

有好的官德，国家就得不到好的治理。总之，通过"考评"的方式推进官吏的道德建设，不失为明智之举。

二 廉敬：道德自律的基础

"敬"是儒家伦理思想的重要范畴，其内涵颇为丰富。许慎《说文解字》中说："敬，肃也。"段玉裁注之说："肃者，持事敬业。"《新书·道术》中说："接遇肃正谓之敬，反敬为慢。"① "敬"的基本含义，既表示一种认真、肃敬的精神与态度，又指一种道德修养的方法。商周时期，人们就有了"敬"的观念。有学者认为"敬"观念源于忧患意识，"忧患的初步表现便是'临事而惧'负责认真的态度，从负责认真引发出来的是戒慎恐惧的'敬'的观念"②。所以，"敬"表示的是人们对上帝、天命或者天道的一种尊敬与恐惧。《诗经·周颂·敬之》中就有："敬之敬之，天维显思，命不易哉。无曰高高在上，陟降厥士，日监在兹。维予小子，不聪敬止?"③ 人们因对自然的无知而生畏惧，因畏惧而生敬意，"敬"观念也就由此而产生。

有学者认为，"敬"的含义大致有三，主要是指人在人伦关系中所表现出的一种态度，或敬畏，或敬重，或恭敬。④ 春秋时期，"敬"范畴的内涵有了进一步扩大。它不仅是指一种"态度"，而且已经发展成为一种德行；它不仅是众多道德德目中较为重要的一个德目，而且还与"礼""仁""孝"等诸多德目相联系。《左传·僖公三十三年》中有"敬，德之聚也。能敬必有德"，认为"敬"集中了各种美德于一身。孔子从基本的人伦关系出发，对传统的"敬"观念进行了新的阐释。他认为"敬"是"礼"的核心。《论语·八佾》中说"君上不宽，为礼不敬，临丧不哀，吾何以观之哉?"意思是说，居于统治地位不宽以待人；行礼时不严肃认真，缺乏恭敬的态度；参加丧礼的时候没有哀戚之情，这样子的人怎么能够看得下去呢? 这说明，孔子对"敬"这一礼节是非常重视的。他还指出"上好礼，则民莫敢不敬"，说明为政者守

---

① （汉）贾谊撰，阎振益、钟夏校注：《新书校注》，第 303 页。
② 牟宗三：《中国哲学的特质》，上海古籍出版社 1997 年版，第 16 页。
③ 周振甫译注：《诗经译注》，第 483—484 页。
④ 李春青：《论"敬"的历史含义及其多向价值》，《辽宁大学学报》（哲学社会科学版）1997 年第 2 期。

"礼"是受到百姓尊敬的前提。因此，主张"敬事而信"，治国要恭敬从事，诚信无欺。"敬"是个人修身的重要目标，是成"仁"的重要条件。《论语·宪问》中说"修己以敬"，为官者要致力于修身以便使自己看起来十分庄重、恭敬。此外，孔子还强调对待鬼神要"敬而远之"（《论语·雍也》）。

孟子言"敬"，基本沿袭了孔子的说法。一方面，孟子认为"敬"是人与生俱来的一种优良品质。《孟子》一书中多有论述，如"敬长，义也"（《孟子·尽心上》），"恭敬之心，礼也"（《孟子·告子上》），"礼，人不答，反其敬"（《孟子·离娄上》）。当以"礼"对人时，对方不答，莫要责怪，要自我反思且愈加恭敬。另一方面，孟子还强调君臣间的相互尊敬。《孟子·万章下》中就说"用下敬上谓之贵贵，用上敬下谓之尊贤"。一个人不管处在怎样的社会地位，都要恭敬对人。《孟子·离娄下》中说"仁者爱人，有礼者敬人。爱人者，人恒爱之；敬人者，人恒敬之"。要想得到别人的尊重，首先应该学会尊重别人。

荀子对"敬"德也进行了一定的阐释。荀子认为"敬"是"仁者"所具有的一种优良品质。《荀子·君道》中说"故仁者必敬人。敬人有道：贤者则贵而敬之，不肖者则畏而敬之；贤者则亲而敬之，不肖者则疏而敬之。其敬一也，其情二也"[1]。讲究仁德的人必定回去尊重别人，尊敬别人要讲究一定的原则，也就是"敬一情二"。此外，荀子还认为"敬"是认真做事的态度，是决定事情成败的关键。《荀子·议兵》中说："凡百事之成也必在敬之，其败也必在慢之，故敬胜怠则吉，怠胜敬则灭。"[2]

宋明理学家们视"敬"为一种重要的道德修养方法。张载继承了孔子"敬"与"仁"关系的基本思想，并进一步提出了"敬"为成"仁"的直接原因。《张载集》中说："敬所以成仁也，盖敬则实为之，实为之故成其仁。"[3] 二程认为"敬"是明理存诚的重要手段，提出"所谓敬者，主一之谓敬"[4]，意思是说，专心致志地体认天道（诚）而不受各种私心杂念的影响便是"敬"。此外，他们还认为"敬"是修身的重要途径。"敬是持己，恭是接

① 张觉撰：《荀子译注》，第187—188页。
② 张觉撰：《荀子译注》，第204页。
③ （宋）张载：《张载集》，第82页。
④ （宋）程颢、程颐：《二程集》，第169页。

人"，"涵养须用敬，进学则在致知"。① 程颐强调内心敬畏与外表严肃的有机统一。他说："俨然正其衣冠、尊其瞻视，其中自有个敬处。"（《二程遗书》卷十八）朱熹沿着程颐的理路，坚持认为"敬"是养心之道，提出了"主敬涵养"之说。朱熹说："敬，不是万事休置之谓，只是随事专一谨畏，不放逸耳。"（《朱子语类》卷十二）"敬只是一个畏字"，"只收敛身心、整齐、纯一，不恁地放纵，便是敬"（《朱子语类》卷十二）。"敬之一字"为"圣门之纲领，存养之要法"。

在儒家文化中，"敬"与"畏"多连用而并称"敬畏"。钱穆先生认为，"畏与敬相近，与惧则远。畏在外，惧则惧其祸患之来及我"②。实际上，"敬"与"畏"还是存在一定差异的。也有学者认为，"敬"体现的是一种人生态度，一种价值追求，促使人类自强不息、有所作为。"畏"显发的是一种警示的界限，一种自省的智慧，告诫人类应厚德载物，有所不为。③ "畏"观念在人类出现的早期就产生了，源于对变化莫测、不可捉摸的自然和神灵的本能反应。李泽厚先生说，殷周铜鼎上之饕餮雷纹，均显示此"畏"。④《论语·季氏》中说："君子有三畏：畏天命、畏大人、畏圣人之言。"在孔子看来，天命在人事之外，非人事所能支配，而又不可知，故当心存敬畏；居高位的大人，临众人之上，为众人祸福所系，亦非个人所能左右的，也不可不心存敬畏；古贤圣人，其言义旨深远，也非个人知力所及，亦当心存敬畏。

何为"廉敬"？郑玄注之说："敬，不懈于位也。"贾公彦疏："谓敬其职位，恪居官次也。"简言之，"廉敬"就是要求为官者要尽职守责，要恪守职业道德。具体来说有以下几点。

一要有敬业精神。"敬业"一词出自《礼记·学记》中，"三年视敬业乐群，五年视博习亲师，七年视论学取友"⑤。可以说，儒家历来就有"忠于职守""爱岗敬业"的传统。孔子就非常重视"敬业"的思想。《论语·学而》篇中说"道千乘之国，敬事而信，节用而爱人，使民以时"，强调对所做之事

---

① （宋）程颢、程颐：《二程集》，第 188 页。

② 钱穆：《论语新解》，第 403 页。

③ 参见郭淑新《敬畏伦理初探》，《哲学动态》2007 年第 9 期。

④ 参见李泽厚《论语今读》，第 461 页。

⑤ 杨天宇撰：《礼记译注》，第 457 页。

要谨慎专一。《论语·子路》篇中，当子路问政时，孔子回答说："先之，劳之。"子路再问时，孔子回答说"无倦"，告诫为政者不要懈怠。当樊迟问孔子如何实现"仁"时，孔子回答说"居处恭，执事敬，与人忠"，也是在强调做事情要严肃认真。在《论语·季氏》中，孔子认为君子有"九思"，即"视思明，听思聪，色思温，貌思恭，言思忠，事思敬，疑思问，忿思难，见得思义"。其中，"事思敬"就是强调要懂得敬业。朱熹也讲"竭尽自己之心"（《朱子语类》卷二十一），要求人们要对自己服务的对象尽心竭力，不能懈怠，体现出了一种理性自觉。

二要有敬畏之心。敬畏既是一种情感态度，也是一种信念德性，更是一种博大的智慧。对为官从政者来说，首先要敬畏生命，即要把珍视人的生命放在首位，坚持"以民为本"的思想，珍视人民的生命；还要珍视自己的生命，不能做出违法乱纪之事，既对自己负责，也对家人、对社会负责。其次要敬畏法律。法律是全体社会成员必须遵守的基本准则，具有不可逾越性。对为官者来说，必须敬畏法律，而不能蔑视法律或者触犯法律。否则，必然会受到法律的严惩。最后要敬畏心中的道德良知。东汉时期，杨震"暮夜却金"的故事中，就讲到"天知""地知""你知""我知"的"四知"，充分说明了这样一个道理。每个人心中都有自己的做人底线，每个人必须心存敬畏，不能突破最后的屏障。正如德国哲学家康德在《实践理性批判》中所说的那样："有两样东西，我们愈经常愈持久地加以思索，它们就愈使心灵充满日新月异、有加无已的景仰和敬畏：在我之上的星空和居我心中的道德法则。"① 对于每个为官执政者来说，只有心怀敬畏，方能行有所止，真正实现廉洁自律。

三　廉正：公生明，廉生威

何为"廉正"？郑玄注之说："正，行无邪也。"《毛诗·大雅·小明》中说："正直为正。"《新书·道术》中说："方直不曲谓之正，反正谓邪。"大致可知，"廉正"就是"不倾斜""品行端正"。它作为对官吏考核的一项重要依据，既表示一种道德规范的基本要求，也具有强烈的实践指向性，即修

---

① ［德］康德：《实践理性批判》，韩水法译，商务印书馆 1999 年版，第 177 页。

身和为政。

"正直"乃修身之本，做人应正直。"正直"是中华民族的重要传统道德规范之一，可谓源远流长。《尚书·洪范》中即言："三德：一曰正直，二曰刚克，三曰柔克。"孔颖达注疏说："正直，言能正人之曲使直。"可见，"正直"已成为商周时期最为重要的三种德性之一，表示"中正平和，不刚不柔"之义。儒家历来重视"修身"，认为"修身"是"齐家""治国"和"平天下"的逻辑起点。那么，应该何以修身呢？其基本要旨就是——"以德修身"，而"正直之德"便是做人要修的重要德性之一。《论语·卫灵公》中说："斯民也，三代之所以直道而行也。"朱熹《论语集注》中说："斯民者，今此之人也。三代，夏、商、周也。直道，无私曲也。"可见，"正"和"直"是密切关联的。孔子是非常重视"正直"之德的。他在《论语·雍也》中就说："人之生也直，罔之生也幸而免。"意思是说，人的生存由于正直，不正直的人也可以生存，但那是他侥幸地免于祸害。《大戴礼记·曾子制言中》中说："是以君子直言直行，不宛言而取富，不屈行而取位。"意思是说，君子说话坦率，做事公允，不是通过花言巧语而获取财富，也不会通过屈节做事而谋取地位。《韩诗外传》中说："正直者，顺道而行，顺理而言，公平无私。"朱熹也说"守正直而佩仁义"（《宋名臣言行录》），认为做人要存正直之心，行仁义之德。有学者也指出，"无论如何，儒者所说的直，是指绝对的不偏不倚，它是从义理之当然，而不是从个人之嗜好着眼"①。可以说，儒家所强调的"正直"之美德，就是做人要耿直，刚正不阿，要有气节，而不能趋炎附势、摧眉折腰，是孔子所强调的"君子人格"和孟子所强调的"大丈夫"气概所必备的素养。

"公正"乃为政之基，做官要公正。做官先做人，对为官执政者来说，不仅要正直做人，也要公正为官。为官者为何要做到"公正"呢？根本在于其所处的领导位置。为政者手握一定权力，对其周边之人的行为有直接或间接影响。《论语·颜渊》中说："政者，正也。子帅以正，孰敢不正？"为政之要在于先端正自己的行为，自己带头端正了，谁还敢不端正呢？《论语·子路》中也说，"其身正，不令而行；其身不正，虽令不从"，"不能正其身，

---

① 陈荣捷：《中国哲学文献选编》，江苏教育出版社 2006 年版，第 57 页。

如正人何?"也都是在强调为政者的表率作用。《荀子·正论》中说:"故上者,下之本也。上宣明,则下治辨矣;上端诚,则下愿悫矣;上公正,则下易直矣。"君主能够公正无私,臣民就将会坦荡正直。所以,欧阳修在《正统论上》中说:"正者,所以正天下之不正也。"

那么,为政者如何才能做到"公正""不偏私"呢?一方面,为官者要恪守"公平"之德。贾谊认为:"兼覆无私谓之公,反公为私。"①"公"与"私"是相对的。对为官从政者而言,为政的前提就是要做到"立公去私"。《尚书·洪范》中说"无偏无党,王道荡荡;无党无偏,王道平平"。告诫为政者,不要营私,不要结党,王道宽广;不要结党,不要营私,王道平易。《荀子·王制》篇中说"公平者,职之衡也",认为公正是处理政事的准则。西晋的傅玄说:"政在去私,私不去则公道亡。公道亡,则礼教无所立。礼教无所立,则刑赏不用情。而下从之者,未之有也。"(《傅子·问政》)为政的关键在于去掉私心,否则就没有公道可言了。唐代的《贞观政要·公平》中也说:"理国要道,在于公平正直。"治理国家,首要的原则在于公平和正直。古人云:"凡吏立身正直,自能服人;若动逞意气,故作威凌,此怨府也。"作为一个为政者,只有自身先正直为人,坚守正道,政事才能得到顺利推行。

另一方面,为官执政者要坚守"正义"之道。"正义"一词,在西方伦理学、政治学中是一个较为常用的词汇。拉丁语中有"justice"表示"正义",古希腊哲学家柏拉图认为,各尽其职就是正义。古罗马法学家乌尔比安认为,正义就是给每个人应有权利的稳定的永恒的意义。美国学者罗尔斯在《正义论》中提出"正义,即公正的稳定性"。《荀子·儒效》中说:"不学问,无正义,以富利为隆,是俗人者也。""正义"一词虽然在古代儒家经典中并不多见,一般多用"义"字来表示"正义"。那么,何为"正义"呢?许慎《说文解字》中说"正,是也。从止,一以止","义,己之威仪也"。简言之,"正义"即为"守一,行宜"。也就是说,一个人的行为应该符合正当性、适宜性、公平性等原则。

先秦儒家对何谓"义"及如何达到"义"等问题也有较多阐释。孔子认为,"义"是君子立身处世的基本依据,也是政治活动中必须坚守的基本准

---

① (汉)贾谊撰,阎振益、钟夏校注:《新书校注》,第303页。

则。《论语·述而》中说："不义而富且贵，于我如浮云。"在孔子看来，如果通过不正当的方式取得财富与地位，对他来说就像天边的浮云一样。他还说"德之不修，学之不讲，闻义不能迁，不善不能改，是吾忧也"（《论语·述而》）。不修道德，不讲学问，知道应该做的却不能迁而从之，不好的毛病却不去改掉，这些都是让他忧愁的。孟子说"义，人之正路也"（《孟子·离娄上》），认为"义"是人类最正确的道路。不仅如此，孟子还认为当生命与正义发生冲突时，主张"舍生取义"。"生，亦我所欲也；义，亦我所欲也。二者不可得兼，舍生而取义者也。"（《孟子·告子上》）荀子也非常重视"义"，把人在政治活动中是否具有正义感视为评判其德行高低的重要标志。《荀子·正名》中曰："正利而为谓之事，正义而为谓之行。"意思是说，一个人为了功利而做，称作事业，为了道义而做，称为德行。荀子在《荀子·荣辱》中又指出"义之所在，不倾于权，不顾其利，举国而与之不为改视，重死持义而不桡，是士君子之勇也"，认为合乎道义、坚持正义而不屈不挠，是君子的勇敢。

总之，作为一个为官执政者，应该恪守"公正"的为官之道。宋代的司马光就说"政者，正也。为政之道，至若莫公"。清代的魏裔介《琼琚佩语·攻术》中也说"圣人治天下，公而已"。对为官执政者来说，应该"秉公办事"，"不徇私情"，"廉洁奉公"，唯此才能真正实现所谓的"廉正"。

第二节 法律的向度：廉法

在古代中国，"法"字的使用并不广泛，一般多用"礼"或"刑"字来代替。《礼记·曲礼》中说："礼不下庶人，刑不上大夫。"[1] 意思是说，"礼"不是为下面的庶人而制定，"刑"不是为上面的大夫而制定。当然，有时也会用"法"表示"法度"（即行政制度）或"刑法"。

何谓"廉法"？郑玄注之说："法，守法不失也。"贾公彦疏之说："谓依法而行，无有错失也。"可见，《周礼》中所讲之"廉法"，是指考核官吏，看其是否做到了"守法"。对一名"廉吏"来说，"守法"是其为政的最基本

---

① 杨天宇撰：《礼记译注》，第27页。

要求。为官者既要"知法""明法",又要"守法",对法律怀有敬畏之心。因此,"廉法"一项蕴含着对官吏"知法"和"守法"的双重要求。

一 知法:为官从政的前提

《孟子·离娄上》中说,"徒善不足以为政,徒法不能以自行"。在孟子看来,仅有良法,不足以治好国家,还必须有知法、守法之官吏来保证其贯彻执行。可以说,治理国家,既需要有"善法",更需要有"良吏"。

为官从政者为什么要"知法"?择其要者而言有三个方面。其一,"守法"之需。由于法律具有权威性和强制性等特点,决定了所有的官吏都必须遵守法律。遵守法律的前提是了解与熟知法律,知道什么事该做,什么事不该做,什么事可以做,什么事不可以做?官吏,作为国家政治权利的维护者,必须模范地遵守法律。其二,"执法"之需。中国古代法制的突出特点就是司法与行政合一。也就是说,官吏身兼司法官与行政官。先秦时期的"司寇",既是军事长官,又是司法官吏。秦汉时期实行郡县制,郡守和县令也都兼有司法和行政之职。《后汉书·百官志第二十八》中就有"凡郡国皆掌治民,进贤劝功,决讼检奸"。唐代时,决杖以下的案件可由县令裁决。其三,"宣法"之需。封建时代,随着成文法的不断颁布,向民众宣传法律,使"万民皆知所避就",这一重任就落到了封建官吏们的肩上。当《大明律令》颁行时,朱元璋"恐小民不能周知",便命令大理卿周桢把律令与百姓关系较大的内容,用口语形式编成《律令直解》,发至基层,由地方官吏向百姓宣传教育。① 再如,清朝雍正皇帝颁行《大清律集解附例》时,为了让百姓了解新律法,使得百姓能"知畏法而重自爱",要求各级官员在每月的朔望之日向百姓选读讲解律法。总之,官吏所处的地位和身份决定了他们必须率先"知法"。

那么,为官从政者如何才能"知法"呢?从根本上说,就是要对为官从政者进行法制教育。主要包括以下几个方面。

一是家庭教育。家庭是社会的基本构成单位,家庭教育主要以德育为核心,以孝道为基点,是整个大教育系统中非常重要的一环。一个人的品行、修养如何,在很大程度上受到了家庭环境的熏染。中国古代家庭教育源远流

---

① 参见王立民《我国古代官吏知法论》,《政治与法律》1993 年第 4 期。

长，从孟母"断机杼"到窦燕山"教子有方"，无不体现着对家庭教育的重视。其实，中国古代家庭教育的内容非常广泛，既有道德教育的内容，也有法制教育的内容。长辈们不仅把知识、道德等教授给子孙后代，而且也有法律知识的传承。《汉书》中就有"张汤传法给子张安世"，"御史大夫杜周教法与其子杜延平"等记载。清人张集馨在《道咸宦海见闻录》中也写道："郭嗣宗父在家塾课子时，并令读律例，又令作控词，兄弟互控，其父批判，贻谋本奇。"① 当然，通过家庭教育传承法律知识也有很大的局限性，因为精通或了解法律知识的长辈在中国古代毕竟是十分少数的。

二是学校教育。中国古代的教育十分发达，虽然"教育"一词在战国初期才出现，《孟子·尽心上》中就有"得天下英才而教育之"，但是专门传授和学习知识的机构——"成均"，早在原始社会末期就已出现。夏朝，出现了正式的以教育为主的"校"，殷商时期称之为"庠"，西周时期谓之"序"。春秋时期，孔子兴办私学，打破了"学在官府"的限制，为教育的普及与推广奠定了基础。此后，中国的古代教育沿着私学和官学两个路径发展。其实，无论是私学教育，还是官学教育，都是在进行圣贤教育的同时，也担负着法律教育的功能。《后汉书·钟皓传》中说，钟皓"世善刑律，以诗律教授，门徒千余人"。魏明帝时期，专门设立"律博士"一职，掌管法律学校，教授法律知识。唐代时期，国子监中设"律学"，有律博士1人，助教1人，律学生50人，课程"以律令为专业，格式法例亦兼习之"②，学习年限为三年，如果三年考试不及格者，延长学习至六年。宋代时期，仍设律博士，国子监中有法律馆。明清时期，国子监中沿袭了设律博士的传统，凡在国子监学习的学生，均需学习法律。总之，在学校律令教育中，官学与私学交相辉映。

三是为官之教。古代读书人入仕之前，一般要学习一定的法律知识。隋唐科举制创立后，法律被纳入科举考试的内容中，设置了专门的科目——明法科。可以说，科举考试是封建士人学习法律知识的重要推动力。当然，入仕后，为官者仍需继续学习法律知识。因为在对官吏的"考课"中，"知法"是其中的重要考核内容之一。秦代实行法治，自然是非常重视法律。已出土

---

① 张集馨：《道咸宦海见闻录》，中华书局1981年版，第80页。

② （后晋）刘昫等撰：《旧唐书》卷四十四，中华书局1975年版，第1892页。

的《睡虎地秦墓竹简》中，就把官吏是否明法作为衡量官吏良恶的标准"凡良吏明法律令"，"恶吏不明法律"。明代的朱元璋，主张"重典治吏"，也强调官吏对法律的了解与掌握。《明史·刑法志》中就有"每御西楼，召诸臣赐坐，从容讲论律义"。

二 "守法"：为官的基本职责

"守天下之法者莫如吏"（《王文公文集》卷十），遵守国家的法律，最重要的是官吏先守法，法律的推行也在于官吏。为官者"知法"只是必要前提，严格"守法"，公正"执法"才是目的之根本所在。《元史·李治传》中说："为治之道，不过立法度，正纲纪而已。"法律是天下人所共同遵守，是国家"布信于天下"的重要手段，"有一动摇，则人无以措手足"。因此，对为官者来说，除自己要严格遵守外，还应该做到"公正执法"，"赏一人使天下人喜，罚一人使天下人服"。

其一，公正执法，不避"亲疏贵贱"。法律的基本功能是惩治"作奸犯科"者，法律的基本准则就是"法律面前人人平等"，"天子有罪与庶民并罚"。所以，对每一个为官者、执法者来说，应努力做到"疏贱之人，有善必赏；尊贵之戚，犯恶必刑；未有罚则避亲赏则遗贱者也"（《新唐书·魏元忠传》）。此外，《孙子兵法》中说："尽忠益时者，虽雠必赏；犯法败事者，虽亲必罚。"《清史稿·李栖凤传》中也说："有功虽贱虽仇必赏，有罪虽贵虽亲必罚。"历史上，但凡那些清官廉吏，无不都是赏罚有度、不避亲疏者。宋代的包拯，不仅是为民请命的"青天大老爷"，还是一位刚直不阿、秉公执法的典型代表。他说"法令既行，纪律自正，则无不治之国，无不化之民"。（包拯《上殿札子》）如果为官者不能做到公正执法，其结果必然是"亲贵为之而不禁，宠幸挠之而见从，是政三不常，令之不一。虽严刑峻制朝施暮戮，而法不行矣"，就会因"天下善恶不分，下民无所措其手足"而导致"奸诈斯起，暴乱生焉"。（《旧唐书·柳亨传》）

其二，严格执法，做到"有法必依"。法律的严肃性决定了执法者和守法者必须严格遵守。在执法过程中，为官者"不可随意轻重"法律，更不能因个人之好恶而为之。宋代开国宰相赵普就曾指出，"刑赏天下之刑赏，非陛下之刑赏，岂得以喜怒专之"（《宋史·赵秀传》）。刑赏是国家之事，不能因皇帝一人的喜怒哀乐而从之。否则，若"赏罚之命，乖于章程之典，则天下为乱，社稷几危"（《旧唐书·柳亨传》）。

第三节　能力的向度：廉能和廉辨

何谓"廉能"？郑玄注之说："能，政令行也。"此处之"能"是指官吏的工作能力。其实，在《周礼》中"能"多用"道艺""才艺"表示之。在《周礼·大宰》篇中，郑玄对其注之说"能，有才艺者"。《周礼·小司寇》中，郑玄又注之说"能，谓有道艺者"。何谓"廉辨"呢？郑玄注说："辨，辨然不疑惑也。"《周礼·叙官》中注之说"辨，别也"。大致可知，"廉辨"中的"辨"有"分辨、分别"之义。其他文献中，也有类似之用法，如《二月律令·置吏律》中就有"官各有辨，非官事勿敢为，非所听勿敢听。诸使而传不名取卒、甲兵、禾稼志者，勿敢擅予"①。其中之"辨"，就可以释之为"分别"之义。简言之，《周礼》"六廉"中的"廉辨"就是要求官吏有明辨是非之能力，要各司其职，勿越俎代庖。所以，无论是"廉能"，还是"廉善"，都是对官吏能力方面的要求。

但是，"廉能"和"廉辨"都是较为抽象、模糊的概念，缺乏明确的目标与标准，因而不便于官吏们遵照执行。尽管如此，我们还是可以从后世对官吏"考课"的具体要求中了解到其中的大致内容。

"考课"又称考绩，是中国古代对官吏进行道德、政绩考核的一种称谓。中国古代对官吏进行考核的做法由来已久。《尚书·舜典》中就有"三载考绩，三考黜陟幽明，庶绩咸熙，分北三苗"。这说明，在原始社会末期，就已经存在着对部落首领进行三年一考核的做法，依据考核结果而决定其罢免还是提拔。三代时期，国家因人设职，量能授官。所以，对官吏考核的问题逐渐形成为一种机制。《春秋左传正义》卷三十二中说"唐、虞及夏，皆五年一巡守。……周十二年一巡守"。《尚书·立政》篇中记载了用"三宅三俊"（三宅，即指"事""牧""准"）之法考察官吏，职官任职之后要"三载一

---

① 张家山二四七号汉墓竹简整理小组编：《张家山汉墓竹简》，文物出版社2006年版，第37—38页。

考"。春秋战国时期，形成了较为规范的官吏考核方式——"上计"制度（即地方守官向中央申报一年治理状况的制度）。秦并六国，一统天下之后，制定了统一的官吏考核要求。《睡虎地秦墓竹简·为吏之道》中规定了官吏必须遵守的"五善"，并且形成了相对完善的对各级官吏进行考核的体系。汉承秦制，两汉时期的官吏考核制度，基本上沿袭了秦代的考课与上计制度。

隋唐时期，官吏考核制度日渐完备。唐朝十分重视对官吏的考核，制定了"四善"和"二十七最"的考核内容与标准。如果说唐代之前的历朝历代，都强调对官吏的德与能方面的考核，主张道德与能力并重，但往往因标准含糊并未起到应有的效果的话；那么唐代的官吏考核制度则是完备得多。据《唐六典·尚书吏部》中记载："凡考课之法有四善：一曰德义有闻，二曰清慎明著，三曰公平可称，四曰恪勤匪懈。善状之外，有二十七最。"①这里所说的"四善"，就是对官吏为政道德方面的要求，而"二十七最"恰是对官吏能力方面的具体要求。

宋代基本沿袭了唐朝的考课标准，但内容有所变化。宋神宗时期，对官吏道德方面的要求"四善"仍保留，但将能力方面的要求"二十七最"改为"四最"，即"狱无冤案、赋税无扰为治事之最；农桑垦植、兴修水利为劝课之最；驱除盗贼、民获安居为镇防之最；赈济困苦、不致流移为抚养之最"②。

总之，无论是唐代的"二十七最"，还是宋代"四最"，都是中国古代对官吏在能力方面的具体要求。尽管由于种种原因，封建政府对官吏"廉能"

---

① 所谓"二十七最"，具体是指："一曰献可替否，拾遗补阙，为近侍之最；二曰铨衡人物，擢尽才良，为选司之最；三曰扬清激浊，褒贬必当，为考校之最；四曰礼制仪式，动合经典，为礼官之最；五曰音律克谐，不失节奏，为乐官之最；六曰决断不滞，与夺合理，为判事之最；七曰部统有方，警守无失，为宿卫之最；八曰兵士调习，戎装充备，为督领之最；九曰推鞫得情，处断平允，为法官之最；十曰雠校精审，明于刊定，为校正之最；十一曰承旨敷奏，吐纳明敏，为宣纳之最；十二曰训导有方，生徒充业，为学官之最；十三曰赏罚明once，攻战必胜，为将帅之最；十四曰礼义兴行，肃清所部，为政教之最；十五曰详录典正，词理兼举，为文史之最；十六曰访察精审，弹举必当，为纠正之最；十七曰明于勘覆，稽失无隐，为句检之最；十八曰职事修理，供承强济，为监掌之最；十九曰功课皆充，丁匠无怨，为役使之最；二十曰耕耨以时，收获剩课，为屯官之最；二十一曰谨于盖藏，明于出纳，为仓库之最；二十二曰推步盈虚，究理精密，为历官之最；二十三曰占候医卜，效验居多，为方术之最；二十四曰讥察有方，行旅无壅，为关津之最；二十五曰市廛不扰，奸滥不行，为市肆之最；二十六曰牧养肥硕，蕃息孳多，为牧官之最；二十七曰边境肃清，城隍修理，为镇防之最。"（《新唐书》卷四十六）

② 杭宁：《科举制度与政治人才选拔》，《青海师范大学学报》（哲学社会科学版）2005年第4期。

"廉辨"的要求未必能实现其最终的目的，但它毕竟对官吏的廉洁从政，积极践行儒家的廉德思想，使之成为"清官"或"廉吏"具有积极意义。

本章小结

"六廉"思想是顺应了当时国家为加强对官吏的管理与控制而提出的。自秦以降及至清代，虽历经无数朝代的兴亡变革，但"六廉"思想却一直承袭不绝。尽管历代在推行"六廉"的过程中，其内容或有损益，形式或有变化，但其原始含义与原则精神没有变化。① 在漫长的历史发展过程中，"六廉"思想对中国封建政治文化发展产生了重大而深远的影响。

一是为中国古代"考课"制度提供了基本的考核依据。中国古代官员在上级对下级通过特定的手段和途径进行考核时，主要围绕德、才、劳等方面展开，以确定升贬奖罚。这一考核官吏的办法，在很大程度上影响了封建社会两千多年的官僚制度的演进。《睡虎地秦墓竹简·为吏之道》中就记载了秦代对官吏进行考核的五条标准："吏有五善：一曰中（忠）信敬上，二曰精（清）廉毋谤，三曰举事审当，四曰喜为善行，五曰龚（恭）敬多让。"② 三国时期，曹魏的"都官考课七十二法"，基本内容是"对于夙夜在公、恪勤特立，当官不挠贵势，执平不阿所私，危言危行以处朝廷者，自明主所察也"③。唐朝的考课，依据的是"四善二十七最"，其中"四善"即为"一曰，德义有闻；二曰，清慎明著；三曰，公平可称；四曰，恪勤匪懈"（《唐六典·考功郎中员外郎》）。宋代，官吏考核以"公、勤、廉、恪"为最高标准。清代官吏考核依据"四格六法"，其中的"四格"，即为"才（长、平、短）、守（廉、平、贪）、政（勤、平、怠）、年（青、中、老）"。通过历史地梳理，不难发现历代对官吏的考核标准基本没有超出"六廉"的范畴。由于社会政治经济发展的不平衡，不同历史时期官吏考核的标准往往会有差异，也多是侧重于"六廉"中的一个或几个方面而已。

---

① 参见杨昶《"廉"德探源及古代廉吏标准》，《华中师范大学学报》（人文社会科学版）1996年第4期。
② 张希清、王秀梅主编：《官典》第一册，第215页。
③ 郝铁川：《〈周礼〉与中国文化》，河南大学出版社1995年版，第70页。

二是为中国古代官吏为官从政确立了基本的行为准则。"六廉"虽是政府对官吏进行考课的基本依据，但在实际运行过程中，它对封建官吏的为官从政行为起到了某种事实上的导向作用，是封建官吏为官从政的基本行为准则。封建官吏们为了在仕途上能够升迁，考核中能够取得好成绩，他们大多也会自觉不自觉地朝着"六廉"的标准去努力。这一点可以从中国古代众多的"官箴书"的劝诫中窥见一斑。宋人吕本中在其所著的《官箴》中，开篇即言："当官之法，唯有三事：曰清，曰慎，曰勤。知此三者，可以保禄位，可以远耻辱。"① 清即是清正廉洁；慎指处理公务要审慎，做人要谨慎；勤指工作上要尽职尽责，不能有丝毫的懈怠。宋代学者真德秀在《西山政训》中也写到"某愿与同僚各以四事自勉，曰：'律己以廉……扶民以仁……存心以公，……莅事以勤'"②，强调为官者应该用廉洁来约束自己，用仁爱来抚慰百姓，居心要公正，要勤勉地处理政事。官员为政的基本要领就在廉、仁、公、勤这四个方面，四者缺一不可。明代的薛瑄在《从政录》中也写道："正以处心，廉以律己，忠以事君，恭以事长，信以接物，宽以待下，敬以处事，此居官之七要也。"③ 所以，从这些劝诫良言中不难看出，官员为官从政主要围绕清廉、勤勉、公正等内容展开，其中的内容虽有变通，但核心内容都限于"六廉"范畴之内，且以"廉"为本。

三是为中国古代廉政文化建设奠定了基本的内容框架。"廉"作为中国古代伦理德目中的重要范畴，历来倍受重视。宋人苏辙说"唯廉可以服殊俗"，明人王文禄在《廉矩·廉理大统章》中写道："夫廉也者，约众理而统同之也。""廉"之本义为"堂屋的侧边"。在《仪礼·乡饮酒礼》中就有："设席于堂廉东上。"在本义基础上，"廉"又引申出"廉洁""节俭""不苟取"等伦理意义。如《楚辞·招魂》中"不受曰廉，不洁曰污"。《淮南子·原道》中"不以奢为乐，不以廉为悲"。《孟子·离娄下》中也讲"可以取，可以无取，取伤廉"。"廉"范畴在政治层面上的表达即廉政。春秋时期的管仲就把"廉"比作维系国家稳定的四大支柱之一。他说："礼义廉耻，国之四

---

① 张希清、王秀梅主编：《官典》第一册，第 479 页。
② 张希清、王秀梅主编：《官典》第一册，第 524 页。
③ 张希清、王秀梅主编：《官典》第一册，第 644 页。

维，四维不张，国乃灭亡。"① 《周礼》中的"六廉"，所强调的"善、能、敬、正、法、辨"六个方面，大致构成了中国古代廉政文化的基本内容，标志着中国传统廉政文化的形成。

　　循着"六廉"思想的理路，中国古代廉政文化在不断发展、日渐丰富并向制度层面转化。比如，《睡虎地秦墓竹简》中的"五善"就是对"六廉"思想的进一步发展。我们看到，历代王朝加强廉政制度的建设，出台的诸多奖廉罚贪的法典，不断涌现的清官廉吏，共同构成了内容丰富、形式多样的中国古代廉政文化体系。可以说，中国古代的廉政文化在很大程度上就是在"六廉"思想的基础上逐渐建构和发展完善起来的。

---

　　① 赵守正撰：《管子注译》，第 1 页。

第五章 儒家廉德养成的基本路径

　　"廉"作为中国传统道德的重要德目，既内在地表示为人们对"清廉"的心理认知和潜在意识，又外在地表现为人们的清正廉洁之实践行动。所以，要想达到清正廉洁之目标，需要先培养其廉洁的心智。那么，对为官从政者来说，应该如何养成廉洁的心智呢？在儒家看来，从根本上说：一要坚持以德修身，努力提高自己的道德修养；二要加强道德教化，实现教以养廉；三要加强制度规范与约束。当然，无论是通过道德教育，还是制度约束，要促使为官者清廉为政，其重要的认知前提就是：无论人性是善或恶，都是可以通过外在因素影响而改变的。

第一节 廉德养成的学理依据

　　人性论是中国传统伦理的重要学理基础，也是儒学研究的基本逻辑起点。"性"字最早见于金文，其字形与"生"字一致，本义为"生"。《诗经·大雅》中就有"岂弟君子，俾尔弥尔性"。这里的"性"，就是"生命"的意思。"性"一般是指"本性"，《中庸》中说"天命之谓性"。在先秦诸子以前，"性"范畴即已普遍使用，说明当时人们的认识水平已经有了很大提升，对事物的认识已由表层的现象而深入里层的内在本质。儒家历代学者在损益前人关于人性论思想的基础上，又积极回应不同时代的社会关切，进而提出了内涵丰富、学说众多的人性理论。

　　春秋战国时期是一个社会剧烈激荡变动的时期，物欲横流、善恶尽露。以孔子、孟子和荀子为代表的先秦儒家学派，从社会治理需求的客观实际出发，对人性问题进行了深刻反思和积极探究，提出了各自的人性论主张，对后世人性论思想的发展产生了积极而久远的影响。孔子论"性"，言辞简要，却内涵丰富。《论语·阳货》中说:"性相近也,习相远也。"意思是说,人的本性相近,后天的环境使得人性有较大差异。这一论述充分肯定了人性的相通性与差异性,但没有具体展开,这客观上为后世儒家学者在人性论上的进一步阐发留有很大空间。

在孔子有关人性问题的论述基础上,孟子通过人禽之辨、心性之辨和性命之辨对人性论进行了拓展与重构,建立起了较为系统的性善理论体系。《孟子·告子上》中说:"水信无分于东西,无分于上下乎?人性之善也,犹水之就下也。人无有不善,水无有不下。"孟子认为,人性之善是与生俱来的,其根本在于人有仁、义、礼、智等道德品性,即恻隐之心、羞恶之心、恭敬之心、是非之心这"四端"。在孟子看来,这"四端"并非外铄于我,而是吾固有之的。尽管人性之中有向善的潜质,但必须不断加以扩充,善性才能得到充分实现。也就是说,在"四端"的基础上,通过后天的教化而形成仁、义、礼、智"四德"。孟子的性善论在中国人性学说史上具有重要意义。他不仅首次从人的自然属性和社会属性角度论证了人与动物的区别与联系,而且还深刻地认识到了客观环境对人的道德形成与发展的作用。当然,孟子的人性论,主要是一种先验的人性论,将仁义礼智等社会性范畴归结为人固有之性,把人的社会性限定为道德性,带有一定的片面性和狭隘性。

如果说孟子着重探讨的是孔子"性相近"方面的思想,那么荀子则着重探讨了孔子"习相远"方面的思想。他在继承先儒礼治思想的基础上"援法入儒",以此来充实礼治,形成了一整套的礼义法治思想,而其理论基础就是性恶论。荀子认为"性"是人生来就有的一种自然本能。《荀子·性恶》中说:"凡性者,天之就也,不可学,不可事……不可学,不可事而在人者谓之性。"他还认为,人的自然本性中有好利之心、耳目之欲,若不加约束限制,就会趋向恶。因此,应该施以礼乐教化,引导其向善。也就是他所说的"人之性恶,其善伪也"(《荀子·性恶》)。这里所说的"伪",即"人为、人工而成"的意思。人本性是恶的,人善是后天教化的结果。如何才能"化性起伪",教化人们"由恶趋善"呢?荀子认为既需要人的道德自觉,又需要礼义引导和法度约束。总之,先秦儒家有关人性问题的探讨,从孔子到孟子、荀子虽侧重不同,但是一脉相承。他们的观点,貌似相左甚至对立,实则是殊途同归,其中一个共同的认识就是——人性是可以改变的。

汉唐时期，儒家人性论继续发展，这是对先秦儒家学说的进一步展开，逐渐形成了以扬雄为代表的"人性善恶混说"和以董仲舒、王充、韩愈为代表的"性三品说"。以往学者在阐释人性问题时，往往将其归结为单一的善与恶。扬雄认为："人之性也善混恶，修其善则为善人，修其恶则为恶人。"（《法言·修身》）在扬雄看来，人性的善恶并非天性预定的，而是存在着向善或向恶两种可能，关键在于后天的教育引导。可以说，扬雄的"人性善恶混说"，深刻揭示了人性的复杂性与矛盾性，对正确认识人性的本质具有重要意义。当然，针对先前学者在性善、性恶和性善恶混说等主张存在的积极意义与缺陷不足，董仲舒、王充和韩愈等人对其进行了综合创新，提出了较具说服力的"性三品说"。

董仲舒的人性论预设是建构在"天人合一"思想基础之上的。他主张"人副天数"，把人性归本于天，认为人性是天性的具体表现。《春秋繁露·深察名号》中说："人之诚，有贪有仁。仁贪之气，两在于身。身之名，取诸天。天有阴阳之施，身亦两有贪仁之性。"由于上天把贪与仁赋予了不同的人，进而形成了不同的人性。《春秋繁露·实性》中说："圣人之性，不可以名性，斗筲之性，又不可以名性，名性者，中民之性。"可见，在董仲舒看来，人性可以划分为三种：不教而善的"圣人之性"，教亦为恶的"斗筲之性"，教化可为善的"中民之性"。上天立王之本意在于教化万民，成就善性。《春秋繁露·深察名号》中说："天生民性，有善质而未能善，于是为之立王以善之，此天意也。"不难看出，董仲舒把人性论视为君权神授的政治思想的基础。

王充从元气论角度说明人性的善恶问题。他在《论衡·率性》中说："禀气有厚泊，故性有善恶也。残则受仁之气泊，而怒则禀勇渥也，仁泊，则戾而少愈勇渥，则刚猛而无义，而有和气不足，喜怒失时，计虑轻愚。妄行之人，罪故为恶。人受五常，含五脏，皆具于身；禀之泊少，故其操行不及善人，人之善恶，共一元气。气有少多，故性有贤愚。"[1] 也就是说，人性之善或恶的差异，是因为人所禀受元气精粗厚薄的不同而导致的。据此，王充也把人性分为上中下三等：其上者为极善之性，中者为可善可恶之性，下者为

① （汉）王充著，张宗祥校注，郑绍昌标点：《论衡校注》，上海古籍出版社2010年版，第40页。

极恶之性。事实上，无论是董仲舒还是王充，他们的"性三品"之说，都有一个共同之处就是承认人性的不平等性，这与先秦的人性平等说有着根本的区别。这一人性论观点是与汉代社会等级制度相契合的，其意义在于为新社会等级制度、道德纲常提供人性论的依据。

韩愈将人性分成"性"与"情"两大要素。"性"主要指品性，"情"则是指感情。韩愈在《原性》中说："性也者，与生俱来也。情也者，接于物而生也。性之品有三，而其所以为性者五。情之品有三，而其所以为情者七。"在韩愈看来，性是人生来就有的东西，而情则是由外物触发而生的东西。他也把人性分为上中下三等："上等者，善多而已矣；中等着，可导而上下也；下等者，恶多而已矣。"从思想来源上看，韩愈的"性三品说"是受董仲舒的人性论思想的影响。同时，也为"君在上，臣在中，民在下"的封建等级制度提供了人性论依据。

在系统总结前代儒家学者成果的基础上，又充分汲取佛教中的思辨思想，宋明理学家从价值本体角度对人性进行新的诠释与论证，提出了"人性二元论"。《正蒙·诚明》中说"性其总，合两也"。在张载看来，人性可以分为"天地之性"和"气质之性"两部分。他又指出"天所性者，通极于道；气之昏明，不足以蔽之"①。也就是说，"天地之性"即太虚湛一之性，是根源于天道本体的；而"气质之性"是气积聚为形质而后具有的属性。因各人所禀受的气不同，所以"气质之性"在每个人身上的表现是不同的。张载说："形而后有气质之性，善反之则天地之性存焉。故气质之性，君子有弗性者焉。"② 天地之性是人与动物共有的，而气质之性则是人与动物的差别所在。程颢说："'生之谓性'，性即气，气即性，生之谓也。人生气禀，理有善恶，然不是性中元有此两物相对而生也。有自幼而善，有自幼而恶，是气禀有然也。"③ 程颢认为，人性是由气禀决定的。气禀有善恶之分，所以人有生而为善、为恶之别。程颐用"理"来规定人性，说"性即理也，所谓理，性是也"④。儒家所说的"理"，就是事物的必然法则或社会的道德原则。程颐说

---

① （宋）张载：《张载集》，第 21 页。
② （宋）张载：《张载集》，第 23 页。
③ （宋）程颢、程颐：《二程集》，第 10 页。
④ （宋）程颢、程颐：《二程集》，第 282 页。

"性即理"，实际上也就是把社会的道德原则看作人类永恒不变的本性。在此基础上，程颐对"性"进行了区分，提出了两种不同概念的性，即孟子所讲的"极本穷源之性"和告子讲的"生之谓性"（程颐也把它称为"气质之性"）。在程颐看来，"性"只能是指性之本，无有不善。生之谓性的性只能叫"才"，有善有不善。[1] 朱熹说："宇宙之间，一理而已。天得之以为天，地得之以为地，而凡生于天地之间者，又各得之以为性。其张之为三纲，纪之为五常。"（《朱文公文集》卷七十）朱熹认为，只有"理"是宇宙间其他一切存在的根据，宇宙万物都是"理"的现实表现形式。他还说："论天地之性，则专指理言；论气质人性，则以理与气杂而言之。"（《朱子语类》卷四）朱熹也是把人性两分为"天地之性"和"气质之性"，认为"天地之性"是人性之本体，"气质之性"是人性之事用。人性本于天理，性之善本于理之善。这样，先秦以来性善与性恶的对立，也就演变成人性中的理与欲的对立。

明清之际，许多儒家学者开始对宋明理学家的"人性二元论"进行反思，反对理学家们将人性分为"义理之性"和"气质之性"两部分，逐渐提出了性情合一的"人性一元论"。王夫之并不主张视人性为先验的、一成不变的，而是认为人性是一个不断变化生成的过程，也就是所谓的"习与性成"。他说"夫性者，生理也，日生则日成也"，"形日以养，气日益滋，理日以成；方生而受之，一日生而一日受之。受之者有所自授，岂非天哉？故天日命于人，而人日受命于天。故曰性者生也，日生而日成之也"（《尚书引义·太甲二》）。清代学者戴震对"人性一元论"作了进一步阐发。他认为，人性是由欲、情、知三个要素构成的：欲是人的生理本能，情是人的正常心理活动，而知则是人的理性认知能力，三者缺一不可。

总体来说，从先秦的单一道德价值的"人性一元论"到汉唐多重道德价值的"性三品说"，再由宋明时期理欲对立的"人性二元论"到明清时期性情合一的"人性一元论"，儒家人性论经历了一个漫长而复杂的嬗变过程。可以说，儒家对人性问题的认识，由生物属性层面逐渐深入道德理性层面，并在此基础上形成了一整套的人生哲学思想和教育修身方法，对中国传统社会产生了重要影响。儒家人性论是其心性之学的中心内容，它不仅对中国传统

---

[1] 参见陈来《宋明理学》，华东师范大学出版社 2004 年版，第 80 页。

伦理学的发展产生了重要影响，而且也为儒家廉德思想养成提供了重要的学理基础。无论人是性善或是性恶，其共同之处是：人性是可以改变和塑造的。从"人性善"的立场出发，要养成清廉的思想，可以通过"教育"并辅之以"礼制"，使之"不愿贪"，"不能贪"；从"人性恶"的立场出发，要让官吏清廉为政，必须加强法制，加大法律惩治力度，使之"不敢贪"。

第二节　廉德养成的教化机制

马克思说"道德的基础是人类精神的自律"[①]。廉洁道德的养成，离不开为政者个人的道德自修，同时也需要对其施以廉政教化；把内在的自我修养与外在的教育引导结合起来。

一　修身养廉

"修身"思想是中国传统思想中最重要的组成之一。它既是一个人修养身心的过程，也是其实现道德提升和人格完善的重要途径与方法。《大学》中说："古之欲明明德于天下者，先治其国。欲治其国者，先齐其家，欲齐其家者，先修其身。欲修其身者，先正其心。欲正其心者，先诚其意。欲诚其意者，先致其知。致知在格物。"[②] 格物、致知、诚意、正心、修身、齐家、治国、平天下"八条目"，反映的正是儒家"内圣外王"之道。从"格物"到"修身"是由外及内的过程，从"修身"到"平天下"是由内而外的过程。"修身"正处在"由外而内"和"由内而外"两个过程的重要衔接点上。

在儒家看来，"修身"有助于成就人的价值。孟子说"人之所以异于禽兽者几希"。意思是说，人与禽兽的差别是很小的。那么，人之所以为人而区别于动物，其原因何在呢？这就需要从人的价值方面作出解释。《孝经》中说"天地之性人为贵"。在自然界的所有生命之中，人是最高贵的，最有价值的。为什么说"人贵于物"呢？荀子在《王制》篇中对其进行了解释："水火有气而无生，草木有生而无知，禽兽有知而无义；人有气、有生、有知，亦且

---

①　《马克思恩格斯全集》第 1 卷，第 119 页。

②　杨天宇撰：《礼记译注》，第 800—801 页。

有义，故最为天下贵。"① 水、火有气却没有生命，草木有生命却没有知觉，禽兽有知觉却不讲道义；人有气、有生命、有知觉，而且讲究道义，所以人最为天下所贵重。董仲舒在《春秋繁露·立元神》中说："天地人，万物之本也。天生之，地养之，人成之。天生之以孝悌，地养之以衣食，人成之以礼乐，三者相为手足，合以成体，不可一无也。"人与天地相参，天地之间人为根本，既强调了人的地位，也明确了人的责任担当。朱熹也有类似见解。"天之生物，有血气知觉者，人兽是也，无血气知觉而但有生气者，草木是也……故人最为灵，而备有五常之性，禽兽则昏而不能备。"（《朱文公文集》卷五十九）"人所以能贵于万物，就在于人的道德价值。"② "人之所以得名，以其仁也。言仁而不言人，则不见理之所寓；言人而不言仁，则人不过是一块血肉耳。"（《朱子语类》卷六十一）此外，"修身"还有助于成就人的高尚品德。《荀子·荣辱》中说"尧、禹者，非生而具者也，夫起于变故，成乎修修之为，待尽而后备者也"。像尧、禹这种圣王，也并不是生下来就具备当圣贤的条件，而是从改变他原有的本性开始的，通过修身才成功的。汉代的扬雄也认为，"人之性也，善恶混，修其善则为善人，修其恶则为恶人"（《法言·修身》）。人性中有善有恶，到底是成为善人或是恶人，关键在于修身。

那么，如何"修身"才能成就完善的人格和高尚的品德呢？儒家思想中有一套较为系统的修身方法。一是"为仁由己"。一个人能否成为有德之人关键要靠自己。孔子就强调要成为有德之人，关键在于自己的主观努力与内心自觉。《论语·颜渊》中说："为人由己，而由人乎哉？"《论语·卫灵公》中又说："君子求诸己，小人求诸人。"二是"存心养性"。也就是说，个人道德自律水平的提高，关键要向内用功，涵养心性。孟子说"君子所以异于人者，以其存其心也"（《孟子·离娄下》），"存其心，养其性，所以事天也"（《孟子·尽心上》）。孟子认为，人心本来蕴含着恻隐、辞让、羞恶、是非四"善端"，但它们又是脆弱的，易逝的，只有存心养性、清心寡欲才能找回失散的善性与良知。当然，还需要善于"养浩然之气"。孟子认为"〔浩然之气〕其为气也，至大至刚，以直养而无害，则塞于天地之间"，这种气流荡于

---

① 张觉撰：《荀子译注》，第 105 页。
② 梅焕庭：《论儒家的修身思想及其现代意义》，《现代哲学》1996 年第 1 期。

天地间，是天地之善的体现。三是"内省自讼"。提高人的道德修养，需要人们反躬自省，时时检讨自己，改过迁善。孔子就非常重视自省的修身方法。他说"吾日三省吾其身"（《论语·学而》），"见贤思齐焉，见不贤而内自省也"（《论语·里仁》）。孟子也说"反身而诚，乐莫大焉"（《孟子·尽心上》）。荀子说"见善，修然必以自存也；见不善，愀然必以自省也"（《荀子·修身》）。朱熹说"日省其身，有则改之，无则加勉"（《四书章句集注》）。四是"慎独"。《中庸》中说："是故君子戒慎乎其所不睹，恐惧乎其所不闻。莫见乎隐，莫显乎微，故君子慎其独也。"（《礼记·中庸》）《大学》中说："小人闲居为不善，无所不至，见君子而后厌然，掩其不善，而著其善。人之视己，如见其肺肝然，则何益矣。此谓诚于中，形于外，故君子必慎其独也。"（《礼记·中庸》）"慎独"就是指在一人独处无人监督时，凭借高度的自觉约束自己的思想与行为，不做违背道德良知之事。王阳明在《山东乡试录》中说，"慎独者，与人交接之本也。君子戒慎于不睹不闻，省察于莫见莫显"（《王阳明全集》卷二十二）。可见，慎独是一种高尚情操，一种道德境界。同时，慎独又是一种修身方法，需要修身者态度诚恳，勿自欺欺人。朱熹说"是故君子慎其独，非特显明之处是如此，虽至微至隐，人所不知之地，亦常慎之。小处如此，大处亦如此；显明处如此，隐微处亦如此。表里内外，精粗隐显，无不慎之，方谓之'诚其意'"（《朱子语类》卷十六）。五是"知行合一"。知，即知识；行，即践行。儒家"修身"主张知行合一，也就是说，既要学习道德知识，又要进行道德践履。儒家学者历来重视学习。孔子说"学而时习之"，"吾十有五而志于学"，"博学于文，约之以礼"，"博学而笃志"等。荀子也说："君子博学而日参省乎已，则知明而行无过矣。"（《荀子·劝学》）当然，所学的修身知识还需要付诸实践，也就要"践行"。《中庸》中就说："博学之，审问之，慎思之，明辨之，笃行之。"《荀子·儒效》中说："不闻不若闻之，闻之不若见之，见之不若知之，知之不若行之，学至于行之而止矣。行之，明也。"朱熹说："知、行常相须，如目无足不行，足无目不见。论先后，知为先；论轻重，行为重。"（《朱子语类》卷九）陆九渊说："行为德之基也。基，始也。德自行而进也，不行则德何由积？"（《陆九渊集》卷三十四《语录上》）总体来说，儒家在修身问题上强调的是要发挥个人的主观能动性，注重道德自律，追求笃学与力行相结合，对于理想人格塑造和高尚道德培养具有积极意义。

修身是实现廉洁从政的前提与基础。对为官从政者来说，要通过"修身"来提高自己的道德觉悟，树立清廉为政的理念。《左传·襄公十五年》中记载了这样一个故事："宋人或得玉，献诸子罕。子罕弗受。献玉者曰：'以示玉人，玉人以为宝也，故敢献之。'子罕曰：'我以不贪为宝，尔以玉为宝，若以与我，皆丧宝也。不若人有其宝。'稽首而告曰：'小人怀璧，不可以越乡。纳此以请死也。'"①范晔在《后汉书》中还记载了"杨震暮夜却金"的故事："［杨震］四迁荆州刺史、东莱太守。当之郡，道经昌邑，故所举荆州茂才王密为昌邑令，谒见，至夜怀金十斤以遗震。震曰：'故人知君，君不知故人，何也？'密曰：'暮夜无知者。'震曰：'天知，神知，我知，子知。何谓无知者？'密愧而出。"反之，"贪腐"在于"身之不修"，放松了对自己的道德要求，放纵自己的贪欲。

二　教育守廉

廉德之养成，除了依靠个人自我修身之外，还需要对其施以廉德教化。中国古代对为官者的廉德教化，大致来说，主要包括：入仕前的家庭和学校教育，入仕后的官箴教育与实物警诫等。

（一）家风熏染

中国古代是一个典型的农耕文明社会，在世代传承的历史演进中，形成了"端蒙养，重家教"的传统。家教是伴随着家庭的出现而产生的一种重要教育形式，是长辈对子女进行有关道德、礼仪和生活规范的教育。最早关于家庭教育的记载出现在《尚书》。在《康诰》《大诰》《无逸》《多士》等篇章中，都有许多关于周公训勉成王和其子伯禽克勤克俭的记载。《史记·鲁周公世家》中记有："［周公］然我一沐三捉发，一饭三吐哺，起以待士，犹恐失天下之贤人。"周公旦洗一次头，吃一顿饭都要停顿三次，意在告诫伯禽要爱惜人才，礼贤下士。春秋时期，家教观念有了进一步发展，典籍中关于家教的记载也渐为多见。《论语》中，孔子告诫儿子孔鲤说："不学诗，无以言；不学礼，无以立。"（《论语·季氏》）在孔子看来，不学诗，在人际交往中就

---

① 杨伯峻编著：《春秋左传注》，中华书局 2009 年版，第 1024 页。

不会说话；不学礼，在社会上做人做事就不能立足。战国时期的许多典故，如"曾子杀猪""孟母三迁""断机教子"等，都是家庭教育的典范。两汉时期，家庭教育渐趋成型，出现了许多"家约"和"家书"作品，如刘邦的《手敕太子书》、东方朔的《诫子书》等。魏晋南北朝时期，家庭教育的发展更为成熟，出现了一些较具代表性的著作，如诸葛亮的《诫子书》和颜之推的《颜氏家训》。隋唐时期，政治经济繁荣，实行科举取士，家庭教育更加受到重视，出现了许多脍炙人口的家训诗、家规、家范等作品，如李商隐的《娇儿》、柳玭的《柳氏家训》、狄仁杰的《家范》等。宋元明清时期，家训发展进入繁荣时期。一方面，家训的数量空前。据《中国丛书综录》所列书目记载的"家训"一类著作，公开印行的就有 117 种，其中两汉 20 部，三国 40 部，魏晋南北朝 1 部，隋唐 2 部，宋朝 16 部，元朝 5 部，明朝 28 部，清朝 61 部。① 另一方面，家训的内容更为系统全面，广泛涉及伦理教育、读书修身等。

　　家庭教育是端正社会教育的基础。张师载在《课子随笔抄·序》中说："风俗之厚薄，不惟其巨，其端恒起于一身一家。"在中国传统的家风家教中，《颜氏家训》《包拯家训》和《训俭示康》等作品颇具典型性。

　　《颜氏家训》是南北朝时期著名教育家、文学家颜之推为"整齐门内，提撕子孙"而作，全书共七卷二十篇。在"家训"中，颜之推将个人的人生经历、思想学识与处世哲学融入其中，告诫子孙后代应该如何修身、治家、处世、为学等。其一，《颜氏家训》将读书与做人作为其思想内容的核心。《颜氏家训·勉学》中说，"若能常保数百卷书，千载终不为小人也"②，"夫所以读书学问，本欲开心明目，利于行耳"③，认为读书修身可以为君子，可以使人心清目明。他还说"幼而学者，如日出之光，老而学者，如秉烛夜行，犹贤乎瞑目而无见者也"（《颜氏家训·勉学》），认为幼儿时学习就如太阳初升，光芒四射；老人学习，就如拿着蜡烛夜行，总比闭上眼睛什么也看不见好。其二，《颜氏家训》确立了家庭教育的种种准则。父母是子女的楷模，教育子女，父母先以身作则。《颜氏家训·治家》篇开篇即言："夫风化者，自

---

① 参见林锦香《中国家训发展脉络探究》，《厦门教育学院学报》2011 年第 4 期。
② （北齐）颜之推著，王利器集解：《颜氏家训集解》，第 148 页。
③ （北齐）颜之推著，王利器集解：《颜氏家训集解》，第 165 页。

上而行于下者也，自先而施于后者也。是以父不慈则子不孝，兄不友则弟不恭，夫不义则妇不顺矣。"① 颜之推认为，教育感化之事是自上而下推行的，是自先而后影响的。若父亲不慈爱，子女就会不孝敬；哥哥不友好，弟弟就不会谦恭；丈夫若不仁义，妻子就不温顺。再如，要勤俭持家，去奢行俭。《颜氏家训·治家》中还言："可俭而不可吝已。俭者，省约为礼之谓也；吝者，穷急不恤之谓也。今有施则奢，俭则吝；如能施而不奢，俭而不吝，可矣。"② 总体来说，《颜氏家训》是中国历史上第一部内容丰富、体系宏大的家训，是中国古代家庭教育理论的重要内容。它对后世影响深远，唐代以后出现的许多家训都取材其中。明代学者王三聘就赞之曰"古今家训，以此为祖"（《颜氏家训集解》）。

宋代的包拯，不仅为人刚强坚毅，为官清正廉明，而且对家人教育与要求也非常严格，《包拯家训》中就有充分体现。《宋史》中记有："后世子孙仕宦，有犯赃者，不得放归本家，死不得葬大茔中。不从吾志，非吾子若孙也。"（《宋史·包拯传》）从文字表述上看，与以往家训相比，篇幅非常短小，仅有三十多个字，但却字字铿锵，殷殷可鉴。从内容方面看，《包拯家训》与以往的家训也有很大不同，不是关于读书、修身做人的问题，而是清廉为官的教导。可以说，《包拯家训》不仅为包氏子孙树立了一个重要的标尺，而且对后世官吏治家也有重要垂范之效。

与颜之推的文学家、教育家身份不同，包拯和司马光都有着官员的背景，其"家训"对人的廉德之养成更为直接。司马光为人谦恭正直，做事认真，生活俭朴。在留给儿子司马康的家训中，司马光结合自己的生活体验，深刻阐释了俭朴之美德。在《温国文正司马公文集》中写道："吾本寒家，世以清白相承。吾性不喜华靡，自为乳儿，长者加以金银华美之服，辄羞赧弃去之。二十忝科名，闻喜宴独不戴花。同年曰：'君赐不可违也。'乃簪一花。平生衣取蔽寒，食取充腹；亦不敢服垢弊以矫俗干名，但顺吾性而已。众人皆以奢靡为荣，吾心独以俭素为美。人皆嗤吾固陋，吾不以为病。应之曰：孔子称'与其不逊也宁固'；又曰'以约失之者鲜矣'；又曰'士志于道，而耻恶

---

① （北齐）颜之推著，王利器集解：《颜氏家训集解》，第41页。
② （北齐）颜之推著，王利器集解：《颜氏家训集解》，第42页。

衣恶食者，未足与议也'。古人以俭为美德，今人乃以俭相诟病。嘻，异哉！……其余以俭立名，以侈自败者多矣，不可遍数，聊举数人以训汝。汝非徒身当服行，当以训汝子孙，使知前辈之风俗云。"从文中可以看出，司马光从"俭"与"奢"两方面分析其得失利弊，从理论和实例两个维度反复阐明"由俭入奢易，由奢入俭难"的道理。司马光认为"俭能列明德福，奢必招祸自败"，告诫子孙千万要行俭戒奢。可以说，《训俭示康》不仅是司马光对其子孙的谆谆告诫，也是对为官从政者的劝诫箴言：奢靡必败，唯俭立德，俭顺民意，政能兴邦。

简言之，古代的家庭教育不仅是对家族成员进行文化知识方面的教育，而且渗透着正直、俭朴、勤奋、清廉的道德教育，对他们日后踏入仕途，廉洁为官产生了重要影响。

（二）学校教育

何为"教育"？《说文解字》中说："教，上所施下所效也"，"育，养子使作善也"。"教育"即为教诲、培育之义。"教育"一词虽然最早见于《孟子·尽心上》中"得天下英才而教育之"，但是关于"教育"的观念与施行教育的机构早已出现。尧舜时期就出现"成均之学"。《礼记·文王世子》中记有："三而一有焉，乃进其等，以其序，谓之郊人，远之，于成均，以及取爵于上尊也。"[1] 郑玄注之说："董仲舒曰：五帝名大学曰成均。"根据后来的考古证明，在原始社会后期的遗址中，往往存在着一大片空地，或许可认为就是教学场所。《孟子·滕文公上》中说："设为庠序学校以教之。庠者，养也。校者，教也。序者，射也。夏曰校，殷曰序，周曰庠；学则三代共之，皆所以明人伦也。"[2] 也就是说，夏朝时期，学校称为"校"；商朝时期，称为"序"；周代，称"庠"。春秋时期，孔子设立"私学"，打破了"学在官府"的限制，出现了官学与私学的分野。此后，中国古代的教育主要沿着两个方向发展：以书院为代表的私学和以太学为代表的官学。

学而优则仕，读书、考试、做官是古代知识分子的重要人生轨迹。一个官员在为官从政时，能否践行儒家廉德思想，清廉为官，学校教育对其之影

---

① 杨天宇撰：《礼记译注》，第251页。
② 杨伯峻译注：《孟子译注》，第108页。

响颇为重要。从教育的实际来看，学校教授与考核的内容多以儒家经典和伦理道德为主，对古代官吏廉德之养成有积极意义。

从教授内容来看，以儒家经典为主。早在孔子设教讲学时，讲授的就是"六艺"，即《诗》《书》《礼》《易》《乐》《春秋》。《礼记·经解》中说："入其国，其教可知也。其为人也温柔敦厚，《诗》教也；疏通知远，《书》教也；广博易良，《乐》教也；絜静精微，《易》教也；恭俭庄敬，《礼》教也；属辞比事，《春秋》教也。故《诗》之失，愚；《书》之失，诬；《乐》之失，奢；《易》之失，贼；《礼》之失，烦；《春秋》之失，乱。其为人也，温柔敦厚而不愚，则深于《诗》者也。疏通知远而不诬，则深于《书》者也。广博易良而不奢，则深于《乐》者也。絜静精微而不贼，则深于《易》者也。恭俭庄敬而不烦，则深于《礼》者也。属辞比事而不乱，则深于《春秋》者也。"[①] 汉代，学校教育有了很大发展。在"罢黜百家，独尊儒术"以后，儒家思想成为正宗。各级各类学校教育，教授的内容以"五经"为主。宋代时期，又增加了"四书"。可以说，自汉至清的近两千时间里，儒家经典一直被钦定为封建官学的教材。"四书五经"集中表达了儒家的政治纲领、伦理思想、道德观念等，对提高读书人的品德修养、塑造君子人格具有积极意义。

从考试内容来看，包含着廉德教化的成分。汉代时期，太学是全国最高的教育机构。最初设五经博士，置50名博士弟子。这些博士弟子，要专治一经，考试合格后方可授予一定官职。隋唐时期，封建政府在选拔人才方面，实行科举取士。考试分为明经和进士两科：明经科，重帖经和墨义，考试内容主要为儒家经典。一般来说，明经科注重的是对经传和注释的熟悉程度，只要熟悉掌握了基本内容即可考中，但进士科较难考，故有"三十老明经，五十少进士"之说。宋代以后，科举考试内容全部在"四书"与"五经"中选定。"将儒家经典列入必考范围，既是儒家经典作为教学内容的逻辑必然，又可以通过考试这一刚性约束保障学子们对所学内容的理解和掌握，从而使廉德规范在学生头脑中反复强化，深深扎根成为日后廉洁从政的道德支柱。"[②]

---

① 杨天宇撰：《礼记译注》，第650页。
② 彭安玉：《中国古代廉政教化机制试探》，《南京航空航天大学学报》（社会科学版）2005年第3期。

（三）官箴规劝

"官箴"，即官员如何为官从政的箴言，其历史颇为久远。"箴"字最早出现在《尚书·盘庚上》中："相时憸民，犹胥顾于箴言，其发有逸口，矧予制乃短长之命？"[①] "箴"即诫谏。《左传》"虞人之箴"中曰，"命百官，官箴王阙"[②]，首次出现了"官箴"的概念。此后，"箴"便成为一种文体，为后世学者所效仿。秦汉以后，箴言的内容有了很大变化，从初始的箴谏君王，转而演变为百官守则。[③]《睡虎地秦墓竹简》中有《为吏之道》篇即为秦代官箴书中的代表。《为吏之道》是《睡虎地秦墓竹简》的一部分，由五十一支竹简构成，主要涉及为官应恪守的基本道德原则与规范。《为吏之道》开篇即言："凡为吏之道，必精洁正直，慎谨坚固，审悉勿私，微密纤察，安静毋苛，审当赏罚。严刚毋暴，廉而毋刖……。"[④] 之后，《为吏之道》又详细罗列了为吏者要恪守的"五善"："一曰中（忠）信敬上，二曰精（清）廉毋谤，三曰举事审当，四曰喜为善行，五曰龚（恭）敬多让。"同时，该书还强调要避免"五失"："一曰见民倨（倨）敖（傲），二曰不安其朝，三曰居官善取，四曰受令不偻，五曰安家室忘官府。一曰不察所亲，不察所亲则怨数至；二曰不智（知）所使，不智（知）所使则以权衡求利；三曰兴事不当，兴事不当则民指；四曰善言隋（惰）行，则士毋所比；五曰非上，身及于死。"《为吏之道》既是研究秦代政治的可贵资料，也是官吏为官从政需要遵循的重要指南。它所强调的"忠、信、慈、敬、安贫乐道"等思想对官吏清廉为政，养成良好的廉德品行具有重要意义。

据《后汉书·胡广传》记载："初，扬雄依《虞箴》作《十二州二十五官箴》，其九箴亡阙，后涿郡崔骃及子瑗又临邑侯刘騊駼增补十六篇，广复继作四篇，文甚典美。乃悉撰次首目，为之解释，名曰《百官箴》，凡四十八篇。其余所著诗、赋、铭、颂、箴、吊及诸解诂，凡二十篇。"可知，西汉文学家扬雄仿《虞箴》而撰写了《州官十二箴》，对各州官牧民提供鉴戒。东汉学者崔骃（？—92 年），作《官箴》三篇（《太尉箴》《司徒箴》和《大理

---

① 江灏、钱宗武译注：《今古文尚书全译》，第 121 页。
② 杨伯峻编著：《春秋左传注》，第 938 页。
③ 参见葛荃《官箴论略》，《华侨大学学报》（哲学社会科学版）1998 年第 1 期。
④ 张希清、王秀梅主编：《官典》第一册，第 215—219 页。

篓》），开"官箴书"编写之先河。

唐代的武则天为加强对百官言行进行指导与戒规，组织编写了《臣规》一书，成为贡举之士为官必读之书。《臣规》全书共两卷，十篇，分为同体、至忠、守道、公正、匡谏、诚信、慎密、廉洁、良将和利人。《臣规》开篇即以论述"君臣同体"关系而展开："夫人臣之于君也，犹四支（肢）之载元首，耳目之为心使也。相须而后成体，相得而后成用。"① 在此基础上，《臣规》又分别从六个方面阐释了为官应具备的基本道德素养。其中，"忠诚"是为人臣必备的首要品质。"夫事君者以忠正为基，忠正者以慈惠为本。"② 当然，作为臣子不能对百姓慈善仁爱就称不上对君主忠诚正直。"守道"即坚守天地万物之大道，"夫知道者，必达于理；达于理者，必明于权；明于权者，不以物害己"③。"公正"是天地之道，是人臣恪守之德。"天无私覆，地无私载。日月无私烛，四时无私为。忍所私而行大义，可谓公矣。……人臣之公者，理官事则不营私家，在公门则不言私利，当公法则不阿亲戚，奉公举贤则不避仇雠。"④ 为官者，要做好公家之事而不能因家庭私事而干扰工作。"诚信"即诚实守信，也是人臣必备的道德操守。"诚信者，即其心易知。故孔子曰：'为上易事，为下易知。'非诚信无以取爱于其君，非诚信无以取信于百姓。故上下通诚者，则暗相信不疑；其诚不通者，则近怀疑而不信。"⑤ "慎密"即说话要谨慎，出谋划策要保密。"夫修身正行不可以不慎，谋虑机权不可以不密。人臣不慎密者，多有终身之悔。故言易泄者，召祸之媒也；事不慎者，取败之道也。"⑥ "廉平"即廉洁公平，是为官从政者最为优秀的品质。"理官莫如平，临财莫如廉。廉平之德，吏之宝也。"⑦ 总之，《臣规》作为一部重要的官箴书，对后世的官吏清廉为政具有重要的指导与借鉴意义。

宋元时期，官箴书大量出现。吕本中、真德秀、张养浩等人，既是当世之名臣，也是循吏之典范。他们把为官之德与个人做官之经验结合起来，写

---

① 张希清、王秀梅主编：《官典》第一册，第 335 页。
② 张希清、王秀梅主编：《官典》第一册，第 338 页。
③ 张希清、王秀梅主编：《官典》第一册，第 341 页。
④ 张希清、王秀梅主编：《官典》第一册，第 343—344 页。
⑤ 张希清、王秀梅主编：《官典》第一册，第 352 页。
⑥ 张希清、王秀梅主编：《官典》第一册，第 354 页。
⑦ 张希清、王秀梅主编：《官典》第一册，第 357 页。

成"官箴书"，告诫为官者要清正廉洁，恪守为官之道。理学家陈襄作《州县提纲》四卷，被认为是古代州县官吏处理政务的必备指南。《州县提纲》的核心思想围绕"廉""勤""慎"三方面展开。所谓"廉"，即清正廉洁，是"居官者分内事"，所以"居官不言廉"。陈襄认为，对为官执政者来说，"廉"并不是代表了官员具有多么崇高的品德，而是为官者分内之事，是必须做到的，"为官者当以廉为先"。为此，陈襄提出了"节用养廉"的主张。他说："欲养廉，莫若量其所入，节其所用，虽粗衣粝食，节澹度日，然俯仰亡魂，居之而安，履之而顺，其心休休，岂不乐哉！"[1] 所谓"勤"，即勤于职守，不懈怠，也是州县官吏必备的品质。陈襄认为："人之精力有限，溺于声色燕饮，则精力必减，意气必昏，肢体必倦，虽欲勤于政事，而力不逮。"[2] 所以，官吏要勤勉工作，"要须遇鸡鸣即起，行之有常，则凡事日未昃俱办"[3]。要做到勤，"其要莫若清心"，心清则无旁骛，自然会专注于政务。所谓"慎"，即行事谨慎。陈襄认为做官要务实，不能沽名钓誉，否则必会"欲曲法庇护，以悦小人之意"。要处事公平公正，不能随意在公堂之上发泄愤怒。当然，《州县提纲》还涉及其他方面的一些内容，如诉讼、监狱管理等。总体来看，尽管《州县提纲》在内容安排上存在一些缺乏条理与体系的问题，但它仍不失为一本非常有影响的官箴之作。

　　元代政治家张养浩基于在多地方为官的经历，并结合自己对为官理念的思考，汇成一部重要的官箴之作《三事忠告》。《三事忠告》由《牧民忠告》《风宪忠告》和《庙堂忠告》三部分构成。《牧民忠告》是张养浩出任县令时编著的，对地方官员的真诚忠告。牧民，即治民，指地方官员。全书分为拜命、上任、听讼等十篇，主要是告诫地方官员应该如何管理和爱护百姓。《风宪忠告》是张养浩出任御史时编著的，是对监察官员的忠诚劝告。风宪，即风纪，指对官员的检察，包括了自律、示教、询访等十篇，强调监察官员应该如何遵守法纪、保持良好道德。《庙堂忠告》是在张养浩出任中书省官员时编著的，主要是为中央官员所作的，围绕如何修身立德、恰当用人而展开，包括了修身、有贤、重民等十篇内容。综合来看，《三事忠告》对官吏的劝告

---

① 张希清、王秀梅主编：《官典》第一册，第373页。
② 张希清、王秀梅主编：《官典》第一册，第372页。
③ 张希清、王秀梅主编：《官典》第一册，第378页。

主要包括三个方面。一是以民为本。"天以亿兆之命托之君，君以亿兆之命托于相，是知相也者为君保民者也。"① 在此基础上，张养浩提出了一系列具体的保民措施，如关心民瘼、节用爱民、劝农以时、均赋养民等。二是以德修身。"仕宦而至将相，为人情之所荣，是不知荣也者，辱之基也。惟善自修者，则能保其荣；不善自修者，适足速其辱。"② 张养浩认为，要有正确的荣辱观，只有注意自我修身才能保荣耀远耻辱。如何才能修身呢？"廉以律身，忠以事上，正以处事，恭慎以率百僚。如是则令名随焉，舆论归焉，鬼神福焉。"③ 三是荐举任贤。"天子之职，莫重择相；宰相之职，莫重用贤。"④ 那么，如何才能察人用贤呢？张养浩认为具体的方法就是"询诸人则知之，察其行则知之，观其举则知之"。也就是说，要通过询问、观察其行为、考察其主张的方式可以得知。总之，《三事忠告》体现了儒家修齐治平、为政以德、为政以礼等官德思想，所提出的一些基本主张对于提升官员道德素质，增强官员责任意识、提高治国理政能力具有重要意义。

约略而论，中国古代官箴文化博大精深，对官吏清廉为政和培养廉德思想具有重要意义。在官箴中，清廉是为官必备的品德之一，几乎所有的官箴著作中都强调"清廉"二字。武则天《臣规》中专辟《廉洁》一章，不仅抄录前人之论，而且对其多有发挥，提出"君子行廉以全其身，守清以保其身"⑤ 的主张，足见其对清廉的重视程度。后来，陈襄在《州县提纲》中也反复告诫为官者莫贪腐，"一陷贪墨，终身不可洗濯。故可饥，可寒，可杀，可戮，独不可一毫妄取。苟有一毫妄取，虽有奇才异能，终不能以善其后。故为官者当以廉为先"⑥。宋人吕本中在《官箴》中即言："当官之法，唯有三事：曰清、曰慎、曰勤。知此三者，可以保禄位，可以远耻辱，可以得上之知，可以得下之援。"⑦ 真德秀《西山政训》中说："凡名士大夫者，万分廉洁，止是小善，一点贪污，便为大恶，不廉之吏，如蒙不洁，虽有它美，

---

① 张希清、王秀梅主编：《官典》第一册，第 631 页。
② 张希清、王秀梅主编：《官典》第一册，第 629 页。
③ 张希清、王秀梅主编：《官典》第一册，第 629 页。
④ 张希清、王秀梅主编：《官典》第一册，第 630 页。
⑤ 张希清、王秀梅主编：《官典》第一册，第 357 页。
⑥ 张希清、王秀梅主编：《官典》第一册，第 371 页。
⑦ 张希清、王秀梅主编：《官典》第一册，第 479 页。

莫能自赎。故此以为四事之首。"① 胡太初《昼帘绪论》开篇即言"莅官之要，曰廉与勤"②。明人徐榜在《宦游日记》中也写道："惟士之廉，犹女之洁。一朝点污，终身玷缺。毋谓暗室，昭昭四知。汝不自爱，神明可欺？黄金五十驼，胡椒八百斛，生不足为荣，死且有余戮。"③ 那么，对于官者来说，如何才能养成"廉而不贪"的清廉意识呢？历代官箴书中对其也多有涉及，其措施包括"道德养成""名节激励""法律惩治"等方面。但从根本上说，它们都主张"以俭养廉"，认为节俭去奢是做到廉而不贪的前提。

（四）实物警诫

对于官吏的劝诫，除世代相传的官箴书之外，还有官衙中的一些实物，如诫石、对联等。这些府衙中的文字或实物，时刻提醒着官员为政。耳濡目染，时日既久，有助于廉德之养成。

"诫石铭"，顾名思义，刻在碑石上的铭文，内容以官德方面为主，如"清、慎、廉、明"等，告诫官员要廉政爱民。宋朝太宗皇帝赵光义，曾号令各州、府、县的衙署大堂前立一石碑，正面刻有"公生明，偏生暗"，背面刻有"尔俸尔禄，民脂民膏。下民易虐，上天难欺"。意思是说，官员们的俸禄是来自民众的，是老百姓养活了官员；老百姓虽然容易被虐待，但上天是难以被欺辱的；若欺压百姓，定会遭"天谴"的。这十六个字取自后蜀主孟昶所写《令箴》中的一部分是"下民易虐，上天难欺，赋舆是功，军国是资。朕之爵赏，固不逾时，尔俸尔禄，民脂民膏。为人父母，罔不仁慈，勉尔为诫，体朕深思"。南宋高宗皇帝赵构，鉴于当时全国各地虽有诫石但多不遵守的情况，便临摹黄庭坚的字体，手书了这十六个字，赐予地方官员，以"为晨夕之诫"。明朝时期，"诫石"有所变化。一是，称谓上将"诫石"与诫石铭文相区分。诫石是一载体，而诫石铭文是文字表述。二是诫石放置的地点有变动，将"诫石"建在府衙的甬道上，并筑亭覆盖，使其免遭风雨侵蚀。这样，走在衙署路上，可迎面看见"诫石"二字，坐于大堂之上，恰可望见十六字"铭文"。清朝时期，仍沿用了这种"诫石"警诫员的做法。不过也

---

① 张希清、王秀梅主编：《官典》第一册，第524页。
② 张希清、王秀梅主编：《官典》第一册，第545页。
③ 张希清、王秀梅主编：《官典》第一册，第851页。

有所变化：有的是文字上的改动，如用"天下为公""清慎勤"等；有的是将碑改为坊。河北保定直隶总督府的"诫石坊"，阳面刻有"公生明"，阴面仍刻有"尔俸尔禄，民脂民膏。下民易虐，上天难欺"这十六个字。《诫石铭》所包含的清廉和重民思想对官吏为政、时时反省自己具有积极意义。

在中国传统政治文化中，还有一道独特的风景，即"衙署文化"。在中国古代的各级官署门口，常常挂有各种楹联。许多官员往往通过楹联来表明自己的施政目标，或是勉励自己要廉政爱民、奉公守法。清代的余小霞担任三防主簿时，题衙署对联"与百姓有缘，才来此地；期存心无愧，不鄙斯民"。河南南阳府衙仪门两侧有"民情虽有逆顺从修齐治平可造盛世，官品本无高下能公正廉明才是青天"。大堂上的对联"为政戒贪贪利贪贪名亦贪，勿骛声华忘政事；养廉惟俭俭己俭俭人非俭，还从宽大保廉隅"。山西平遥县衙门联"莫寻仇，莫负气，莫听教唆，到此地费心费力费钱，就胜人终累己；要酌理，要揆情，要度时世，做这官不勤不清不慎，易造孽难欺天"，等等。

在众多的衙署楹联中，尤为值得一提的是河南内乡县衙楹联。内乡县衙是迄今保存最为完好的清代县衙之一。县衙坐北朝南，占地8500平方米，主体建筑依次为大门、大堂、二堂、迎宾厅、三省堂，共有6组四合院，房屋80余间，悬挂对联近30副。大堂抱柱的对联是清代诗人魏向恒的诗句，"欺人如欺天，毋自欺也；负民即负国，何忍负之"。视百姓为天，对不起百姓就如同欺辱苍天一样，强调要爱民、重民，不负于民，可谓掷地有声。二堂为案件审理场所，故悬挂有这样一副对联"法行无亲令行无故，赏疑唯重罚疑唯轻"。告诫办案官员，一定要公平执法、不徇私情，对待有疑问的案件要慎重，避免冤假错案的发生。三省堂是内乡知县日常办公待客的场所，悬有知县高以永撰写的"得一官不荣，失一官不辱，勿说一官无用，地方全靠一官；穿百姓之衣，吃百姓之饭，莫道百姓可欺，自己也是百姓"。这副对联，既强调地方官员肩负地方发展的重要职责，又强调应该为百姓谋取利益，不能欺压百姓。

第三节　廉德养成的制度规范

制度文明是中国传统政治文化的重要组成部分。在数千年的文明演进中，中国古代形成了相对完备的廉政制度体系。儒家思想认为，廉政教育并不是万能的，廉德养成还需要一套完整、严密的廉政制度对官员加以约束，使官员不能贪。中国古代的廉政制度规范着国家官吏的政治行为，调整着国家政权的统治政策，对于缓和阶级矛盾，强化统治效能具有积极意义。从总体上看，在官吏的选拔、任用、考核、监督等方面制度，有利于预防与惩治贪腐，有助于官吏养成清廉为政之德。

一　选官用廉

《说文解字》中说："官，吏事君也。"官吏是组织管理民众的人，是公共权力的掌握者和执行者，是国家机器正常运转的关键。官吏的选拔是事关"政治之隆替，邦国之治乱"的大事。"政兴在得人，政弊在失人"，历朝历代都非常重视官吏的选拔，力争把素质良好的人充实到官吏队伍中。

夏商周三代时期，官职的取得主要是基于血缘关系的亲疏，不存在选拔的问题。战国时期，随着生产力发展和新兴封建阶级的出现，官职在世家大族内世代相袭的状态被打破，"选贤举能"的主张被广泛接受，按军功授职的做法被推广开来。秦汉大一统国家建立后，逐渐实行以"察举制"为主体的官吏选拔制度。由中央高级官吏和地方郡国都按照指定的科目举荐人才，被举荐者经过考核合格后，即可被委任以官职。设立孝廉科，孝科的察举标准是善事父母，着眼于修身齐家；廉科的察举标准是清正廉洁，着眼于经邦济国。[①] 汉代察举孝廉对汉代政治有积极影响，一些出身卑微的贤良、方正、孝廉、明法之士被选入官吏队伍中，对于提高整个官吏队伍的素质具有重要意义。曹魏时期，曹操提出了"唯才是举"的任人原则。他曾说"不官无功之臣，不赏不战之士"，大胆提拔任用了一些出身低微但有才能之人。曹丕即位后，接受大臣陈群之建议而创设九品中正制的选官制度，为曹魏政权储备了许多有真才实学的人。西晋人卫瓘就赞誉道："魏氏承颠覆之运，起丧乱之后，人士流移，考详无地，故立九品之制，粗且为一时选用之本耳。其始造也，乡邑清议，不拘爵位，褒贬所加，足为劝励，犹有乡议余风。"[②] 当然，

---

① 参见卜宪群《中国历史上的腐败与反腐败》，鹭江出版社 2014 年版，第 150 页。
② 余华青主编：《中国古代廉政制度史》，上海人民出版社 2007 年版，第 141 页。

无论是察举制，还是九品中正制，仍存在着任人唯亲的弊病，以亲取人、印象取人的现象也较为常见。东汉末期，就有民谣讽刺察举制"举秀才，不知书。察孝廉，父别居。寒素清白浊如泥，高第良将怯如鸡"。九品中正制也因此被世家大族垄断，而出现"上品无寒门，下品无世族"的现象。

隋唐时期，官吏选拔主要有两种制度：科举取士和铨选举官。科举制是自隋朝创立直至清末，先后实行了 1300 余年的古代选官制度。科举考试主要以儒家经典为主，考试方式包括帖经、经义、策问和诗赋四种。科举制打破了九品中正制后期由门阀士族把持的选官特权，改变了按照门第选官的办法，开创了通过考试录用官吏的先河。铨选举官，则是科举及第者、前资官、流外官等人通过考试步入仕途和迁转官职的重要途径，是继科举考试以后在更大范围内的一种选官制度。[①] 为了保证科举制度的顺利进行，防止考试中营私舞弊，为国家选拔有真才实学、德才兼备的人才，科举考试中实行了一系列的廉政措施加以保障，主要有"结款通保"（即准备参加考试的举子，先到礼部贡院填写家状和文解，此为结款。然后，再寻找担保人，用以检验结款的可靠性）、"别头考试"（即科举考试中的一种回避制度，主考官的亲族故旧都要回避）、"搜索夹带"（举子进入考场时要搜身检查，以防携持夹带）、"糊名暗考"（即试卷上密封其姓名，防止阅卷人员串通作弊）等。总之，古代官吏的选任，不仅注重其是否有真才实学，还注重其是否德才兼备；不仅降低选拔资格、广纳贤才，而且还严格控制选拔人才过程中的各个环节，尽可能从源头上保证官员队伍的纯洁性，为日后清廉为官奠定坚实的基础。

二 回避护廉

回避制度是官吏任用过程中为预防结党营私、徇情枉法而采取的一项制度。从汉武帝统治中期起，国家在选拔任用官吏时，就开始采取一种防范性措施——回避制度，主要形式有本籍回避、亲族回避和师生回避三种，其中以本籍回避最为明显。西汉时期，在任用地方官吏时，对籍贯的限制尤为明显。有学者认为，"中央任命之各级监官长吏不用本籍人——刺史不用本州

---

① 参见余华青主编《中国古代廉政制度史》，第 173 页。

人；郡守国相不用本郡人；县令长丞尉不但不用本县人，且不用本郡人"①。据《尹湾汉简》统计，"籍贯确凿者共 111 人，分属 29 个郡国，即山阳郡 18 人，沛郡 14 人，琅琊郡 11 人，汝南郡 10 人，颍川郡 7 人，鲁国 6 人，临淮郡 6 人，陈留郡 5 人，京兆尹 4 人，定陶国 2 人，楚国 2 人，六安国 2 人，右扶风 2 人，东郡 1 人，济南 1 人，南阳郡 1 人，北海郡 1 人，信都郡 1 人，巨鹿郡 1 人，清河郡 1 人，广陵郡 1 人，庐江郡 1 人，胶东国 1 人"②。后来，不仅地方官员任职时要回避本籍，就连皇室宗亲出任地方官时，也要遵从回避制度。按照当时的规定，皇室宗亲不能在京畿及其周边的"三河"地区为官。西汉末年的刘歆（字子骏，建平元年改名秀，字颖叔云。及王莽篡位，为国师），本来被任命为河内太守，但因汉制规定"宗室不宜典三河"，所以不得不改任五原太守，复转在涿郡，历三郡守。东汉时期，籍贯回避制更为严格，回避范围进一步扩大。《后汉书·蔡邕传》中记有"初，朝议以州郡相党，人情比周，乃制婚姻之家及两州人不得对相监临。至是复有三互法，禁忌转密，选用艰难"。概言之，如果甲州的人在乙州为长官，乙州的人在丙州为长官，那么丙州的人在任职时，就要对甲、乙、丙三州都应回避。如此繁密地交错回避，致使"避三互，十一州有禁，当取二州而已"（《后汉书》卷六十下）。

汉代以后，在封建社会的历朝历代中，官吏的任用都采取了回避制度，避亲、避籍是其主要形式。避亲，不仅包括血缘之亲，还有姻亲、门生、官幕等关系。唐代法律规定，亲族不能监临，宰相之子不能任谏官，兄弟不可在同省任职等。宋代时期，亲属回避的范围又进一步扩大，将避亲范围扩大到"缌麻"以上。比如，当时颁布的"避亲法"就规定，避亲的范围："若本族同居无服以上亲，异居袒免以上亲，亲姑、姊妹、侄女、孙女之夫，其子婿、子媳之父及其亲兄弟，母、妻亲姊妹之夫，亲姨之子，亲外孙，外甥女之夫。"（《宋会要辑稿》职官六三之四）明清时期，避亲的范围包括直系、旁系血亲和姻亲。康熙帝曾颁布诏书说："外任官员，现在上司中有系宗族者，皆令回避。"（《大清会典事例》卷八十四）亲属回避可以有助于官吏摆

---

① 严耕望：《秦汉地方行政制度》，台北：台湾学生书局 1989 年版，第 357 页。
② 连云港市博物馆等编：《尹湾汉墓简牍综论》，科学出版社 1999 年版，第 76 页。

脱亲属关系的羁绊，预防贪腐现象的发生。避籍，就是对任职地方的要求，官吏应该回避原籍或在原籍邻近地区任职。唐代，除了京兆及河南府的官员之外，地方官吏一律不准在本籍或邻近州县任职。宋代，地方官员要回避在本州或本府任职。明代时则实行"南北更调制"，即"南人官北，北人官南"，所以有"千里做官"之说。清代，回避的范围更为具体，康熙四十二年（1703）规定："选补官员所得之缺，在五百里以内，均行回避。"（《大清会典事例》卷八十四）

总之，无论是何种形式的回避制度，其目的都是防止官吏徇私舞弊、结党营私，对促进官吏清廉为政，推进统治阶级的反腐倡廉具有积极意义。

三 监察督廉

孟德斯鸠认为，"一切有权力的人都容易滥用权力，这是万古不易的一条经验。有权力的人们使用权力一直到遇有界限的地方才休止"（《论法的精神》）。其实，对权力进行监督与制约是防止权力滥用的一项有效手段，不受约束的权力必然导致腐败。中国古代逐步建立、完善起来的监察制度，就是预防官员腐败，制约官员滥用职权的一种制度。

监察，主要是通过设立专门的监察机构对权力体系中的其他官僚机构或者官吏履行职责状况进行监督、督促与检查等活动。中国自周代开始便建立起了监察制度，出现了行使监察职能的"御史"。《战国策》中有"御史，周官，以中士、下士为之……掌记事纠察之任也"的记载。自秦朝建立，实行监察权与行政权分离以后，为了加强对官吏的监察，从中央到地方，包括御史大夫、御史中丞、侍御史、监郡御史、郡守、县令在内，形成了一整套的监察机构，并制定了相应的监察法规，依此来保证各级官吏慎用职权、清廉为政。汉代，为了适应反贪与监察的需要，又增设了新的监察官职，如丞相司直、司隶校尉、刺史等，使监察机构进一步完善。魏晋南北朝时期，由于长期战乱和分裂割据，监察机构的功能遭到削弱。唐代实行"一台三院制"，中央设御史大夫1名，御史中丞两名，总掌全国纠察之事，这使得御史台这一监察机构的体制更为健全，功能得到加强。宋元明清各朝，基本上沿用了唐代的监察制度模式。宋代，在地方上设立"通判"，负责对地方官的监察。明代，改御史台为都察院，设都御史、副都御史、佥都御史、十三道监察御史等。清代，实行"科道合一"的监察体制，将六科给事中并入都察院，隶属于监察院之下，进一步完善了监察体制。

古代监察机构的职责非常明确，就是依据皇帝的命令和国家的法律对各级官吏进行监督监察，对违法失职官吏进行弹劾。历代的法律中对监察官的职权都有明确的规定，如汉代的御史大夫"受公卿群吏奏事，有违失举劾之"（《通典·职官六》）。唐代的御史大夫"掌以刑法典章，纠正百官罪恶"（《新唐书·百官三》）。宋代则规定"内以责诸弹纠之职，外以则诸监司、郡守之计"（《宋史·卷四百二十五》）。明代，监察官的职责是"肃政饬法"，"纠劾百司，辩明冤枉、提督各道，及一应不公不法等事"。此外，检察官还有监督和参与司法的职责。如汉代有廷尉、司隶校尉和御史中丞三法司，唐代有刑部、大理寺和御史台三法司，明清有刑部、大理寺和都察院三法司。每当遇有案情重大的案子时，往往会由"三司"会审。

当然，由于监察官的身份特殊，权力甚大。所以，监察官的人选重要且选拔严格。明成祖朱棣就说"御史当用清谨介直之士。清则无私，谨则无忽，介直则敢言"（《明会要·职官五》）。不过，在赋予监察官权力的同时，也对其作了严格的规定，倘若有滥用、失职等不当行为，必将受到严惩。明代的法律就规定，"凡御史犯罪，加三等，有赃从重论"（《明史·职官二》）。总之，中国古代监察制度的设立，监察官员的清廉自守、秉公执法，对清正廉明的社会风气营造，对官员廉洁品德的形成，具有不可低估的作用。

在中国古代的监察制度中，还有一种重要的监察形式——巡视。中国古代的巡视制度，最早可追溯至尧舜禹时期。《史记·五帝本纪》中说，舜"摄行天子之政"，"五岁一巡狩，群后四朝。遍告以言，明试以功，车服以庸"。封建时代，皇帝在外巡视地方吏治的情况也很常见。秦始皇统一六国后，就曾多次在外巡行。史书上记载，汉高祖、光武帝、唐太宗、康熙、乾隆等封建皇帝经常走出深宫，在外体察民情，监督地方官员。当然，由中央和地方监察部门对各级官员进行巡视更是一种常态。汉代，创立了刺史巡视制度。汉武帝时期，把全国分为十三部，每部设刺史1人，钦定"六条问事"作为刺史之职责。隋朝采用御史台制度，监察御史代替皇帝巡视监察地方。唐代，设立分道巡按使，由五品以下贤明清廉的官员担任，人数8人到20人不等，分春秋两季巡视地方。元代，全国分为二十二道监察区，每个监察区设立一名提刑按察使专门负责对辖区内官员进行巡视。明代，巡视制度趋于完善。中央设"巡方御史"（即"八府巡按"），代表皇帝巡视地方。地方各省设提刑按察司，负责辖区内的巡视。巡视制度的设立，对于加强对地方官员的监督，预防和惩治官吏滥用权力有重要意义。

第四节　廉德养成的法律约束

廉德之养成，既需要道德的教化和制度的规范，也需要法律的约束。如果说道德教化使为政者"不愿贪"，制度约束使其"不能贪"，那么，法律惩治则是使其"不敢贪"。有学者就认为，"官吏犯赃，历代皆行重典，所以禁官邪，养廉洁也"①。可以说，用严刑峻法预防与惩治官吏的腐败，是中国古代历朝历代的一贯做法。

《左传》中说："己恶而掠美为昏，贪以败官为墨，杀人不忌为贼。《夏书》曰：'昏、墨、贼，杀。'皋陶之刑也。"② 可以看出，在皋陶之刑中，"贪以败官"是与"己恶掠美""杀人不忌"并称的三大罪行，均要处以死刑。商代时期，把官吏的"殉于货色"列入"三风十愆"之中，凡有官吏敢追逐货利，必将受到严惩。《尚书·伊训》中说："敷求哲人，俾辅于尔后嗣，制官刑，儆于有位。曰：'敢有恒舞于宫，酣歌于室，时谓巫风，敢有殉于货色，恒于游畋，时谓淫风。敢有侮圣言，逆忠直，远耆德，比顽童，时谓乱风。惟兹三风十愆，卿士有一于身，家必丧；邦君有一于身，国必亡。臣下不匡，其刑墨，具训于蒙士。'"③ 西周时期，周穆公命吕侯作《吕刑》，这是我国现存最早的一部法律文献。《吕刑》将对贪腐的惩治明确写入刑法。从反腐败角度来讲，《吕刑》又是我国现存的第一部反腐败法。④《吕刑》把官吏腐败之种种现象概括为"五疵"，即"惟官、惟反、惟内、惟货、惟来"。根据法律，官吏若犯有"五疵"，必定受到相应处罚。

秦代奉行法家思想，重视以法治国，强调法律惩贪。《睡虎地秦墓竹简》

---

① 黄启昌：《试论中国古代的反贪立法》，《中国史研究》1999 年第 1 期。
② 杨伯峻编著：《春秋左传注》，第 1367 页。
③ 江灏、钱宗武译注：《今古文尚书全译》，第 97 页。
④ 参见卜宪群《中国历史上的腐败与反腐败》，第 89 页。

中的《法律答问》就规定："府中公钱私货用之，与盗同罪。"如果官吏有挪用公款之行为，即以盗窃之罪论处。《秦律杂抄》中有"吏自佐、史以上负从马。守书私卒，令市取钱焉，皆迁"。官吏利用职务之便牟取个人私利，也要处以重刑。汉代，对官吏的贪贿行为也施以严格的法律进行惩处。汉文帝时期，就曾下诏规定："吏坐受赇枉法，守县官财物而即盗之，已论命复有笞罪者，皆弃市。"（《汉书·刑法志》）汉景帝时期，颁行所谓的"十金法"，即官吏贪污在十万钱以上者，就要处以死刑。《汉书·薛宣传》中说："臧直十金，则至重罪。"《汉书·陈万年传》中也说"主守盗，直十金，弃市"。匡衡因监临"盗所主守直十金以上"而被司隶校尉骏、少府忠行廷尉事劾奏。东汉时期，对官吏贪赃受贿仍是严惩不贷。"后中郎将任尚坐赃千万，槛车征，弃市。"（《后汉书·天文志中》）"尚书郎孟珰坐受金漏言，皆弃市。"（《后汉书·天文志下》）桓帝时期曾下诏规定：贪污官吏的子孙不得被推举任官。"赃吏子孙，不得察举。"（《后汉书·桓帝纪》）

　　魏晋南北朝时期，魏明帝颁布了专门以惩治官吏犯罪的《告劾律》《请赇律》《偿赃律》等。晋武帝颁布的《晋律》中，将其进一步完善。《晋书·刑法志》中说，"《盗律》有受所监受财枉法，《杂律》有假借不廉，《令乙》有呵人受钱，科有使者验赂，其事相类，故分为《请赇律》"，"《盗律》有还赃畀主，《金布律》有罚赎入责以呈黄金为价，科有平庸坐赃事，以为《偿赃律》"。可见，这一时期的惩贪之法律趋于系统化和细致化。

　　隋唐时期，惩治贪腐的立法规定颇为严格，处罚较为严厉。唐代制定的《唐律疏议》是我国现存最古、最完整的封建刑事法典，包括《名例律》《卫禁律》和《职制律》等。《唐律》中对官吏的罪与非罪、轻罪与重罪都有明确的区分与规定。比如，《杂律》中就有"赃罪正名，其数有六，谓受财枉法、不枉法、受所监临、强盗、盗窃并坐赃"，这里历数的是官吏非法侵占公私财物的六种罪名。当然，对坐赃者要进行严厉的处罚，"诸坐赃致罪者，一尺笞二十，一疋加一等；十疋徒一年，十疋加一等，罪止徒三年"。《职制律》中规定，官吏受财枉法，一尺杖一百，一匹加一等，至十五匹即处绞刑。《贼盗律》规定，监守自盗者要加重处罚，一尺杖八十，一匹加一等，至三十匹处绞刑。《户婚律》中也规定，官吏擅自因公科敛百姓，钱财入己或没有入官的，以枉法论处，一尺杖一百，十五匹处绞刑。《厩库律》中规定，监临主守官私自借贷官物、官奴婢及畜产，或借官物给他人，或应入官的财物、课税等不报不送，都将依盗法科罪或坐赃论处。武则天时期，曾将"官吏枉法受财"和"监临主守自盗所监临"列入不赦的"十恶"之中。《全唐文》卷九十六中就说："其犯十恶，官人枉法受财、监临主守自盗所监临、劫贼杀人、故杀人、谋杀人、反逆缘坐……并不在赦内。"宋元时期，对官吏的贪腐惩治略宽于唐。宋初的法律规定，官吏坐赃者弃市，以赃论罪之官，虽遇赦不得叙。可以看出，没有因贪而被处以死刑的。宋真宗时期，又将坐赃者弃市改为杖流。宋仁宗时期，杖流之法也流于形式而已。

明代开国皇帝朱元璋，出身贫寒，十分痛恨贪官污吏，主张"重典治吏"。他认为，只有实行重典才能防止官吏害民乱政。《明史》中就记有，"太祖起闾右，稔墨吏为民害，尝以极刑处之"（《明史·青文胜列传》）。此外，《明太祖实录》中也说："从前我（朱元璋）在民间时，见州县官吏多不恤民，往往贪财好色，饮酒废事。凡民疾苦，视之漠然，心里恨透了。如今要严立法禁，凡遇官吏贪污蠹害百姓者，决不宽恕。"在朱元璋推动下制定的《大明律》中，有不少篇目就是针对官员违法乱纪行为而设置的。《明例律》中的"文武官犯公罪"，"文武官犯私罪"，"同僚犯公罪"，"公事失错"；《吏律》中的"大臣专擅选官""滥设官吏"等。① 其中，《刑律》中的《受赃》一项，就是针对惩治贪官而设的：受财枉法者，一贯以下杖七十，每五贯加一等，至八十贯绞；受财而不枉法者，一贯以下杖六十，每五贯加一等，至一百二十贯杖一百，流三千里；监守自盗仓库钱、粮、物，不分首从，并赃论罪，在右小臂上刺"盗官钱"（粮、物）三个字，一贯以下杖八十，至四十贯斩。

清承明制，在惩贪之法方面，清朝基本沿袭了明代的法律。清代前期的几位皇帝也是非常重视惩治贪腐的。顺治帝认为治国安民，首在严惩贪官。大贪官员，问罪至应死者，遇赦不宥。乾隆帝也曾说，干犯法纪之人，莫若悖逆、贪污二者，于法断无可纵。此外，《大清律》中把受赃罪分为：枉法赃、不枉法赃和坐赃等。其中，枉法赃，一两以下，杖七十，八十两，处绞监候；不枉法赃，一百二十两以上，处绞监候。

---

① 参见卜宪群《中国历史上的腐败与反腐败》，第735页。

总起来说，"重典惩贪"既表明了统治者整治官场的坚定决心，也有力地打击了官吏的贪腐行为，有效地震慑和警示了为官从政者，对于维护官场政治生态，进行廉政治理，促进官吏廉德思想养成具有积极意义。

本章小结

恩格斯曾说，"历史是这样创造的……有无数互相交错的力量，有无数个力的平行四边形，由此就产生出一个合力，即历史结果，而这个结果又可以看作一个作为整体的、不自觉地和不自主地起着作用的力量的产物"①。也就是说，事物的发展是由多种因素综合作用而共同促成的。对于官员"廉德"之养成来说，也是多种途径共同促成的。其中，道德教育是廉德养成的基础，法律惩治是廉德养成的重要手段，制度约束是廉德养成的基本保障。道德教育是自律，法律制度是他律。要让为官从政者养成清正廉洁的素养，应该把道德自律与法制他律有机地结合起来，切实做到让道德与法制内化于心、外践于行。

① 《马克思恩格斯选集》第 4 卷，人民出版社 1995 年版，第 697 页。

第六章　儒家廉德思想的古代践行

道德认知与道德践行是密切相连的。对儒家廉德思想理念的基本认知，最终要落实到官员为官从政的具体实践中，由此而出现了"明君""廉臣"与"清官""循吏"。从社会历史发展的实际看，在儒家廉德思想的影响与感化下，出现了许多清廉为政的践行者，既有诸如唐太宗、明成祖、清圣祖等一批圣主明君，也有包拯、海瑞、于成龙、张伯行等一大批清官廉臣。他们清廉为政，对当时风清气正的社会局面的形成起到了积极的推动作用。同时，囿于封建专制政体的局限等因素，社会上不可避免地存在着"惩贪而贪官不绝，倡廉而廉官罕见"的悖论。

第一节　廉耀古今："明君"与封建盛世

在中国封建社会两千余年的历史发展过程中，曾出现过诸如"文景之治""贞观之治""洪武之治"等多个盛世。这些封建盛世的出现是多方面原因综合作用的结果，但有一点是不能被忽视的，那就是每一个封建盛世的出现都与封建统治者的强力倡廉反腐密切相关。

一　唐太宗倡廉反奢与贞观之治

李世民即位不久，就深刻地认识到"治国犹如栽树，本根不摇，则枝叶茂荣"的道理，强调以民为本，励精图治。《贞观政要·政体》中就描述道："帝志在忧人，锐精为政，崇尚节俭，大布恩德。……至贞观三年，关中丰熟，咸自归乡，竟无一人逃散，其得人心如此。加以从谏如流，雅好儒术，孜孜求士，务在择官，改革旧弊，兴复制度，每因一事，触类为善。……深恶官吏贪浊，有枉法受财者，必无赦免。在京流外有犯赃者，皆遣执奏，随其所犯，置以重法。由是官吏多自清谨。制驭王公、妃主之家，大姓豪猾之伍，皆畏威屏迹，无敢侵欺细人。商旅野次，无复盗贼，囹圄常空，马牛布野，外户不闭。"①史学家们把唐太宗统治的这一段政治清明、经济发展、文化繁荣、官吏廉洁的时期称为"贞观之治"，成为后世封建社会治理之楷模。

"贞观之治"的出现与唐太宗倡廉反贪的为君之道紧密相关。贞观初年，唐太宗曾对大臣魏征说："为君之道，必须先存百姓，若损百姓以奉其身，犹割股以啖腹，腹饱而身毙。若安天下，必须先正其身，未有身正而影曲，上治而下乱者。朕每思伤其身者不在外物，皆由嗜欲以成其祸。若耽嗜滋味，玩悦声色，所欲既多，所损亦大，既妨政事，又扰生民。且复出一非理之言，万姓为之解体，怨讟既作，离叛亦兴。朕每思此，不敢纵逸。"②唐太宗倡廉反贪之基本主张，具体包括以下几个方面。

（一）修身正己，倡俭戒奢

古人讲，俭以兴国，奢则败亡。《韩非子·十过》中就记有："穆公问之曰：'寡人尝闻道而未得目见之也，愿闻古之明主得国失国常何以？'由余对曰：'臣尝得闻之矣，常以俭得之，以奢失之。'"亲身经历了朝代更替的唐太宗，深切地感受到奢侈亡国的历史之痛。贞观二年（628），唐太宗对黄门侍郎王珪说，"隋开皇十四年大旱，人多饥乏。是时仓库盈溢，竟不许赈给，乃令百姓逐粮。隋文不怜百姓而惜仓库，比至末年，计天下储积，得供五六十年。炀帝恃此富饶，所以奢华无道，遂致灭亡。炀帝失国，亦此之由"（《贞观政要·辩兴亡》）。贞观九年（635），唐太宗在读到北齐、北周的历史时，就感叹统治者如果奢侈无度，就如同"馋人自食其肉，肉尽心死"（《贞观政要·辩兴亡》），其原因在于"人君赋敛不止，百姓既弊，其君亦亡"。所以，唐太宗深有感触地指出，"为主贪，必丧其国；为臣贪，必亡其身"（《贞观政要·政体》）。"人君之患，不自外来，常由身出。夫欲盛则费广，费广则赋重，赋重择民怨，民怨则国危，国为则君丧矣。朕常以此思之，故不敢纵欲也。"（《资治通鉴》卷一百九十二）基于此种之认识，唐太宗十分重视节俭，力戒奢侈。

---

① （唐）吴兢撰：《贞观政要》，第18—19页。
② （唐）吴兢撰：《贞观政要》，第1页。

"正人先正己"，深谙为政之道的唐太宗尤为重视个人的垂范作用。《贞观政要·君道》中说，"社稷安危，国家治乱，在于一人而已"，"若安天下，必先正其身；未有身正而影曲，上治而下乱者"。所以，唐太宗倡俭首先从自我严格要求做起。

一是汲隋亡之鉴，不主张大兴土木。王夫之在《读通鉴论炀帝》中评论道："隋之富，汉唐之盛，未之逮也。"隋朝建立后，经隋文帝的休养生息，至隋炀帝即位时，社会已经得到了很大发展，出现了"户口益多，府库盈溢"（《隋书·食货志》）的景象。《通典·实货典》中说："隋氏西京太仓，东京含嘉仓、洛口仓，华州永丰仓，陕州太原仓，储米粟多者千万石，少者不减数百万石。天下义仓，又皆充满。"可是，隋炀帝即位后，旋即广造宫室，以肆巡幸，自西京至京都，离宫别馆，向往道次。唐太宗认为，"［隋］计天下储积，得供五六十年。炀帝恃此富实，所以奢华无道，随致灭亡"（《贞观政要·辩兴亡》）。所以，唐太宗以炀帝为鉴，避免大兴土木，劳民伤财。早年率兵攻下洛阳之后，他就曾感慨，"逞侈心，穷人欲，无亡得乎？"贞观十一年（637），洛阳宫因水灾而毁，唐太宗下诏说，"洛阳宫为水所毁者，少加修缮，才令可居。自外众材，给城中坏庐舍者"（《资治通鉴》卷一百九十五）。

二是斥奢靡陋俗，倡导节俭薄葬。中国古代厚葬之风由来已久。汉代时期就出现了"父母死后，子女为之'高坟大寝''响牛作倡'等，人人以此为荣，甚至为了厚葬，不惜倾家荡产"[①]。尽管自光武帝时期就倡廉节俭，反对厚葬，但未能阻止厚葬之风的蔓延。贞观年间，社会厚葬之风极盛，劳民伤财。为此，唐太宗下诏节用薄葬，认为"以厚葬为奉终，以高坟为行孝，遂使衣衾棺椁，极雕刻之华，灵辀冥器，穷金玉之饰。富者越法度以相尚，贫者破资产而不逮，徒伤教义，无益泉壤，为害既深，宜为惩革。其王公已下，爰及黎庶，自今已后，送葬之具有不依令式者，仰州府县官明加检察，随状科罪。在京五品已上及勋戚家，仍录奏闻"（《贞观政要·俭约》）。唐太宗"志在俭葬"，曾留有终制曰："因山为陵，容棺而已。"

唐太宗尚俭戒奢，以身作则，深深影响着身边的人。长孙皇后"性尤俭约，凡所服御，取给而已"，临终遗言唐太宗说："妾生无益于人，不可以死

---

① 张涛、项永琴：《中华伦理范畴：廉》，中国社会科学出版社2006年版，第69页。

害人，愿勿以丘垄劳费天下，但因山为坟，器用瓦木而已。"（《资治通鉴》卷一百九十四）再如，大臣魏征也是非常节俭的，他住的宅子连正堂都没有。唐太宗知道后，把准备给自己营造房屋的材料送给魏征营建，还"遣中使赍素褥布被而赐之，以遂其所尚"（《贞观政要·俭约》）。户部尚书戴胄去世之时，居宅弊陋，祭享无所。唐太宗只好临时"令有司特为之造庙"（《贞观政要》）。岑文本虽曾官至中书令，但"宅卑湿，无帷帐之饰"（《贞观政要·俭约》），当有人劝他营治产业时，他叹息道："荷律禄之重。为惧已多，更得言产业乎？"《贞观政要·俭约》可以说，这一局面的出现恰是唐太宗戒奢尚俭而带来的廉洁勤政风尚所致。

（二）奖惩并施，倡廉反贪

"吏不廉平则治道衰"，官吏能否做到清正自守、廉洁为政，事关国运兴衰。为了能使群臣百官做到廉洁不贪，唐太宗一方面对官吏们循循善诱、劝其行廉；另一方面又使用重法整饬吏治。

一是教育劝诫。贞观初年，唐太宗曾对侍臣说："人有明珠，莫不贵重，若以弹雀，岂非可惜？况人之性命甚于明珠，见金钱财帛不惧刑网，径即受纳，乃是不惜性命。明珠是身外之物，尚不可弹雀，何况性命之重，乃以博财物耶？群臣若能备尽忠直，益国利人，则官爵立至。皆不能以此道求荣，遂妄受财物，赃贿既露，其身亦殒，实可为笑。"（《贞观政要·贪鄙》）钱是身外之物，生命才是最重要的；若以人之生命换取身外之物，实在是可笑至极。唐太宗劝诫臣子们要洁身自好，忠直自省。贞观二年（628），唐太宗对侍臣说："朕尝谓贪人不解爱财也，至如内外官五品以上，禄秩优厚，一年所得，其数自多。若受人财贿，不过数万，一朝彰露，禄秩削夺，此岂是解爱财物？规小得而大失者也。昔公仪休性嗜鱼，而不受人鱼，其鱼长存。且为主贪，必丧其国；为臣贪，必亡其身。"（《贞观政要·贪鄙》）唐太宗又给大臣们算了一笔经济账，不能因小失大，因为眼前的一丁点儿小利而没了俸禄，失了官职，丢了性命。贞观十六年（642），唐太宗又对侍臣们说："古人云：'鸟栖于林，犹恐其不高，复巢于木末；鱼藏于水，犹恐其不深，复穴于窟下。然而为人所获者，皆由贪饵故也。'今人臣受任，居高位，食厚禄，当须履忠正，蹈公清，则无灾害，长守富贵矣。古人云：'祸福无门，惟人所召。'然陷其身者，皆为贪冒财利，与夫鱼鸟何以异哉？卿等宜思此语为鉴诫。"

（《贞观政要·贪鄙》）栖息于树梢的鸟，深藏于水窟的鱼，为何被人们捕获？皆因贪食于诱饵，咎由自取。由鸟鱼而及人臣，切莫贪恋财利，否则就会身陷囹圄。唐太宗融日常生活事例于廉政教育之中，动之以情，晓之以理，语重心长，用心良苦。

二是增俸养廉。隋唐以前，官吏们的薪俸普遍较低，这很容易导致官吏以权谋私、假公济私。其实早在汉代时期，这一问题就引起了统治者们的重视。公元前59年，汉宣帝就曾提出要提高低级官吏俸禄标准。《汉书·宣帝纪》中说"吏不廉平则治道衰。今小吏皆勤事，而奉禄薄，欲其毋侵渔百姓，难矣。其益吏百石以下奉十五"。李世民即位以后，针对官吏们俸禄较低的现状，提出实行"俸禄制"。当时，官吏们的俸禄主要包括三部分：金钱、职分田和实物。唐太宗主张要增加官吏们的品禄和职分田的数量。杜佑《通典·职官一》中就记载了这一情况："隋京官正一品禄九百石，其下每以百石为差，至正四品，是为三百石。从四品二百五十石，其下每以五十石为差，至正六品，是为一百石。从六品九十石，以下每以十石为差，至从八品，是为五十石。其给皆以春秋二季。刺史、太守、县令，则计户而给禄，各以户数为九等之差。其禄唯及刺史二佐及郡守、县令。京官给职分田，一品者给田五顷，至五品则为田三顷。其下每品以五十亩为差，至九品为一顷。外官亦各有职分田，又给公廨田以供……"

三是考课促廉。唐太宗认为"能安天下者，惟在用得贤才"。贞观元年（627），唐太宗对房玄龄等人说："致治之本，惟在于审。量才授职，务省官员。故《书》称：'任官惟贤才。'又云：'官不必备，惟其人。'若得其善者，虽少亦足矣。其不善者，纵多亦奚为？"（《贞观政要·择官》）贞观六年（632），唐太宗又对魏征等人说："古人云，王者须为官择人，不可造次即用。朕今行一事，则为天下所观；出一言，则为天下所听。用得正人，为善者皆劝；误用恶人，不善者竞进。赏当其劳，无功者自退；罚当其罪，为恶者戒惧。故知赏罚不可轻行，用人弥须慎择。"（《贞观政要·择官》）为此，唐太宗按照一定的标准对官吏进行考核，有所谓的"四善二十七最"的考核标准，体现了官吏考课品德和才能并重的原则。

四是法制严惩。《贞观政要·政体》中说："［唐太宗］深恶官吏贪浊，有枉法受财者，必无赦免。在京流外有犯赃者，皆遣执奏，随其所犯，置以重法。由是官吏多自清谨。"唐太宗深知法制对惩治贪腐的重要性，所以坚持做到"法之所行，无舍亲昵"。在法律执行问题上，唐太宗不徇私情，说"法者非朕一人之法，乃天下之法，何得以无忌国之亲戚，便欲挠法耶？"（《贞观政要·公平》）对待官吏的犯赃，即使是皇亲国戚也不能例外，以严刑惩治官吏贪污腐败。"贞观六年，右卫将军陈万福自九成宫赴京，违法取驿家麸数石。太宗赐其麸，令自负出以耻之。"（《贞观政要·贪鄙》）贞观十二年（638），江夏王李道宗因贪污受贿而被捕入狱。唐太宗就对侍臣们说："朕富有四海，士马如林，欲使辙迹周宇内，游观无休息，绝域采奇玩，海外访珍馐，岂不得耶？劳万姓而乐一人，朕所不取也。人心无厌，唯当以理制之。道宗俸料甚高，宴赐不少，足有余财，而贪婪如此，使人嗟惋，岂不鄙乎！'遂免官，削封邑。"（《旧唐书》卷六十）

总之，正是由于唐太宗倡俭戒奢、倡廉惩贪，政风清廉，"官吏多自清谨"，对于贞观盛世局面的开创，具有重要的推动作用。

二　明太祖倡俭惩贪与洪武之治

朱元璋出身布衣，深知民间疾苦、物力维艰，亲历元末战乱，目睹了元末主荒臣贪、吏治腐败而终致灭亡的现实。《明太祖实录》中写道："昔在民间时，见州县官吏，多不恤民，往往贪财好色，饮酒废事，凡民间疾苦，视之默然，心实怒之。故今严法禁，但遇官吏贪污蠹害吾民者，罪之不恕。"（《明太祖实录》卷三十八）他还说，"元季君臣耽于逸乐，循至沦亡，其失在于纵驰，实非宽也"。朱元璋吸取元代灭亡的深刻教训，认为"丧乱之源，由于骄逸。大抵居高位者易骄，处逸乐者易侈。骄则善言不入而过不闻，侈则善道不立而行不顾。如此者，未有不亡"[1]。所以，朱元璋在位时期，非常重视以身作则，勤政俭朴。

（一）勤谨为政，躬行节俭

朱元璋认为"安危治乱，在于能谨与否耳"（《明太祖实录》卷一百二十七）。一个国家的安危治乱，主要在于为政者能否真正做到勤于政事。他还说，"自昔有国家者，未有不以勤而兴，以逸而废。勤与逸，理乱盛衰所系

---

① 张涛、项永琴：《中华伦理范畴：廉》，第220页。

也"（《典故纪闻》卷五）。正是基于对勤政有如此之认识，所以朱元璋才多次勉励官吏们要克勤克俭，居安思危，切莫贪图安逸，苟其职事。

此外，朱元璋还十分重视以身作则，率先垂范。他说："朕自即位以来，常以勤励自勉，未旦即临朝，晡时而后还宫。夜卧不能安席，披衣而起，或仰观天象，见一星失次，即为忧畅，或度量民事，有当速行者，即次第笔记，待旦发遣。"（《明太祖实录》卷一百一十五）一方面，朱元璋躬行节俭。他说："居上能俭，可以导俗，居上而侈，必至厉民。"（《明太祖实录》卷一百零六）1364年，当陈友谅的势力被消灭后，部下中有人将陈友谅的镂金床送给朱元璋。他却说"此与孟昶七宝溺器何异也？以一床工巧若此，其余可知。陈氏父子穷奢极靡，焉得不亡"（《明史纪事本末》卷四），故而坚决不收镂金床。1368年，他在命令侍臣造车、制御服时，强调不要使用黄金装饰，而是把黄金换成了黄铜。1376年，当负责营建皇宫的官员把建造图样送交朱元璋审定时，朱元璋就将奢华的部分全部去掉，并对侍臣说，"唐虞之时，宫室内朴素，后也穷极奢丽。凡雕饰奇巧，一切不用。惟朴素坚壮可传永久，使吾后子孙守以为法。至于台榭花囿之作，劳民费财，以事游欢之乐，朕决不为之"（《明史纪事本末》卷四）。另一方面，他又以俭示下，告诫身边的近臣、太子及诸王们要切忌骄奢淫逸。他曾对太子说："凡一居处服用之间，必念农之劳，取之有制，用之有节，使之不至于饥寒，方尽为上道，若复加之横敛，则民不胜其苦矣。"[1]为根除奢侈铺张浪费之风，他还命令群臣要"自今宜量入为出，裁省妄费，宁使有余，勿令不足"（《典故纪闻》卷三）。总之，朱元璋一生躬行节俭，率天下以俭之道，对洪武中兴的出现有积极意义。

（二）重典治贪，惩防并举

元朝末年，贪污行贿大行其道，官吏"罔然不知廉耻之为何物"。在朱元璋看来，在很大程度上是由于官吏的贪腐泛滥最终导致了元朝的灭亡。所以，为了维护和巩固其封建统治，朱元璋上台伊始，就掀起了一场声势浩大的惩贪治污风暴。

朱元璋认为，"元以宽失天下，朕救之以猛"，"刑罚者，惩恶之药石也"。（《明通鉴》卷四）所以，他主张重典治世、惩恶治贪。一方面，朱元

---

[1] 张涛、项永琴：《中华伦理范畴：廉》，第221页。

璋主张要"严密法网"。他认为唐宋以来，皆有成律断狱。1369 年，他命令中书省定律令，并且强调定律令"本欲除贪"，不能"一事两端，可轻可重，使贪滑之吏得以因缘为奸"。正是在朱元璋的亲自主持下，明初编订了《大明律》。其中规定："受财而枉法者，一贯以下杖七十，每五贯加一等，至八十贯则处以绞刑；受财而不枉法者，一贯以下杖六十，每五贯加一等，至一百二十贯，杖一百，流三千里。"另一方面，他又主张"法外用刑"。对贪官污吏严惩不贷。他说："朕尝著令，凡吏卒违法，绳之以死。"（《明通鉴》卷六）1385 年，朱元璋发现户部侍郎郭桓勾结浙江富豪贪赃枉法，盗窃官粮七百余万石，鱼肉百姓，被御史余敏、丁廷举揭发。朱元璋为杀一儆百，要求对其进行彻底严查，结果自六部左右侍郎以下至地方官，被判处死刑者达万余人。因受其牵连而受刑的官吏豪强更是不计其数。当然，单纯地依靠严刑峻法来澄清吏治，那也只是"取决一时，非以为则"，目的是使全国臣民畏法、守法，形成良好的政治秩序。① 但是，单纯的事后惩治，并不能从根本上根除和杜绝腐败。所以，朱元璋就曾感叹"吏卒赃吏，岂能尽各"，"我欲除贪赃官吏，奈何朝杀而夕犯？"这说明，要铲除贪腐必须有事前的预防措施。为此，朱元璋先后实施了一系列预防措施，比如"严明官吏职守、严禁官吏下乡扰民、设重法防范官吏贪赃害民、禁止官民勾结、对官吏犯赃罪者层层追查等"②。

此外，朱元璋还注重加强制度方面的建设以防治腐败。比如，他先后制定了关于官吏铨选与考核的制度。《明史·选举志三》中规定："遂罢科举，别令有司察举贤才，以德行为本，而文艺次之。其目，曰聪明正直，曰贤良方正，曰孝弟力田，曰儒士，曰孝廉，曰秀才，曰人才，曰耆民。皆礼送京师，不次擢用。"可见，朱元璋把德行作为官吏选任的首要条件。在官吏考核制度方面，其基本形式主要有两种：考满和考察。"考满，论一身所历之俸，其目有三：曰称职，曰平常，曰不称职，为上、中、下三等。考察，通天下内外官计之，其目有八：曰贪，曰酷，曰浮躁，曰不及，曰老，曰病，曰罢，曰不谨。考满之法，三年给由，曰初考，六年曰再考，九年曰通考。"（《明

---

① 参见刘泽华、葛荃主编《中国古代政治思想史》，南开大学出版社 2001 年版，第 472 页。
② 王春瑜：《中国反贪史》，四川人民出版社 2000 年版，第 853—855 页。

史·选举志三》）还有关于对官吏进行监察与监督的制度。为了对官吏进行有力的监督，朱元璋在中央设立了都察院和六科给事中两个机构专门负责。都察院是全国的最高监察机关，可以监督大小官吏；六科给事中主要负责对六部官吏的监察。地方上，设立十三道，由专门的监察御史负责对地方官吏的监督。此外，朱元璋还重视民众对官吏的监督，鼓励民众进京"告奸"。朱元璋在《大诰》里规定，凡官吏违旨扰民，或相互勾结，包揽词讼，教唆陷人者，民众可以"联名赴京状奏"，持诰赴京，甚至可以将害民之吏"绑缚赴京"。各地官府对于持诰赴京面奏之民，不得阻拦，即使没有"文引"，也要放行；否则，官吏"族诛"。① 这一做法与规定，在历史上实属罕见。

简言之，正是朱元璋积极采取了一系列的严防官吏腐败的措施，才使得明朝初年的政治、经济、文化得到较大发展，出现了"洪武之治"的盛世局面。

三 康熙奖廉惩贪与康熙盛世

康熙是中国历史上在位时间最长的一位皇帝。他在位时期，顺应历史潮流，因势利导，励精图治，将一个经济凋敝、社会动荡的中国，发展成为经济繁荣、社会稳定的东方强国。人们将这一段时期称为"康熙盛世"。究其成功之原因，不难发现与其整饬吏治、厉行节约、倡廉反腐等廉政举措密切相关。

（一）崇尚俭约

康熙对于清廷的奢靡旧俗，颇感不满。他说："满洲习俗，好为嬉戏，凡嫁娶丧祭之仪，过于靡费，不可枚举。"② 他还深知"天生之财有限，民之脂膏易尽"，"纵观历代，皆由朴而渐于奢……然不可不禁也"（《清圣祖实录》卷二百零一）。康熙认为："帝王致治，首先维持风化，辨别等威，崇尚节俭，禁止奢侈。"（《清圣祖实录》卷三十九）所以，在他亲政之后不久，就颁布《上谕十六条》，把"尚节俭，以惜财用"作为其施政方针。他率先垂范，"躬行节俭为天下先"，节俭从自身做起，从每年所需供御之物开始，一概从

① 参见刘泽华、葛荃主编《中国古代政治思想史》，第472页。
② 张涛、项永琴：《中华伦理范畴：廉》，第258页。

俭。带头不食烟酒，日常所用之物也是多年不更换。他还写《勤俭论》以作自警："崇宫室，丰饮食，美衣服，此人心也，其几易溺；敬天地，孝祖宗，拯民生，此道心也，其几易怠。溺则侈，侈则嗜欲日荒；怠则逸，逸则理道日远。发于一心，见于天下，而盛衰治乱之途判矣。"（《康熙政要·论俭约》）在他的影响和带动下，"大臣亦皆效法，不用金银器皿、金镫等物。此时服用较从前十分之内，已减九分矣"（《清圣祖实录》卷二百零一）。

（二）惩治贪腐

康熙在位时，贪污之风极盛。地方官吏任意盘剥欺压百姓，官场上卖官鬻爵严重。《清圣祖实录》中记录道："生民困苦已极。大臣长吏之家，日益富饶，民间情形虽未昭著。近因家无衣食，将子女入京贱鬻者，不可胜数。"鉴于此，康熙认为"致治之道，首在惩戒贪蠹"，"治国莫要于惩贪"，"治天下以惩贪奖廉为要务"。（《康熙起居注》）所以，康熙决心重典惩贪治吏。1684年，他第一次考察全国官吏，就惩治了贪官污吏133人。1685年，在广东、云南秋审后，康熙就表示要对贪官予以严惩，"凡别项人犯尚可宽恕，贪官之罪断不可宽！此等人蔑视法纪、贪污不悛者，只以缓决故耳。今若法不加严，不肖之徒何以知警?"（《清圣祖实录》卷一百二十二）此外，山西巡抚穆尔赛贪得无厌，劣迹昭彰。康熙知道后，气愤地说"穆尔赛身为大吏，贪酷已极，秽迹显著，非用重典，何以示惩? ……治天下以惩贪奖廉为要，廉洁者，奖一以劝众，贪婪者，惩一以儆百"（《清圣祖圣训》卷二十三）。随后下旨，立即行斩。据《清圣祖实录》统计，康熙朝知府以上官员，因贪污罪被流放或判处死刑者达15人之多。

（三）奖廉循良

澄清吏治，严惩贪腐固然重要，但奖廉循良也不失为明智之举。康熙说："正朝廷以正百官，正百官以正万民，举贤退不肖，正百官也，二则不可偏废。"（《康熙政要》卷一）鉴于此，他总是利用一切可能的机会，在全国树立一批清官廉吏的典型，使之成为大小官员学习的榜样。于成龙，天南地北为官，宦海沉浮二十年，只身天涯，躬行俭朴。在直隶时，他"屑糠杂米为粥，与同仆共吃"；在江南时，他"日食粗粝一盂，粥糜一匙，侑以青菜，终年不知肉味"，江南百姓称他为"于青菜"。康熙曾三次以于成龙"卓异"而提拔，并赞誉为"天下廉吏第一"。于成龙去世后，康熙亲自为其撰写碑文。张伯行，也因清正廉洁为官而被康熙赞誉为"天下第一清官"。

总之，中国古代封建王朝的一些开明君主，践行儒家的廉德思想，清廉以自守，清廉以为政，从而成就了一个个封建盛世的辉煌。

第二节　百世流芳："清官"与社会风化

清官是中国传统政治文化中的一个重要问题，也是中国语境中的一个特有概念。"清官"一词最早出现于《晋书》中："嵩字泰基，宽弘爱士，博观坟籍，尤善《史》《汉》。少历清官，领著作郎。"（《晋书·何遵传》卷三十三）此外，《梁书》中也有："率奉诏往返数首。其年，迁秘书丞，引见玉衡殿。高祖曰：'秘书丞天下清官，东南胄望未有为之者，今以相处，足为卿誉。'"（《梁书·张率传》卷三十三）这两处所说的"清官"，其实都是指那些地位显赫而政事清简的官职。"清官"具体表示为清正廉洁之官员。金代诗人元好问有诗曰："能吏寻常见，公廉第一难。只从明府到，人信有清官。"那么，在宋元之前，通常将公正清廉之官多称为"循吏""能吏"。司马迁在《史记》中首次使用了"循吏"一词，并专门设有"循吏"列传。此后，历代正史中几乎都有关于循吏的列传。据统计，"二十四史"共有19史载有循吏（或为良吏、良政、能吏）列传。[1] 在古代，虽然"清官"与"循吏"大多通用，但二者之间也是有所差别的。"清官"多是老百姓对清正廉洁官吏的一种民间俗称，而"循吏"多是统治者对为政清廉臣子的一种官方正名。

一　清官的基本特征

什么样的"官"才算得上"清官"呢？当然，这并没有一个具体的量化标准。有学者认为，"清官一般都具有这样的特点：政治上忠君、经济上廉洁、生活上俭朴、工作上勤奋、性格刚直、执法严厉、敢于为民请命"[2]。有学者把清官的特点归纳为爱国、忠君、廉洁、俭朴、勤奋、性格刚直、执法

---

[1]　参见程遂营《"二十四史"〈循吏〉、〈酷吏〉列传与中国古代监察官的选任》，《北方论丛》2001年第1期。

[2]　朋星：《大结局：中国清官的归宿》，齐鲁书社1999年版，第1页。

严厉、敢于为民请命等①，或概括为执政廉洁、节俭清贫、正气爱国、勤奋敬业、秉公执法、不畏权贵、惩恶扬善、爱民为民、犯颜进谏等。② 还有学者将清官的特征总结为廉洁自律、爱国敬业、秉公执法、体恤民生、民众拥护等。③ 可见，对于"清官"的标准，见仁见智。综合各家观点来看，不难发现，清官还是具有一些共同特点与品质的。

其一，忠君爱国。中国历史上的清官廉吏之所以为人们所称道，被统治者所表彰，主要在于他们都有一种心忧天下、忠君爱国的博大情怀。他们有"为天地立心，为生民立命，为往圣继绝学，为万世开太平"的责任意识；有"居庙堂之高，则忧其民；处江湖之远，则忧其君"的忧患意识；有"先天下之忧而忧，后天下之乐而乐"的奉献意识；有"苟利国家生死以，岂因祸福避趋之"的献身精神。古代官吏这种"心忧天下"的爱国忠君情怀，正是他们为官之时能够终日操劳、鞠躬尽瘁、死而后已的重要思想支撑。历史上很多清官，如包拯、岳飞、辛弃疾、于谦等，都是正气凛然的爱国者。明中期，蒙古贵族也先率军攻占土木堡，俘虏了明英宗并乘势南下，直逼北京。大臣于谦率领军民誓死捍卫，最终赢得京师保卫战的胜利。于谦用自己的实际行动，诠释着封建官吏忠君爱国的赤胆忠心，成为封建士大夫的楷模。海瑞，清正廉明，刚直不阿，不畏权贵。深感朝政的腐败，海瑞抱着必死之决心进谏嘉靖皇帝，呈上"直言天下第一事疏"。勃然大怒的嘉靖皇帝，将海瑞打入刑部大牢。可是，后来当海瑞听到嘉靖皇帝的死讯时，却"大恸，尽呕出饮食，陨绝于地，终夜哭不绝声"。林则徐因禁烟而惹怒洋人，被清政府革职并流放新疆伊犁。年逾六旬，身患疾病，忍辱负重的林则徐仍不忘造福百姓，兴修水利、开垦荒地，推动边疆的发展。可以说，他们这些"清官"已经将忠君爱国的思想内化为个人为政的基本道德规范，无论身处逆境或顺境，都已经把忠诚爱国的思想深入骨子中，成为封建清官廉吏的典范。

其二，清廉俭朴。清官贵在"清廉"，这是清官的第一标准。凡被称为"清官"者，无一不是为官清廉之人。孙叔敖任楚相十二年，勤于政务，治军有功，却不要楚王的多次奖赏，最终"持廉至死"。汉代的南阳太守羊续，为

---

① 参见阎廷琛等编著《中国历代清官廉吏》先秦两汉卷，中国文史出版社2001年版，序言。
② 参见魏琼《中国传统清官文化研究》，法律出版社2009年版，第21—40页。
③ 参见匡淑红《为官史鉴》，北京出版社2012年版，第5—13页。

官清廉，拒绝收受贿赂。当府丞送给他鱼吃时，他就把鱼悬挂起来，当府丞下次再送鱼时，他就趁机把鱼拿出来教育府丞，从而杜绝了馈赠。（《后汉书·羊续传》）正如明代清官况钟所写的那样，"清风两袖去朝天，不带江南一寸棉"，这恰恰是封建清官廉吏们的真实写照。清官不仅清廉为政，而且在个人生活上大都会勤俭节约，甘愿过清贫的生活。明代内阁宰辅李东阳（1447—1516 年），一生身居高位，却清贫节俭。冬天，家里舍不得生炉子，看书写字在屋子里太冷，就将桌案搬到屋外的太阳底下，晒着太阳阅读，一天要随着日影移动好几次。清代的张昺（1443—1520 年）为官清廉，居家清贫，家中常常断炊，平日只能靠粥汤充饥。还有很多清官，如海瑞、于成龙、徐九思等，他们都以终身节俭为生活目标，诠释着"俭以养廉"的古训。

其三，勤勉敬业。勤勉工作，忠于职守，爱岗敬业，鞠躬尽瘁也是清官的一个显著特点。汉宣帝时期的颍州太守黄霸，全身心地投入地方治理中，布施恩德，颁布各种条规，推行教化，安置流民，劝课农桑，使得所治之地出现了"田者让畔，路不拾遗"。史学家班固《汉书·循吏传》中就评论到"自汉兴，言治民吏，以霸为首"。明代官吏陶安，为官善任，为政以德，治理有方，深得百姓爱戴与拥护。他为官十余年，恪尽职守，终因积劳成疾而死。明太祖朱元璋曾亲致祭文，遣使吊唁，以示表彰。清代的陈璸，勤于政事，励精图治。每到一地，就崇俭惩贪，发展生产。兴书院，枭积谷，清廉为政。康熙就说"国家得此等人，实为祥瑞"。历史上，像黄霸、陶安、陈璸等勤勉为政的官吏还有很多。

其四，秉公执法。明察案件，正直为人是中国古代清官的又一重要特征。汉代廷尉张释之可谓公平执法之典范。据《汉书·张释之传》记载，有一次汉文帝外出巡视，突然有人将御马吓惊。张释之按照律令，判惊驾人罚金四两。汉文帝闻报后，颇感震怒。张释之辩解道，法律是天子与天下人共同遵守的，不能因为是天子，就不遵守法律，那样将无法取信于民。作为廷尉，必须公平执法，才能成为天下大小官吏的榜样。在张释之的抗颜直辩之下，汉文帝也不得不认可他的判决。还有，宋代的侍御史赵抃，为政简易，关爱百姓，不畏权贵，秉公办事。陈执中是仁宗皇帝的宠信，居相位多年，纵容妻妾多次虐杀女仆，其残忍之行径，引起朝廷上下多人不满，但大家都敢怒不敢言。赵抃得知此事后，愤恨难平，决意弹劾陈执中，半年之内先后上书皇帝十二道奏章，直言陈执中的种种罪行，甚至带领御史台官员堵在宋仁宗的殿门前讨说法。最终，宋仁宗下旨罢免了陈执中，流放亳州。对于赵抃的不屈不挠，秉公执法，《宋史·赵抃传》中就称其为"铁面御史"。

其五，体恤民生。为官者不仅要为君主做事，还应该为百姓做事。清官，也就意味着要为民做主、为民请命，爱民如子。历史上，爱民护民的清官不胜枚举。东汉时期，南阳太守杜诗"性节俭而政治清平，以诛暴立威，善于计略，省爱民役。造作水排，铸为农器，用力少，见功多，百姓便之。又修治陂池，广拓土田，郡内比室殷足"（《后汉书·杜诗传》）。北宋时期的范仲淹，为官时非常关心民情。无论在何处为官，他的心里始终装着百姓。在苏州任知州时，有风水先生向其建议，卧龙街是块宝地，在此修建住宅，可保子孙世代富贵。范仲淹却说，让范家一家富贵不如让全苏州城的百姓都富贵。于是，在此修学堂，办州学。可以说，类似爱民如子、为民请命的清官，历史上还有很多。

总体来说，这些"清官""循吏"以他们的所做、所为、所思、所想展现了一位"合格"的官吏应该怎样为官从政。尽管这些"行为"似乎本该是为官者的分内之事，不必对其进行大加赞誉，充其量也仅算是"称职"而已，但在整个封建官场污浊的环境中，这些廖若晨星的"清官"，不仅难能可贵，而且也为安定和谐社会局面的出现带来缕缕清风。

二 清官出现的原因

关于中国古代"清官"得以产生的原因，学术界多有讨论。有学者认为，清官的产生，离不开皇权的支持，离不开贪官的烘托，既是广大民众造就的结果，也是儒家思想长期熏染的结果。[1] 也有学者把清官的产生归结为皇权的支持、民众的造就和民本思想的培养以及贪官的烘托。[2] 比较来看，二者大同小异，都是从皇权、民众和贪官等多个方面来论述的。事实上，要深入其内在本质，分析中国古代清官的产生原因，不难发现是有深刻的政治、经济、文化和社会根源的。

---

[1] 参见魏琼《中国传统清官文化研究》，第43—52页。

[2] 匡淑红：《为官史鉴》，第14—15页。

从政治角度看，清官的出现是基于维护阶级专制统治的需要。国家是阶级矛盾发展到一定阶段的产物，而官员是伴随着阶级的形成、国家的出现而产生的。在阶级对立的社会中，统治阶级为了维护自身的利益，往往需要制定各种法令制度，用以镇压和约束被统治阶级；同时，也是为了协调和平衡统治阶级内部的利益关系。可是，剥削阶级中一部分人，出于本性的贪婪和社会体制机制的不健全，往往采取各种方式与手段，或明或暗，追逐更多的财富与利益。贪赃枉法、贪权、贪财、贪色就成为官场上的一种常态。这种疯狂的肆无忌惮的举动，不仅搅动了统治阶级内部正常的利益平衡，而且也严重侵害了被统治阶级的利益，激化了社会的阶级矛盾。为了维护统治阶级的根本利益和长远利益，一些有远见的政治家，"以天下治安为念"，他们不畏权势，挺身而出，刚直不阿，秉公执法，与贪官污吏和豪强权贵进行坚决的斗争。

从经济角度看，自给自足的小农经济是清官产生的根本土壤。马克思在《路易·波拿巴的雾月十八日》一文中就说："小农人数众多，他们的生活条件相同，但是彼此间并没有发生多式多样的关系。他们的生产方式不是使他们互相交往，而是使他们互相隔离。……每一个农户差不多都是自给自足的，都是直接生产自己的大部分消费品，因而他们取得生活资料多半是靠与自然交换，而不是靠与社会交往。……这样，法国国民的广大群众，便是由一些同名数相加形成的，好像一袋马铃薯是由袋中的一个个马铃薯所集成的那样。"[1] 马克思在这里虽然是在讲法国农民的，但是中国古代的农民也存在类似的情况。由于自给自足的自然经济特点决定了农民彼此之间存在很大的隔阂，难以联合起来进行维护自身权利的斗争。他们放弃了对民主政治权利的争取，幻想着能够有一种外部的力量来保护自己。所以，在严重的阶级对立下，那些手中无权而又缺乏有效联合的平民百姓，通常是乞求"清官"能够施恩于己，呼唤的是青天大老爷能爱民如子，为自己做主。因此，"清官"也就成了身处绝境中的小农个体期盼的"救星"。

从思想文化角度看，儒家文化对封建官吏的长期熏染也是清官产生的重要因素。儒家思想是中国封建社会占据主导地位的思想，在儒家廉德思想文化的影响下，中国传统社会中逐渐形成了以清正、廉洁、爱民为核心的官德

---

[1] 《马克思恩格斯全集》第 8 卷，人民出版社 2016 年版，第 217 页。

文化。许多封建官吏都将"修身、齐家、治国、平天下"作为自己终身奉行的信条和奋斗目标。可以说，"廉政爱民"既是为官牧民职责使命的基本要求，也是践行儒家为政以德思想理念的具体体现。

当然，没有"浊"就无所谓"清"，没有"贪"就无所谓"廉"。清官与贪官往往是相比较而言的，是在二者的博弈与对峙中而产生的。正如有学者所指出的，"清官与贪官虽然是封建帝王的左右手，但二者在品质、观念和行为上终究是对立着的双方，他们之间的斗争不可避免地经常发生。清官视贪官为官场中的蠹虫，帝王身边的奸佞，倾覆国家危害百姓的邪恶势力，要尽全力将其除恶务尽；而贪官也将清官视为自己攫取权柄和聚敛财物的直接障碍，眼中钉和肉中刺，同样欲加以排斥甚至置之于死地"[1]。正是在封建官场黑暗、贪腐恣意横行的社会大背景下，清官才显得格外"闪耀"。

三　清官循吏之典范

翻开中国的二十五史，不难发现，与众多的"贪官"相比，"清官"可能只是凤毛麟角。明末清初的史学家张岱在其所著的《夜航船》卷七"清廉类"中，列举的清官也不过40位。[2] 据不完全统计，二十五史中，十九史有《循吏列传》，共涉及的循吏有240人左右。[3] 这些廉洁自持的清官廉吏，他们忠君爱国、勤政爱民、秉公执法，为世人所称道。透过历史的尘埃，我们不难发现有一批清官循吏，诸如包拯、海瑞、于成龙、张伯行等人，他们是践行儒家廉德思想之典范，也是后世为官之楷模。

（一）铁面无私的包青天

包拯（999—1062年），字希仁，北宋庐州（今安徽合肥）人。他为官清廉，秉公执法，刚直不阿，心地敦厚，堪称中国古代历史上清官廉吏的典范。包拯出身贫寒，自幼勤奋用功，饱读经书，二十八岁考中进士，先后被任命为大理评事、建昌知县。因父母年事已高，遂弃官侍奉双亲。直至数年之后，双亲故去，包拯才重返仕途。

---

① 于铁丘：《清官崇拜谈：从包拯到海瑞》，济南出版社2004年版，第216—217页。
② 参见王春瑜《说说古代的清官》，《求是》2005年第3期。
③ 参见程遂营《"二十四史"〈循吏〉、〈酷吏〉列传与中国古代监察官的选任》，《北方论丛》2001年第1期。

包拯为官清正廉洁，节俭无私。他在《孝肃包公奏议·乞不用赃吏疏》中说："臣闻廉者，民之表也；贪者，民之贼也。"1039 年，包拯出任端州（今广东肇庆）知州。端州自古出产一种名贵的石砚——端砚，位列古代四大名砚之一。刘禹锡曾有诗曰"端州石砚人间重"。北宋时期，端砚成为上层权贵竞相追逐的对象，致使砚工苦不堪言，怨声载道。包拯得知后决心一改此弊，命人张贴告示，让工匠和作坊每年只向州衙缴纳进贡的端砚，各级官吏只能如数收取，不能额外加收。这样既不劳民，也有利于澄清官场。当包拯离任时，发现有老百姓偷偷将一方端砚放入其行囊之中，包拯随即将那块名贵的端砚扔入江中。于是，民间就留有"岁满不持一砚归"的故事。包拯为官二十余载，生活节俭，不置房产，并且告诫后世子孙要廉洁自律，"后世子孙仕宦，有犯赃者，不得放归本家，死不得葬大茔中。不从吾志，非吾子若孙也"（《宋史·包拯传》）。

包拯为官秉公执法，刚直不阿。据《宋史·包拯传》载："拯立朝刚毅，贵戚宦官为之敛手，闻者皆惮之。人以包拯笑比黄河清，童稚妇女，亦知其名，呼曰'包待制'。京师为之语曰：'关节不到，有阎罗包老。'"包拯出任过多地的地方官，深刻认识到秉公执法的重要性。他认为"法令者，人主之大柄"，无论是谁违法都必将被追究。包拯的表舅倚仗包拯任知府，横行乡里，胡作非为。受害人将状子告到包拯处，包拯随即传唤舅舅，升堂审讯，询明情况后，命衙役按照律法杖打舅舅七十大板。消息传开，百姓称赞包拯执法公正，亲族中人自是再无人敢为非作歹了。仁宗皇帝爱妃的伯父张尧佐并无真才实学，因善于投机取巧，担任了多个要职。满朝文武虽颇为不满，却不敢谏言。包拯却敢于犯颜谏诤仁宗皇帝，直言"赏者必当其功，不可以恩进。若滥赏必行，必然有损于皇帝尊严，使朝纲紊乱"，恳请皇帝收回成命。可以看出，包拯铁面无私，无所畏惧，即使是皇亲国戚，也不留情面。

包拯为官体恤民情，爱民如子。包拯认为"民者，国之本也，财用所出，安危所系"，必须爱惜民力。他任职于户部时，就非常注重发展生产，关心民间疾苦。有一次，巡视山西，发现漳河两岸土地肥沃，有大片土地却被划定为军马牧场，不许百姓耕种，包拯感觉不合理，就"请悉以赋民"，结果增产了很多粮食。按照旧制：凡是诉讼不得径直诉至庭前，而必须先把状纸交给衙门的"门派司"，由他们转收诉状。有些属吏便从中勒索钱财。包拯任开封府知府时，就敞开衙门，让老百姓直接投递状纸，不管有钱没钱，都能申冤雪恨。有一次，开封连降暴雨，蔡河暴涨，直淹京城。包拯一方面率领民众奋力抗洪，另一方面又亲查洪灾的原因。当查明是因"中官势族筑园榭，侵惠民河，以故河塞不通"。包拯大怒，即刻下令将淤塞河道的权贵们修建的花园亭榭全部拆除，保障了百姓的生命财产安全。所以，包拯一生清廉为官、秉公执法、刚直不阿、体恤民情，深得百姓的拥护与爱戴，人们尊称其为"包青天"，并且修建"包公祠"以示纪念。

（二）勤政为民的海青天

海瑞（1514—1587年），字汝贤，广东琼山人。嘉靖二十八年（1549）中举，但后来两次会试不第。嘉靖三十三年（1554），接受吏部任命为南平教谕。嘉靖三十七年（1558），擢升为浙江淳安县知县。此后，踏入仕途，为官二十余载。

海瑞为官爱民如子。在任淳安知县时，就为淳安的老百姓办了许多实事、好事。对全县的土地进行重新丈量，清查人口，按照实际的土地与人口分摊赋税与徭役。推行保甲制度，组织村民自卫，强化治安。兴修水利，开垦土地。嘉靖十二年（1533），调任兴国知县。海瑞到任后，深入民间，体察民情，明察暗访，查找症结，制定对策，提出"兴国八议"。从"议屯田""议地利""议隘所""议均赋役""议红站马船""议招抚逃民""议哨所""议革冗员"八个方面入手，进行综合治理，在不到一年半的时间里，兴国容貌大变。隆庆三年（1569），海瑞担任右佥都御史，巡视应天十府，发现水利年久失修，水灾频发，赋役沉重，土地集中，百姓困苦。"瑞锐意兴革，请浚吴淞、白茆，通流入海，民赖其利。素疾大户兼并，力摧豪强，抚穷弱。贫民田入于富室者，率夺还之。"（《明史·海瑞传》）

海瑞为官不畏权贵、刚直不阿。据《明史·海瑞传》载："御史诣学宫，属吏咸伏谒，瑞独长揖，曰：'台谒当以属礼，此堂，师长教士地，不当屈。'"早年在南平任县学教谕时，有位巡抚御史到南平视察，所有学员、训导、教谕都到城外列队跪拜迎接，唯独海瑞一人挺立不跪。他认为学校非官府，为人师表要有尊严，所以他只是作揖为礼，得了个"笔架博士"之雅号。《明史·海瑞传》中还说："宗宪子过淳安，怒驿吏，倒悬之。瑞曰：'曩胡公按部，令所过毋供张。今其行装盛，必非胡公子。'"时任江浙总督的胡宗宪，权势很大。其子仗势欺人，飞扬跋扈。有一次，胡宗宪的儿子路过淳安，嫌驿吏照顾不周，遂对其严加拷打。海瑞获知此事，立刻率人教训了胡宗宪的儿子。担任户部云南司主事时，针对嘉靖皇帝迷信道教，热衷祥瑞，修炼道法，生活奢华，不理朝政，奸臣当道的弊病，海瑞作《治安疏》，痛斥皇帝的不当之举，指责皇帝的种种过失。《明史·海瑞传》中记有："帝得疏，大怒，抵之地，顾左右曰：'趣执之，无使得遁！'宦官黄锦在侧曰：'此人素有痴名。闻其上疏时，自知触忤当死，市一棺，诀妻子，待罪于朝，僮仆亦奔散无留者，是不遁也。'帝默然。少顷复取读之，日再三，为感动太息，留中者数月。尝曰：'此人可方比干，第朕非纣耳。'"嘉靖皇帝读后，颇为愤怒，但又深受感动。还有，老相国徐阶罢相之后回到江苏华亭县老家，成为当地最大的地主，兼并土地无数，家人横行乡里，欺压百姓。海瑞不畏权贵，秉公办案，对徐家违法乱纪者一律惩处。

海瑞为官清廉俭朴。《明史·海瑞传》中载："［瑞］布袍脱粟，令老仆艺蔬自给。"有一次，海瑞给自己的老母亲过生日，从街上买了两斤肉，竟遭浙江总督胡宗宪嘲笑。"总督胡宗宪尝语人曰：'昨闻海令为母寿，市肉二斤矣。'"隆庆五年（1571），罢官在家的海瑞，并无多少积蓄，只靠祖传的十亩薄地、家人编织草鞋出售或自己写文楹维持生活。《明史·海瑞传》中还说："瑞无子。卒时，金都御史王用汲入视，葛帏敝簏，有寒士所不堪者。因泣下，醵金为敛。小民罢市。丧出江上，白衣冠送者夹岸，酹而哭者百里不绝。赠太子太保，谥忠介。"海瑞去世后，皇帝派的御史王用汲检视他的行囊，仅有俸金八两，葛布一端，旧衣数件，比一般的寒士还要清贫。可以说，海瑞刚直不阿、为民请命、廉洁俭朴的清官形象，深深地镌刻在了百姓的心中，受到百姓爱戴与传颂，以至于民间流传着"千古清官，北有包拯，南有海瑞"。

（三）天下廉吏第一的于成龙

于成龙（1617—1684 年），字北溟，山西永宁人。顺治十八年（1661），获授广西罗城知县。四十五岁的于成龙，初到罗城时，看到的是当地贫穷落后、经济凋敝。他着力恢复地方秩序，发展农村经济，放宽地方徭役，兴建学宫，创设养济院，废除恶俗陋习。不久后，罗城面貌大变，百姓富足，"柄穗被野，牛羊满山"。当于成龙离任罗城时，县民聚集"遮道呼号：'公今去，我侪无天矣！'追送数百里，哭而还"。当于成龙任合州知州时，大力革除宿弊，整顿吏治，减除徭役，重划田庐，招民垦田，发展生产。

于成龙为官二十余载，始终保持清廉俭朴之风。在罗城任知县时，就曾在致友人的信中写道："数年来，一举一动原非为功名、富贵……日食二餐或日食一餐，读书堂上，坐睡堂上，毛头赤脚，无复官长体统。"[①]康熙十七年（1678），于成龙升任福建按察使，主管福建的司法。赴任前，买了数百斤萝卜置于船中，随从不解地问萝卜不值钱，买那么多萝卜干啥。于成龙回答说，"沿途供馔，得赖此青黄不接的时候，以屑糠杂米野菜为粥"。赴任两江总督时，与别人仪仗结队，执事呵道，兵丁护卫不同的是，于成龙和小儿子一起，雇用了一辆驴车，身上仅带几十文钱，没有进驻专供官员往来吃住的驿馆，只是食宿于路边小店，悄无声息地到达江宁住所。任职于富庶的江南时，"仆从无从得蔬、茗，则日采衙后槐树叶啖之，数为之秃"，于成龙"日食粗粝一盂，粥糜一匙，侑以青菜，终年不知肉味"。《清史稿·于成龙传》中说："成龙历官未尝携家属，卒时，将军、都统及僚吏入视，惟笥中绨袍一袭、床头盐豉数器而已。民罢市聚哭，家绘像祀之。赐祭葬，谥清端。内阁学士锡住勘海疆还，上询成龙在官状，锡住奏甚清廉，但因轻信，或为属员欺罔。上曰：'于成龙督江南，或言其变更素行，及卒后，始知其始终廉洁，为百姓所称。殆因素性鲠直，不肖挟仇谗害，造为此言耳。居官如成龙，能有几耶？'是年冬，上南巡至江宁，谕知府于成龙曰：'尔务效前总督于成龙正直洁清，乃为不负。'又谕大学士等曰：'朕博采舆评，咸称于成龙实天下廉吏第一。'"

（四）天下清官第一的张伯行

张伯行（1651—1725年），字孝先，河南仪丰人。幼承庭训，聪敏好学，品行高尚。康熙二十四年（1685）进士，先后任济宁道台、江宁按察使、福建巡抚和礼部尚书等职。历官二十余年，以清廉刚直著称。

张伯行为官勤政爱民，政绩显著。康熙四十二年（1703），张伯行出任山东济宁道时，正值饥荒之年，百姓流离失所，饿殍遍野。一方面，他从河南家中运来粮米、赶制衣物，免费分发，以解灾民燃眉之急；另一方面，他申报朝廷，并发放仓谷两万余石救济灾民。当地巡抚指责他擅动仓谷，张伯行争辩说：灾情重大，如不急加赈济，灾民性命不保，谁来承担这个责任？假

---

①　匡淑红：《为官史鉴》，第 184 页。

如因擅动粮谷而问罪官员，恐怕以后官员们都以此为戒，只求自保，不顾百姓性命，流弊更大。张伯行"居官若父母"，关心民瘼之情跃然纸上。

张伯行为官清廉，主张"为人要诚实，存心要谨慎，学术要醇正，品行要端正，操守要清廉，任事要勤敏。此居官之急务也"（《困学录集粹》）。赴任济宁道台时，张伯行"不以妻子自随，斋用丝粟以上，皆运致于家，循分自尽，不务为赫赫之名，而人皆信之"。任职于江宁按察使时，张伯行整顿吏治，"不取民一钱"。当康熙皇帝南巡到苏州时，张伯行因廉洁自爱，不巴结上司而得罪了总督、巡抚等人，以致无人举荐。康熙对张伯行说："朕很了解你，他们不举荐你，朕举荐你。将来你要居官而善，做出些政绩来，天下人就会知道朕是明君，善识英才；如果贪赃枉法，天下人便会笑朕不识善恶。"随即擢升其为福建巡抚，并赐以"廉惠宣猷"匾额。康熙四十八年（1709），张伯行调任江苏巡抚，自题"一丝一粒，我之名节；一厘一毫，民脂民膏。宽一分，民受赐不止一分；取一文，我为人不值一文。谁云交际之常，廉耻之伤，倘非不义之财，此物何来"的"禁止馈送檄"匾额悬于大堂之上，表明清廉为官的志向。正是因为张伯行为官生活俭朴，操守极清。去世以后，雍正皇帝赠他谥号"清恪"，取为官清正、恪勤供职的意思。

四　关于清官之评价

关于清官的历史地位与作用问题，早在 20 世纪 60 年代中期，学术界就有过激烈讨论。有学者认为"清官"在漫长历史发展过程中表现出不同形态，发挥了不同的历史作用。在新王朝刚兴起时，他们的历史作用就在于做"好皇帝"的助手和工具；在封建统治机器运转失灵时，他们便不得不比较独立地担负起支撑统治局面的责任。也有学者认为，"清官"都是统治阶级中比较有远见的人物，在当时有所作为、有所改善、有所改良，有利于当时的人民与当时的生产。[1] 20 世纪八九十年代以来，对清官问题的探讨逐渐成为学术界关注的焦点。多数学者肯定了历代封建王朝为数极少的清官，在调和社会关系、护持社会公正与公平的过程中发挥了独特的历史作用，是中国传统社会走向协调、和谐与繁荣的希望所在。综合来说，关于"清官"地位和作用

---

① 参见颖之《"清官"研究综述》，《中国史研究动态》2006 年第 1 期。

之评价，应该处理好以下两个方面的问题。

一要辩证地看待"清官"的实际作用与代表的阶级利益。众所周知，任何个人发挥怎样的历史作用都与其所处的社会历史背景紧密相连，对其进行历史的评价，自然也应该将其置于他所生活的那个历史时代背景之中。对于"清官"历史作用之考量，亦是如此。他们有他们所生活的时代背景，有他们所代表的阶级利益。在中国古代封建官场中，贪污腐败似乎是一种常态，贪官污吏不胜枚举；而清正廉洁者却成了少数和例外。所以，正因如此，那些少数的清正廉洁、刚正不阿、执法公允、关心民瘼、尽职守责的官吏，就显得难能可贵，应该对他们的历史作用给予充分的肯定，值得后世为官者和人民大众赞誉与学习。当然，历史上的清官也有其阶级局限性，他们所代表的是封建地主阶级的利益，其关心民众疾苦或是秉公执法，其根本目的是维护封建统治阶级的整体利益与长远利益。广大人民群众仍然处于被统治的地位中，乞求"青天大老爷"能施恩于他们，以此来维护他们的基本利益。这一点是人们在认识"清官"的历史作用时绝不能忽视的一个问题。

二要历史地分析"清官"的历史作用与时代价值。"清官"是他们所处的那个时代的先进中国人，是封建官僚阶层中的精英，他们注重将社会的整体利益置于个人利益之上，将社会的和谐与安定作为自己政治活动的基本目标。可以说，中国历史上的清官是我国传统社会走向稳定和谐、繁荣发展的希望所在，他们为风清气正社会局面的出现起到了积极的推动作用。当然，"清官"发挥的社会历史作用，也是立足于当时特殊的社会环境。对于今天的中国社会来说，虽然传统意义上的"清官"所依恃的条件已不具备了，但传统"清官"文化中的一些合理因素仍然值得借鉴，有助于在全社会形成反贪倡廉的社会风气，促进廉政文化建设。

第三节　二重变奏：贪腐与倡廉的交织

有学者认为"中国古代的一部二十四史，其实就是一部贪污史"①，也有

---

① 王亚南：《中国官僚政治研究》，商务印书馆 2017 年版，第 178 页。

学者认为"一部二十四史充满了贪污的故事"①。我们看到，在中国古代的历代典籍记述中，既有许多爱民如子、忠君爱国的清官循吏，也有诸多鱼肉百姓、中饱私囊的贪官污吏，尤其是到了一个朝代的统治末期，似乎呈现出无官不贪之势。

一 封建时代官吏贪腐的主要表征

《晋书·殷浩传》中记载了这样一个故事，有人问殷浩："将莅官而梦棺，将得财而梦粪，何也？"殷浩答："官本臭腐，故将得官而梦尸；钱本粪土，故将得钱而梦秽。"通过"梦的解释"，可以反映出封建官场上的贪腐，为官者的臭腐，攫取钱财的肮脏。"三年清知府，十万雪花银"，"无毒不官，无官不贪"似乎是对古代官场进行描绘的常用语。

何谓"贪"？许慎《说文解字》中说："贪，欲物也，从贝，今声。"春秋时期以前，对贪赃枉法之罪称为"墨"，秦汉时称"受赇枉法"。也就是说，"贪"最初单纯地表示非法占有财物，后来发展成为因占有不义之财而干涉司法裁定，说明"贪"已经由经济上的不检演变为政治上的肮脏。② 古代对"贪"字的注释多达十六项，组成的词汇有贪婪、贪食、贪墨、贪污、贪心等。③ 贪官，就是（中国古代）官吏队伍中的好贪者。他们利用手中的职权与影响，不择手段地去换取一切自己希望得到的东西；他们不仅贪财，而且贪权、贪色、贪名、贪乐。大多数贪官往往都是集几贪于一身。尽管贪官名目林林总总，综合来看主要表现在以下几个方面。

其一，贪财。"财"具体包括了金钱和物品。历史上，为官贪财者比比皆是。春秋时期，晋国的羊舌鲋，官至晋国大夫、代理司马、代理司寇，是我国历史上第一个见诸文字记载的大贪官，也是第一个被以"墨"罪论处、杀头示众的人。他在任职期间，"渎货无厌"，"邀宠窃官"，"卖法纵贪"，劣迹昭彰。有一次，羊舌鲋率晋军三十万人，战车一千辆向东进发。途经卫国，他命令军队驻扎下来，求货于卫国。卫国没有理会他，他就以厉兵秣马为名随地乱砍柴草，弄得处处狼烟，并放纵士兵骚扰百姓，有的村庄被洗劫一空。

---

① 吴晗：《历史的镜子》，沈阳出版社 2020 年版，第 13 页。
② 参见匡淑红《为官史鉴》，第 16 页。
③ 参见汪金友《贪官论》，《学习月刊》1998 年第 1 期。

卫国只好派大夫屠伯代表卫国国君，带上精美的绸缎和美味的羹汤献给羊舌鲋。西晋时期的石崇，与晋武帝的舅舅王恺斗富大获全胜，可谓"富可敌国"。他的财富主要是任荆州刺史侵吞和拦劫沿途客商得来的。北宋的蔡京，在王安石推行变法之际，投机取巧，通过种种卑劣手段与宦官童贯狼狈为奸，终至相位。蔡京为相时，假公济私，广为聚敛，富可敌国。晚年"既贵而贪益甚"，还不惜造假账，领双份俸禄，贪婪无耻之极。清代的和珅，当家产被查抄时，总计约有 8 亿两白银，超过当时朝廷 10 年的收入。

其二，贪色。"食色，性也。"其实，无论是"食"，还是"色"，都不能过度。越过"度"的界限，即为"贪"。贪食，有害于身体；贪色，有害于身家性命。《左传·成公二年》中说"贪色为淫，淫为大罚"。常言道"英雄难过美人关"。在色贿、美人计面前，有数不胜数的官员前仆后继地倒下。春秋时期，晋国的羊舌鲋不仅贪财，还十分贪恋美色。有一次，晋国的两位有权势的人物邢侯和雍子因划分田产的边界问题而起纠纷，羊舌鲋接手此案后，雍子为了打赢官司，竟然将自己颇有姿色的女儿嫁给羊舌鲋。羊舌鲋喜得美人后，不问是非曲直，直接宣判将邢侯的部分田产划归雍子。邢侯不服，怒拔长剑将羊舌鲋和雍子杀死。可以说，羊舌鲋因贪恋美色而葬送了性命。宋代罗大经《鹤林玉露》中记载了这样一个故事：南宋绍兴年间，番禺的军政长官王鈇，胡作非为，民怨沸腾，声名狼藉。朝廷决定调韩璜为广东提点刑狱公事负责对王鈇立案审查。王鈇自知大祸临头，如惊弓之鸟，寝食难安。他的小妾见王鈇心事重重，便问他为何事担忧。王鈇将韩璜要来广东查处他之事告诉小妾。小妾回答说，韩璜他认识，让王鈇请他饮酒，她有办法败坏韩璜的操守。韩璜果真接受宴请，结果酒后失性、酒后失德。当酒醒后，韩璜发现自己身上穿着舞衣，脸上涂着粉墨，羞愧得无地自容。对王鈇的案子，他也不敢过问。从此他臭名远播，并很快遭到弹劾。可以说，王鈇因贪色而丢了官职。

其三，贪权。腐败的本因应该是贪图权力，而贪恋金钱和美色多是表象。有人说，贪污是小腐败，贪权才是大腐败，贪权比贪财更可怕。在封建官场上，贪官们为了谋取更大的权势，竭尽所能、不择手段，上演了一幕幕政治悲剧。明代的严嵩，可谓官吏贪权的代表性人物。他进士出身，学问很好，诗词书法造诣颇深，深得嘉靖皇帝的赏识和信任。但是，严嵩的兴趣不在于追求颐养天性，而是在探讨君臣治国治人的权术和谋略上。严嵩大权在握之时，不是致力于如何为国效力，为君分忧上，而是有恃无恐、独断专行，大肆索贿受贿、卖官鬻爵。据史料记载，严氏柄国，官无大小，皆有定价。文官州判三百两，通判五百两；武官指挥三百两，都指挥七百两。① 多行不义必自毙。严嵩的种种恶行引起众怒，嘉靖皇帝下令查办。严嵩最后浪迹荒野，寄食度日。

总之，历史上的贪官形形色色，不胜枚举；贪腐之风，愈演愈烈。其实，我们看到很多贪官，并不是一开始就腐败，本质上就是坏的。比如，和珅最初为官之时，精明强干，为政清廉，颇有政绩。他曾拒收安明所送的礼物，督办云贵总督李侍尧贪污案。但是，到了后来和珅为何会利欲熏心、野心膨胀、独揽大权、大肆贪污呢？其中之原因，值得人们深刻思考与探讨。

二 贪腐不绝与清官稀少之原因

从中国古代历史上看，不难发现这样一种现象：一面是明君贤臣和清官廉吏积极倡廉反腐，另一面是贪官污吏和乱臣贼子中饱私囊、贪污腐败。那么，为什么会出现这种"惩贪而贪官不绝，倡廉而廉官罕见"的悖论呢？

（一）中国古代为何贪腐不绝

美国学者劳努说，"腐败是政府最大的痼疾，其危害仅次于暴政"（《贿赂》）。腐败之害，众所周知。那么，腐败产生之原因何在呢？中国古代为何会出现惩贪而贪腐不绝的现象？

其一，封建君主专制政体的存在是贪腐始终存在的根本原因。从根本上说，腐败的出现与古代社会实行君主专制的政体密切相关。权力与私欲的膨胀往往与腐朽的专制统治有着不解之缘。贪污腐败在王朝统治的初始即已产生，并伴随着王朝统治的盛衰而消长。所以，数千年来，我们看到历史发展呈现着"腐败—反腐—再腐败—再反腐"这样一个循环往复的怪圈，有人将其称为"历史周期律"。也就是说，中国古代社会官吏腐败的弊端出自君主专制政体本身。皇帝是国家的最高统治者，国家的一切权力，包括立法权、官吏任免权、司法权等都集中在君主手中。权力的集中和世袭继承制，导致了

---

① 参见匡淑红《为官史鉴》，第302页。

大批幼君、昏君的出现。比如，西汉历经 15 代皇帝，其中 16 岁以下的继位者有 8 人，占总数的 57.1%；东汉帝王共 14 代皇帝，16 岁以下的继位者有 11 人，占总数的 84.6%；清朝共 12 代皇帝，幼君共 5 位，占总数的 45.5%。由于幼君即位不能正常行使权力，所以导致皇权旁落，宦官、外戚或侯臣的专权干政，腐败滋生蔓延。此外，封建君主们代表的是封建官僚集团的整体利益，他们最为关心的是如何巩固中央集权，防止大权旁落。所以，对大臣的要求首先是忠君。这一为政思想，在一定程度上也刺激了腐败的滋生。

其二，法律制度不完善是中国古代腐败滋生蔓延的重要原因。"有权必腐，极权极腐。"中国古代腐败的滋生蔓延与整个社会的体制机制本身存在一定的缺陷密切相关。比如，管理权与所有权的分离。也就是说，土地与人口是归专制君主所有的，而管理者正是各级官吏。他们所征集来的赋税和力役，要全部归国家财政所有。这种只有暂时的管理权而无所有权的状况，导致官吏们只顾眼前利益而不顾及长远利益，只做表面文章而不顾实际，只求上级认可而不顾百姓的利益。在此情况下，封建官吏们便一有机会就大肆牟取私利。还有，腐败分子和惩治腐败者同属一个阶级，根本利益上的一致性决定了他们在进行反腐败时，带有很大的局限性和不彻底性。统治阶级内部在剥削压迫劳动人民时，往往是相互勾结、相互利用；在利益分赃时又相互倾轧、相互争夺。可以说，中国历史上的反腐败之所以会出现惩贪而贪腐不绝，根本上是由于统治阶级的阶级利益上的局限性造成的。

其三，官员的俸禄微薄也是导致中国古代贪腐不绝的一个重要因素。虽然说"高薪"未必就能"养廉"，但是"低俸"却极易滋生腐败。有学者对中国古代官吏的俸禄问题进行研究时，以宋代为例，计算了当时的主要谷物、米价、消费量和官僚集团的规模后而得出这样一个结论：能够全赖俸禄生活的官吏是不存在的，也就是说，纯靠俸禄生活的官僚是不可能的。当然，这位学者的结论是否正确，值得商榷。但是，这也从一个侧面反映出了中国古代存在着一定程度的"低俸"问题，这当然是不利于官员勤廉为政的。正是基于此，许多帝王就提出要"增俸养廉"。汉宣帝曾下诏说："今小吏皆勤事，而俸禄薄。欲其毋侵渔百姓，难矣。其益吏百石以下增俸十五。"（《汉书·宣帝纪》）唐太宗曾接受中书舍人高季辅"外官卑品贫匮，宜给禄养亲"的建议，扩大地方官吏的俸禄发放范围，用以养廉。宋太祖也曾指出："吏员猥多，难以求治；俸禄鲜薄，未可责靡。与其冗员而重费，不若省官而益俸。"雍正皇帝也是高薪养廉的积极实践者之一。他鉴于官员的俸禄低微，开支浩大，便将种种"陋规"合法化，公开给官员生活、办公补助费，防止他们中饱私囊、贪污受贿。当然，从理论上说，高薪并非养廉的充分条件，因为一个官员能否廉洁取决于多种因素。

（二）中国古代清官稀少的原因

在整个封建官僚阶层中，"清官"与"循吏"可谓寥若晨星，这在很大程度上是受其阶级局限所决定的。也就是说，他们的阶级地位决定了他们的人生观和价值观，使得他们不可能放弃个人的私利和阶级利益，而去为普通民众谋福利。他们从来没有，也不可能把为官从政与为民兴利联系起来。他们在各自的位子上，能够尽到自己应尽的工作职责，就已经是颇为难得的事情了。具体来说，中国古代清官稀少，其原因主要在于以下几个方面。

其一，儒家廉德思想本身存在一定的理论局限性。儒家思想是中国封建社会的统治思想，儒家廉德思想的教育和影响，对官吏的清廉为政具有积极意义。同时，能够真正践行儒家廉德思想的官员较为稀少，也从另一个方面反映出儒家廉德思想本身存在一定的不足。

从经济角度看，儒家廉德思想与人类的经济行为存在某种程度的背离。西方古典政治经济学，包括新制度经济学派在内，都认为人类的经济行为就是要追求财富的最大化。马克思主义也认为，物质利益关系是人类最基本的经济关系，人们所做的一切都与物质利益关系有关。马克思说"人们奋斗所争取的一切，都同他们的利益有关"[①]。儒家传统利益观主张的是"重义轻利""先义后利"。那么，这种"义利观"在为官从政中表现出来的就是个人利益要服从于集体利益，局部利益服从于整体利益。当二者发生冲突时，要维护整体利益，舍弃个人利益乃至生命。在分配问题上，儒家也主张平均，不允许财富消费上任何个人的奢侈行为。所以，在儒家这种道德标准要求下，官吏们应该"甘于清贫"，要"舍小家顾大家"，要鞠躬尽瘁、死而后已，秉公办事，铁面无私，勤俭节约等。事实上，用这样的道德标准去要求封建官吏，存在着要求标准过高、评价标准过全的问题。试想一下，制定了一个过

---

① 《马克思恩格斯全集》第 1 卷，人民出版社 1956 年版，第 82 页。

高的而又不切实际的标准，大部分的官吏都无法做到，那这样的标准就无异于空中楼阁，它只能存在于美好的期冀之中，不具有实现的必然性。

从政治角度看，高度集中的权力体制是儒家廉德思想实施中难以突破的樊篱。中国古代实行的是君主专制制度，是典型的人治社会，其突出的特点是权力高度集中在最高统治者一人手中。在这种政治权力体系的内部和外部，都缺少对君主个人权力的制约。失去监督的权力必然导致腐败，封建的君主就是最大的腐败者。虽然有法律，但君主都是凌驾于国家法律之上的；虽然有监察机关，但君主的权力不受其制约，那只是皇权用以监控百官，排除异己的工具。"上者，下之师也"，君主是臣民的表率；"官为民仪"，官吏是老百姓的榜样。在封建国家中，君主腐败，官吏贪赃枉法，民众缺乏政治自立意识，廉德思想自然就难以实施。

其二，缺乏皇权的支持。从某种意义上说，中国古代清官的出现是古代皇权的产物。在中国古代社会中，皇权是一切权力之源。我们看到，历史上清官的出现与皇权的支持紧密相关。如果没有皇权的支持，也就不会成就清官的辉煌。宋代的包拯，明代的况钟、海瑞，清代的于成龙、张伯行等清官，都是在皇帝的大力支持下，他们才成绩斐然；相反，如果失去皇帝的支持，他们往往会受到黑暗官场的排挤和打压。清官只是皇权加强对老百姓进行统治的工具，他们的活动范围和空间是受到一定限制与约束的，如果超出了必要的界限，就会失去皇权的支持，自然其清官之念就无法得到实践，清官事业就不会成就。历史上，真正政治开明的君主确实颇为难得，自然清官就颇为稀少了。

本章小结

从中国历史发展的实际来看，"中国历史上每个王朝灭亡的具体原因很复杂，但是，究其根源无不与这些腐败有着千丝万缕的联系。腐败导致灭亡，严重的腐败导致速亡"①。腐败会导致人亡政息，这是一条亘古不变的历史规律。相反，中国古代封建盛世局面的出现，无论是文景之治、贞观之治，还

---

① 卜宪群：《中国历史上的腐败与反腐败》，第1页。

是洪武中兴、康乾盛世，又无不是与封建统治者的积极倡廉反腐密切相关。可以说，"能廉则政兴"。

同时，我们也清楚地看到，即使是在汉唐明清等封建王朝的盛世时期，也都存在着一定程度的腐败，甚至是较为严重的腐败，但为什么国祚仍能延续数百年之久呢？仔细探究，不难窥见其中的关键原因所在：腐败并不可怕，关键在于能否对其进行有效的廉政治理。比如，唐太宗践行着清廉为政的思想，大力整顿吏治，加强廉政治理，为贞观之治局面的出现起到至关重要的作用。

当然，反腐和倡廉二者是紧密相连的。反腐必须倡廉，倡廉的基础是要切实进行反腐。同时，反贪与倡廉又是整饬吏治的两种刚柔兼具的利器，应该把这两者有机地结合起来。正如《明史·魏观传》中所说："太祖起闾右，稔墨吏为民害，尝以极刑处之。然每旌举贤能，以示劝勉，不专任法也。"这样，就会逐渐形成事前预防、事后惩治、防惩并举的腐败治理方略。

第七章 儒家廉德思想的当代价值

　　新民主主义革命的胜利是中国历史发展的一个重要转折。它结束了几千年来封建地主阶级剥削统治广大劳动人民的历史，结束了近百年来帝国主义列强瓜分奴役中国人民的历史，开创了中国历史发展的新纪元。此后，经过社会主义改造的胜利完成，我国初步建立起了社会主义制度。"社会主义的根本制度从本质上看是反腐败的，消灭腐败的，所以，廉洁政治是社会主义的一个重要特征，是社会主义的优越性在政治上的一个重要体现。"① 可以说，生产资料公有制、社会主义民主政治和社会主义先进文化为社会主义国家防治腐败奠定了重要基础。中华人民共和国成立 70 多年来，经过几代中央领导集体廉政建设的不懈努力，我国的腐败问题得到了一定程度的遏制，但目前面临的形势依然严峻复杂。因此，如何进行有效的廉政治理，成为当前我国实现国家治理现代化的一项重要任务。以儒家为代表的中国传统廉政文化与马克思主义廉政理论具有内在的会通性与一致性。在大力弘扬中华优秀传统文化和中央强力反腐的时代背景下，积极借鉴儒家廉德思想智慧，推进党风廉政建设和反腐败斗争具有重要的理论与现实意义。

第一节 儒家廉德思想与新时代廉政建设的契合

　　面对严峻的反腐败斗争形势，应该如何进行有效的廉政治理呢？习近平总书记在十八届中央政治局第五次集体学习时就强调："深入推进党风廉政建设和反腐败斗争，需要坚持发扬我们党在反腐倡廉建设长期实践中积累的成功经验，需要积极借鉴世界各国反腐倡廉的有益做法，也需要积极借鉴我国

---

① 宋振国等：《各国廉政建设比较研究》，知识产权出版社 2005 年版，第 117 页。

历史上反腐倡廉的宝贵遗产。研究我国反腐倡廉历史，了解我国古代廉政文化，考察我国历史上反腐倡廉的成败得失，可以给人以深刻启迪，有利于我们运用历史智慧推进反腐倡廉建设。"① 以儒家为代表的中华优秀传统廉政文化与当代中国廉政建设存在着理论和实践方面的诸多契合之处，为我们借鉴儒家廉德思想进行廉政建设提供了一种现实可能。

一 儒家廉德思想与马克思主义廉政思想的理论会通

（一）马克思主义经典作家的廉政思想

马克思主义经典作家在廉政建设方面的重要贡献，不仅表现在他们创立的基本原理对防治腐败具有方法论上的指导意义，而且还对腐败产生的根源、治理对策等具体问题有详细的论述。

马克思、恩格斯虽然没有直接领导无产阶级进行政权廉政建设和反腐败斗争，但他们对廉政问题还是进行了一定的论述。一是深刻剖析了腐败现象产生的根源。马克思、恩格斯认为，腐败根源于经济的私有制和国家政权的存在。正是因为私有制、阶级和国家产生，腐败现象才随之出现。国家凌驾于社会之上，就导致了国家政权变成某个特权阶级谋取自身特殊利益的一种工具。所以，在整个阶级社会，腐败是根本无法消除的。只有到了共产主义社会，腐败才能最终被消灭。基于历史唯物主义方法分析，他们认为"高高凌驾于社会之上的国家政权，实际上正是这个社会的莫大耻辱，是一切龌龊事物的温床"②。二是提出了建立"廉价政府"的主张。在《法兰西内战》中，马克思认为"公社实现了所有资产阶级革命都提出的廉价政府的口号，因为它取消了两项最大的开支，即常备军和官吏。公社存在本身就是对那至少在欧洲是阶级统治的通常累赘和必要伪装的君主制度的否定。公社给共和国奠定了真正民主制度的基础。但是，无论廉价政府或'真正共和国'，都不是它的终极目的，而只是伴随它出现的一些现象"③。可以说，大规模的政府节约和政治改造是巴黎公社的重要遗产，也是马克思、恩格斯建立"廉价政府"的政治基础。此外，巴黎公社还实行普遍自由公正的选举，人民享受真

---

① 《习近平谈治国理政》，外文出版社 2014 年版，第 390 页。
② 《马克思恩格斯选集》第 2 卷，人民出版社 1972 年版，第 374 页。
③ 《马克思恩格斯选集》第 2 卷，第 377—378 页。

正的普选权；公职人员成为人民的公仆，不享有任何特权。"公社是由巴黎各区通过普选选出的市政委员组成的。这些委员是负责的，随时可以罢免。"①三是加强对权力进行民主监督。马克思认为，防止和反对无产阶级政权出现腐败现象，关键在于要加强对权力进行监督，将一切公职置于人民的监督之下。对权力进行监督，主要包括人民民主监督和党内民主监督两种形式。恩格斯说："为了防止国家和国家机关由社会公仆变为社会主宰……公社采取了两个正确的办法。第一，它把行政、司法和国民教育方面的一切职位交给由普选选出的人担任，而且规定选举者可以随时撤换被选举者。第二，他对所有公职人员，不论职位高低，都只付给跟其他工人同样的工资。这样，即使公社没有另外给各代议机构的代表规定限权委托书，也能可靠地防止人们去追求升官发财了。"② 对于无产阶级政党来说，发扬党内民主，也可以有效地预防权力腐败。恩格斯说："组织本身是完全民主的，它的各委员会由选举产生并随时可以罢免，仅这一点就已堵塞了任何要求独裁的密谋狂的道路。"③

俄国十月社会主义革命胜利后，列宁领导的布尔什维克党成了国家的执政党。对于列宁和布尔什维克党而言，他们面临的首要问题就是如何把无产阶级政权建设成为一个廉洁政权，克服党内出现的官僚主义和贪污受贿。为此，列宁就如何加强廉政建设、预防和惩治腐败问题进行了积极探索。

一是思想上高度重视反腐倡廉工作。针对执政后的布尔什维克党内出现的官僚主义现象，列宁强调指出："我们所有经济机构的一切工作中最大的毛病是官僚主义。共产党员成了官僚主义者。如果说有什么东西会把我们毁掉的话，那就是这个。"④ 针对党内滋生的贪污受贿现象，列宁也明确地指出"共产党员的狂妄自大"和"贪污受贿"是摆在共产党员面前的敌人。他还说："只要有贪污受贿这种现象，只要有贪污受贿的可能，就谈不上政治。在这种情况下甚至连搞政治的门径都没有，在这种情况下就无法搞政治，因为一切措施都会落空，不会产生任何结果。在容许贪污受贿和此风盛行的条件

① 《马克思恩格斯选集》第3卷，人民出版社1995年版，第55页。
② 《马克思恩格斯全集》第22卷，人民出版社2016年版，第229页。
③ 《马克思恩格斯全集》第21卷，人民出版社2016年版，第251页。
④ 《列宁全集》第52卷，人民出版社2017年版，第288页。

下，实施法律只会产生更坏的结果。"① 可见，列宁把反对官僚主义和贪污受贿问题提到了事关党的事业发展和政治成败的重要高度。

二是深刻分析了腐败现象产生的原因。为了对腐败进行有效的治理，列宁从主客观两个方面深入地分析了腐败产生的原因。从客观方面来看：其一是旧社会官僚思想遗留的影响。列宁认为"沙皇时代的官僚渐渐转入苏维埃机关，实现官僚主义，装成共产主义者，并且为了更便于往上爬而设法取得俄国共产党的党证"②。其二是政治体制方面的影响。"苏维埃政权在原则上实行了高得无比的无产阶级民主，对全世界作出实行这种民主的榜样，可是这种文化上的落后却限制了苏维埃政权的作用并使官僚制度复活。说起来苏维埃机构是全体劳动者都可以参加的，做起来却远不是人人都能参加，这是我们大家都知道的。"③ 列宁还认为，当时的苏维埃国家机关是半贵族老爷式的玩具性机构，还保留着革命前的糟糕透顶的状态，仍然是一些最典型的旧式国家机关。④ 其三是文化落后方面的因素影响。列宁认为，俄国文化落后是导致腐败现象产生的重要社会根源。他说："由于文化水平这样低，苏维埃虽然按党纲规定是通过劳动者来实行管理的机关，而实际上却是通过无产阶级先进阶层来为劳动者实行管理而不是通过劳动群众来实行管理的机关。"⑤ 从主观方面来看，掌权者如果自私观念严重，那么这类人掌权以后，就很容易产生腐败。

三是全面阐释了治理与防范腐败的基本对策。列宁认为，贪污腐化和官僚主义作风是国家机构中的"脓疮"，必须采取一切可能的措施与之进行坚决的斗争。其一，要加强干部队伍自身建设。列宁认为领导干部是事关一切工作能否取得成功的关键，是预防和惩治腐败的主要力量，必须重视干部队伍建设。一方面，严格干部队伍的选用制度。要严把入党关，切实保证党的纯洁性。列宁就说"徒有其名的党员，就是白给，我们也不要"⑥。在公开选拔干部时，要充分重视干部的素质和能力。他说"应当广泛地、有计划有步骤

---

① 《列宁全集》第 42 卷，人民出版社 2017 年版，第 210—211 页。

② 《列宁全集》第 36 卷，人民出版社 2017 年版，第 154 页。

③ 《列宁全集》第 36 卷，人民出版社 2017 年版，第 152 页。

④ 参见周卫东《廉政理论研究》，中央编译出版社 2005 年版，第 150 页。

⑤ 《列宁选集》第 3 卷，人民出版社 1995 年版，第 770 页。

⑥ 《列宁选集》第 4 卷，人民出版社 1995 年版，第 51 页。

地并且公开地挑选最优秀的经济建设人才，挑选专业的和一般的、地方的和全国的行政管理人员和组织人员"①。另一方面，要不断加强对党员干部进行思想政治教育。只有通过不断的教育与个人学习，才能消除干部的升官发财思想和特权思想，提高公仆意识。他说"我们一定要给自己提出这样的任务：第一是学习，第二是学习，第三还是学习"②。其二，要建立健全各种体制机制。列宁认为完善的体制机制可以有效地预防腐败现象的发生。因此，他提出要建立健全各种相关制度，如不断完善领导机制，坚持集体领导与个人分工负责相结合；不断完善干部机制，实行任职回避制度、低薪制等；不断完善监督机制，把人民群众的民主监督、党内专门机构的监督和舆论监督三者结合起来。其三，要依法严惩各种腐败行为。一方面，要不断完善相关的法律法规，使人们做到有法可依。列宁说："苏维埃的法律是很好的，因为它使每一个人都有可能同官僚主义和拖拉作风作斗争。"③ 另一方面，还要严格执法，真正做到执法必严、违法必究。列宁说"不枪毙这样的受贿者，而判以轻得令人发笑的刑罚，这对共产党员和革命者来说是可耻的行为。这样的同志应该受到舆论的谴责，并且应该开除出党"④。

总体来说，列宁的反腐倡廉思想是比较全面系统与科学的。他不仅对腐败的原因有深刻的剖析，而且还分别从教育、监督和法制等方面提出了腐败治理的基本对策。所以，正是在这一廉政建设思想的指导下，列宁在不到七年的实践探索过程中，使苏维埃俄国的廉政建设取得了显著成绩。

（二）儒家廉德思想与马克思主义廉政思想的会通

儒学是中华优秀传统文化的代表，而马克思主义是无产阶级的指导思想，作为一种外来文化，马克思主义要传入中国，并且要在中国大地上生根发芽、开花结果，实现马克思主义的中国化，势必与中国传统文化既冲突又融合。冲突，主要在于两种文化之间存在的巨大差异；融合，主要在于两种文化之间存在相通与互补。也就是说，儒家廉德思想与马克思主义廉政理论之间存在着诸多融合与汇通之处。

---

① 《列宁全集》第 41 卷，人民出版社 2017 年版，第 272 页。
② 《列宁选集》第 4 卷，人民出版社 1995 年版，第 786 页。
③ 《列宁全集》第 42 卷，人民出版社 2017 年版，第 207 页。
④ 《列宁全集》第 34 卷，人民出版社 2017 年版，第 263 页。

一是从理论构建的政治基础看，二者都以"民本"为出发点。在儒家廉德思想中，"以民为本"是官员廉洁从政的理论基点和政治归宿。"以人为本"本身虽然不是马克思主义理论的基本命题，但马克思、恩格斯由于对全人类怀有一种强烈的道德使命感。他们同情世界上被压迫阶级的悲惨命运，关注人类的发展前途，在其全部的理论著述中，暗含着"人本"思想的基本脉络。马克思主义"以人为本"的思想，体现的是对近代西方人文主义的一种扬弃，扬的是"人是目的"的理念，弃的是人文主义的抽象性。此外，马克思主义的人本主义价值理念还鲜明地体现在他们的唯物主义历史观之中。马克思的社会历史研究中，始终贯穿着一种人本主义的价值观怀。马克思不仅认为人是一切社会关系的总和，他还说，在人类社会的"历史剧"中，人既是"他们本身历史的剧中人物"，又是"剧作者"。①

二是从廉政治理的具体策略看，它们都主张应该将教育、监督和法制三者有机结合起来。儒家廉德思想中，在如何治理贪污腐败问题上，给我们的基本启示就是要加强对官员的教育，实现以德养廉；要加强制度建设，实现以制保廉；要加大惩治力度，实现以法促廉。马克思主义廉政治理思想也主张，要严厉惩治腐败，使之不敢腐；要建立健全各项规章制度，使之不能腐；要加强教育，提高干部的思想道德水平，使之不想腐。

不难看出，儒家廉德思想与马克思主义廉政思想之间存在明显的相通之处。也正是二者间存在的会通与契合之处，才使得能够把二者结合起来，加以吸收和借鉴，使之共同成为中国共产党的廉政文化建设的重要思想源头。

二　强力反腐与大力弘扬中华优秀传统文化的现实机缘

习近平总书记强调指出："不忘历史才能开辟未来，善于继承才能善于创新。优秀传统文化是一个国家、一个民族传承和发展的根本，如果丢掉了，就割断了精神命脉。"② "博大精深的中华优秀传统文化是我们在世界文化激荡中站稳脚跟的根基。中华文化源远流长，积淀着中华民族最深层的精神追求，代表着中华民族独特的精神标识，为中华民族生生不息、发展壮大提供

---

① 《马克思恩格斯选集》第 1 卷，人民出版社 2012 年版，第 227 页。
② 习近平：《在纪念孔子诞辰 2565 周年国际学术研讨会暨国际儒学联合会第五届会员大会开幕会上的讲话》，人民出版社 2014 年版，第 11 页。

了丰厚滋养。"① 当前，我国正处于改革的深水区与攻坚期，全面深化改革面临的困难与风险进一步增大，党风廉政建设面对着更为严峻的挑战。大力弘扬中华优秀传统文化的时代背景为我们如何借鉴儒家思想智慧解决当前遇到的困难与问题，提供了一种客观上的必要与可能。

中华优秀传统文化是中华民族的"根"与"魂"。在世界文明发展史上，唯有中华文明薪火相传、绵延不绝。中华民族在五千多年的历史演进中，创造出博大精深的中华文化，为人类文明进步作出了重要贡献。习近平总书记指出，"从历史的角度看，包括儒家思想在内的中国传统思想文化中的优秀成分，对中华文明形成并延续发展几千年而从未中断，对形成和维护中国团结统一的政治局面，对形成和巩固中国多民族和合一体的大家庭，对形成和丰富中华民族精神，对激励中华儿女维护民族独立、反抗外来侵略，对推动中国社会发展进步、促进中国社会利益和社会关系平衡，都发挥了十分重要的作用"②。中华文化积淀着中华民族最深沉的精神追求，包含着中华民族最根本的精神基因。"中华优秀传统文化是中华文明的智慧结晶和精华所在，是中华民族的根和魂，是我们在世界文化激荡中站稳脚跟的根基。"③ 可以说，博大精深的中华文化是中华民族的根与魂，是我们最深厚的文化软实力。

习近平总书记对博大精深的中华优秀传统文化具有广泛的兴趣，是一位熟知并广泛引用中华传统文化经典的领导人。党的十八大以来，以习近平同志为核心的党中央高度重视中华优秀传统文化的传承与弘扬，并且就中国传统文化的继承和弘扬问题，提出了一系列新观点、新论述。

一是强调要以科学的态度对待中国传统文化。中国传统文化既有唯心保守的成分，又有进步合理的精华。对待中国传统文化，"要坚持马克思主义的方法，采取马克思主义的态度，坚持古为今用、推陈出新，有鉴别地加以对待，有扬弃地予以继承，既不能片面地讲厚古薄今，也不能片面地讲厚今薄

---

① 《习近平谈治国理政》，外文出版社 2014 年版，第 164 页。

② 习近平：《在纪念孔子诞辰 2565 周年国际学术研讨会暨国际儒学联合会第五届会员大会开幕会上的讲话》，人民出版社 2014 年版，第 5—6 页。

③ 习近平：《把中国文明历史研究引向深入，推动增强历史自觉，坚定文化自信》，《人民日报》2022 年 5 月 29 日第 1 版。

古"①。只有坚持科学的态度对待传统文化，才能真正实现用中华民族创造的一切精神财富来实现以文化人、以文育人的目的。

二是要坚持对中国传统文化进行创造性转化和创新性发展。不忘本来才能开辟未来，善于继承才能更好地创新。要深入挖掘和全面阐发中华优秀传统文化，就必须坚持对其进行创造性转化和创新性发展。所谓创造性转化，"就是要按照时代特点和要求，对那些至今仍有借鉴价值的内涵和陈旧的表现形式加以改造，赋予其新的时代内涵和现代表达形式，激活其生命力"。所谓创新性发展，"就是要按照时代的新进步新进展，对中华优秀传统文化的内涵加以补充、拓展、完善，增强其影响力和感召力"②。习近平主席在联合国教科文组织演讲时就强调，"中国人民在实现中国梦的进程中，将按照时代的新进步，推动中华文明创造性转化和创新性发展。激活其生命力，把跨越时空、超越国度、富有永恒魅力、具有当代价值的文化精神弘扬起来。让收藏在博物馆里的文物、陈列在广阔大地上的遗产、书写在古籍里的文字都活起来。让中华文明同世界各国人民创造的丰富多彩的文明一道，为人类提供正确的精神指引和强大的精神动力"③。

三是要积极学习借鉴其他文明的优秀成果。中华民族是一个兼收并蓄、海纳百川的民族。在漫长的历史发展过程中，中华民族不断学习借鉴其他民族的优秀文明成果，消化吸收并逐渐形成了自己的民族特色。习近平总书记说，"中华文明是在中国大地上产生的文明，也是同其他文明不断交流互鉴而形成的文明"④。文明因交流而多彩，因互鉴而丰富。今天，我们要传承和弘扬中华优秀传统文化，建设社会主义文化强国，提高国家文化软实力，需要汲取各种文明的养分来丰富和发展自己，走文明互鉴发展之路。

中国共产党是一个以马克思主义为指导思想的政党，它根植于960万平方公里的广袤土地上，被中华优秀传统文化滋养。儒家廉德思想与马克思主义廉政理论的会通为中国共产党积极借鉴儒家廉德思想提供了理论基础。当前，我们党开展的强力反腐与大力弘扬中华优秀传统文化的实际为中国共产

① 《习近平总书记系列重要讲话读本》，学习出版社、人民出版社2014年版，第100页。
② 《习近平总书记系列重要讲话读本》，第101页。
③ 习近平：《在联合国教科文组织总部的演讲》，《人民日报》2014年3月28日第1版。
④ 习近平：《在联合国教科文组织总部的演讲》，《人民日报》2014年3月28日第1版。

党积极借鉴儒家廉德思想智慧提供了一个现实机缘。所以，我们应该积极借鉴儒家廉德思想智慧，为当前的党风廉政建设和反腐败斗争提供有力支撑。

第二节　儒家廉德思想对新时代我国廉政建设的重要启示

在纪念孔子诞辰 2565 周年国际学术研讨会暨国际儒学联合会第五届会员大会开幕会上，习近平总书记在讲话中指出，"包括儒家思想在内的中国优秀传统文化中蕴藏着解决当代人类面临的难题的重要启示，比如，关于道法自然、天人合一的思想，关于天下为公、大同世界的思想，关于自强不息、厚德载物的思想，关于以民为本、安民富民乐民的思想，关于为政以德、政者正也的思想，关于苟日新日日新又日新、革故鼎新、与时俱进的思想，关于脚踏实地、实事求是的思想，关于经世致用、知行合一、躬行实践的思想，关于集思广益、博施众利、群策群力的思想，关于仁者爱人、以德立人的思想，关于以诚待人、讲信修睦的思想，关于清廉从政、勤勉奉公的思想，关于俭约自守、力戒奢华的思想，关于中和、泰和、求同存异、和而不同、和谐相处的思想，关于安不忘危、存不忘亡、治不忘乱、居安思危的思想，等等。中国优秀传统文化的丰富哲学思想、人文精神、教化思想、道德理念等，可以为人们认识和改造世界提供有益启迪，可以为治国理政提供有益启示，也可以为道德建设提供有益启发"①。儒家廉德思想内涵非常丰富，在"何为廉""为何廉"以及"何以廉"问题上有着系统的论述。鉴于当前我国面临的严峻复杂的反腐败斗争形势，我们党逐渐形成了"不敢腐""不能腐"和"不想腐"的"三不腐"的腐败治理思路。我们可以积极借鉴儒家廉德思想智慧，为当代中国实现"三不腐"的廉政治理基本方略提供有益的帮助。

一　坚持以德养廉，努力夯实廉洁从政的道德基础

孔子说"为政以德，譬如北辰，居其所而众星共之"（《论语·为政》）。儒家主张以德治国，而廉政治理又是国家治理的重要组成部分。所以，儒家

---

① 习近平：《在纪念孔子诞辰 2565 周年国际学术研讨会暨国际儒学联合会第五届会员大会开幕会上的讲话》，人民出版社 2014 年版，第 6—7 页。

认为廉政治理应以德治为基础，既需要为政者的道德自修，也需要对为政者进行思想教化。一方面，儒家的政治思想逻辑是修身、齐家、治国、平天下，修身是治国的前提与基础。"道德的基础是人类精神的自律。"[①] 为官从政者必须注重自我修身，不断提升自己的道德素养。另一方面，通过儒家关于人性善恶的争论表象，我们看到儒家各派在人性问题上有一个共同之处，就是认为人性是可以通过教化而改变的。荀子说"人之性恶，其善者伪也"（《荀子·性恶》）。以此为基础，儒家强调要通过廉政教化来提升为官从政者的廉洁从政能力。因此，在儒家道德教化思想的影响下，封建社会中逐渐形成了从入仕前的家规庭训教育、学校的君子圣贤教育到入仕后的官箴规劝和实物警诫教育，从根本上保证了廉政治理的有效进行。

做官先做人，做人先立德。要成为一名好干部，必须先做一个好人。"若安天下，必须先正其身，未有身正而影曲，上治而下乱者。"（《贞观政要·君道》）对于一名领导干部而言，应该不断提高自身道德素养，在理想道德情操方面起表率作用。官德缺失是导致官员走向腐败的首要因素，加强官德建设是防范官员腐败的第一道防线。当前，针对部分领导干部廉德缺失的现状，我们必须不断加强思想道德教育，不断提高官员的道德素养，尤其是他们的清正廉洁思想。具体来说有以下几个方面。

一是要加强对官员进行古今官德的教育。"玉不琢，不成器；人不学，不知义。"良好官德的养成，离不开对领导干部进行不断的道德教育。传统官德以儒家思想为主，同时吸收了道家和法家等各派的思想，是历代政治家、思想家对治国理政理论与实践的总结，是中国传统文化中的宝贵财富，蕴含着丰富的道德教育资源，也是现代官德的重要基础。现代官德是中国传统官德的延续与创新，它既继承了中国传统官德的精华部分，同时又融入了现代的元素，是与现代社会发展要求相适应的官德体系。加强官德建设，提高官员的思想道德水平，必须把传统官德教育与现代官德教育二者结合起来。

二是领导干部要切实加强道德自修。良好官德的养成，关键是进行自我修养。那么，领导干部应该如何加强自我道德修养呢？其一，要"慎独"。《中庸》中说："是故君子戒慎乎其所不睹，恐惧乎其所不闻，莫见乎隐，莫

---

① 《马克思恩格斯全集》第 1 卷，人民出版社 2016 年版，第 119 页。

显乎微。故君子慎其独也。"① 意思是说，君子在没有人看见的时候也谨守道德，在没有人知道的时候也生怕离道，即使在隐蔽之处或细微事情上，也没有离道的表现，所以，君子在独自一人时会十分谨慎。新民主主义革命时期，刘少奇为提升干部的道德素质提出了"慎独"的修养方式。在《论共产党员的修养》中说共产党员应该"即使在他个人独立工作、无人监督、有做各种坏事的可能的时候，他能够'慎独'，不做任何坏事"。如果每个领导干部都能做到"慎独"，不该做的事不做，不该伸的手不伸，不该拿的物不拿，不该去的地方不去，能够做到洁身自好，必将对我们整个国家的干部队伍起到良好的带动作用。其二，要"心存敬畏"。朱熹说"君子之心，常存敬畏"（《中庸章句集注》）。领导干部在做人为官的过程中，必须有一颗敬畏之心，敬畏法律、敬畏人民、敬畏历史。"畏则不敢肆而德以成，无畏则从其所欲而及于祸。"领导干部只有常存敬畏之心，才会时刻保持有一种战战兢兢、如履薄冰的警醒。"衙斋卧听萧萧竹，疑是民间疾苦声"，只有心存敬畏，领导干部心中才会装着百姓，想着群众。"严于律己，就是要心存敬畏、手握戒尺，慎独慎微，勤于自省，遵守党纪国法，做到为政清廉。"2014 年 5 月，习近平同志在河南考察时说："事靠人为，事在人为。建设一支德才兼备的高素质执政骨干队伍，是我们事业成功的根本保证。面对纷繁复杂的社会现实，党员干部特别是领导干部务必把加强道德修养作为十分重要的人生必修课，自觉从中华优秀传统文化中汲取营养，老老实实向人民群众学习，时时处处见贤思齐，以严格标准加强自律、接受他律，努力以道德的力量去赢得人心、赢得事业成就。各级党组织要加强对党员干部的教育、管理和监督，用好选人用人考德这根杠杆，引导党员干部堂堂正正做人、老老实实干事、清清白白为官。"②

三是要培育和践行社会主义核心价值观，积极营造清正廉洁的良好社会氛围。每个时代都有每个时代的核心价值观，社会主义核心价值观是社会主义核心价值体系的内核。党的十八大报告中首次从国家、社会和个人三个层面提出了"富强、民主、文明、和谐""自由、平等、公正、法治""爱国、敬业、诚信、友善"二十四字的社会主义核心价值观。习近平进一步指出：

---

① 杨天宇撰：《礼记译注》，第 691 页。

② 习近平：《深化改革发挥优势创新思路统筹兼顾　确保经济持续健康发展社会和谐稳定》，《人民日报》2014 年 5 月 11 日第 1 版。

"核心价值观，其实就是一种德，既是个人的德，也是一种大德，就是国家的德、社会的德。国无德不兴，人无德不立。如果一个民族、一个国家没有共同的核心价值观，莫衷一是，行无依归，那这个民族、这个国家就无法前进。"① 因此，要对公民进行社会主义核心价值观教育，不断提升公民的文明素质和整个社会的文明程度，为整个社会营造一个"知荣辱""明廉耻"的良好氛围。

总之，我们必须努力夯实官员廉洁从政的道德基础，提高他们的思想道德素质，常补理想信念之"钙"，使之主动向廉，真正实现以德养廉。

二 坚持以制保廉，不断完善廉洁从政的制度约束

对于"制度"的含义，西方新制度主义经济学家们对其进行了不同的界定，但都强调了制度是对人们的行为进行约束的各种规范。② 可以说，制度文明是中国传统政治文化的重要组成部分。儒家向来重视"礼"，强调"不知礼，无以立"，"无礼义，则悖乱而不治"。其实，古代所说的"礼"，既指道德原则，也指社会制度。在国家治理方面，儒家不仅强调"为政以德"，还主张"为国以礼"。儒家认为"礼"是"王之大经"，"礼"能"经国家、定社稷、序人民、利后嗣"。所以，在廉政治理方面，儒家认为除了要对为政者进行道德教化以外，还需要对其给予制度的约束，用制度来规范从政者的廉洁从政行为。为此，儒家提出了一系列关于官吏选聘、任用、考核、监督、奖惩等方面的思想主张。《周礼》中提出的"六廉"思想主张，实际上就是对官吏进行考核的六条标准。若官吏能够做到善、能、敬、正、法、辨六个方面，便是"廉吏"。

当前，我国腐败现象的存在，在很大程度上是因为反腐败的体制机制尚待健全，给腐败的滋生蔓延留有体制漏洞，为权力寻租留有空间。为此，我们要深入开展党风廉政建设和反腐败斗争，就必须建立起一套符合实际、切实可行的体制机制。

一要建立和完善官员的选聘和考核指标体系。要把干部的道德，尤其是

---

① 《习近平著作选读》第 1 卷，人民出版社 2023 年版，第 238—239 页。
② 参见唐贤秋《廉之恒道：中国传统廉政文化现代转换研究》，第 187 页。

"廉"德，列入干部选拔、任用、考核、评价等环节中去。换言之，道德禁入应当成为公务员尤其是高级官员的准入门槛。从理论上说，把道德作为干部选聘、考核的重要依据是可行的，但是由于道德具有内在性的特点，对道德评价进行完全的指标量化是非常有难度的，所以制定出一个客观、公正、准确的道德评价体系就显得尤为重要。目前，我国已经出台了《公务员法》和《关于加强对干部德的考核意见》等文件，对于干部的道德考核提出了一些具体的指导意见和要求。但不可否认的是，由于对官德评价体系的探索尚处于初始阶段，不可避免地存在着一些不足之处，如考评主体片面单一、考评指标设计粗糙、考评方法鉴别度低等。因此，要建立起完善的"官德"考评体系，必须把考评的内容具体化、考评的标准明晰化、考评的主体多元化、考评的过程系统化等方面结合起来，不能把对官员的道德考评停留在简单化、随意化的层面上，而是要真正实现官德考评的科学化、制度化和法制化。现在，许多地方在"官德"的考评方面不断进行创新，如湖南邵阳出台规定干部提拔需要出具家庭道德鉴定书，江苏沭阳对科级干部的年终考核将"忠于配偶"等个人品德状况列入其中，山东曲阜将"孝"纳入干部考核的重要内容中，不孝者将禁止被提拔等。虽然这些"官德"考评的内容与方式未必都具有可操作性，但至少都已经深刻认识到了官员道德状况的重要并有意去改进，这本身就是很大的进步。

二要健全监督机制。权力是一把"双刃剑"，权力的运行必须接受监督，否则失去监督的权力必然会导致腐败。在现实生活中，一些官员落马后，往往悔恨自己当初没有接受组织、社会和群众的监督，一意孤行，最终导致坠入堕落的深渊不能自拔。可以说，正是因为一些领导干部意识不到监督作用的重要，忽视监督、拒绝监督甚至逃避监督，最终付出惨重的代价。事实证明监督的缺位与乏力，既是对党和政府工作的不尽力，也是对领导干部成长的不负责。实行有效的监督，让权力在阳光下运行是对领导干部最好的保护。为此，我们必须不断健全和完善各种监督机制，要充分发挥各级监察部门、党的纪检机构、人民群众，以及网络新媒体等的监督作用。此外，还要用好"巡视"这把反腐的"利剑"。"巡视"既是加强党的建设的重要举措，也是加强党内监督的重要形式。真正给权力戴上"紧箍咒"，给预防腐败筑起"防火墙"，才能从根本上铲除腐败滋生的温床。

总之，我们要进一步建立和完善相关的体制机制，完善官员廉洁从政的制度安排，扎紧制度的"笼子"，真正实现以制保廉，使官员"不能贪"。习近平总书记在十八届中央政治局就加强反腐倡廉法规制度建设进行第二十四次集体学习时指出："铲除不良作风和腐败现象滋生蔓延的土壤，根本上要靠法规制度。要加强反腐倡廉法规制度建设，把法规制度建设贯穿到反腐倡廉各个领域、落实到制约和监督权力各个方面，发挥法规制度的激励约束作用，推动形成不敢腐不能腐不想腐的有效机制。"①

三 坚持以法促廉，切实筑牢廉洁从政的法律基石

与法家完全主张"治国以法"不同的是，儒家治国理政思想中，既强调"以德治国"，又不完全排斥"法治"，主张"德法结合""德主刑辅"。孔子说"道之以政，齐之以刑，民免而无耻；道之以德，齐之以礼，有耻且格"（《论语·为政》）。国家治理既要以"德治"为基础，又要以"法治"为重要补充。荀子"援法入儒"，从人性恶的观点出发，认为人有好利恶害的私心倾向，有追求耳目之欲的自然本性，必须用法律对其加以规制。在儒家"德主刑辅"思想的影响下，封建社会的统治者们在进行廉政治理时，大都选择了"德刑结合"的方略。他们既注重对从政者进行道德教化和制度约束，又重视"法治"的作用，惯用"重典"来惩治贪腐。明太祖朱元璋把儒学作为治国的指导思想。一方面他勤谨为政，躬行节俭，为官吏们树立好的榜样；另一方面，他又主张"以重刑惩贪吏"，对贪官污吏严惩不贷。当然，统治者们倡导"重典治吏"，只是廉政治理的一种手段，"取决一时，非以为则"，目的在于使为官者畏法守法，形成良好的政治秩序。

在社会主义市场经济条件下，加强党风廉政建设和反腐败斗争，离不开法律强制手段的配合，通过公正严明的惩治手段，有效打击腐败案件的发生。在当前实施依法治国的背景下，也要积极推进"依法治腐"。从根本上，落实"有法可依、有法必依、执法必严、违法必究"的基本方针。

一方面，要进一步制定和完善相关的廉政法律法规，真正做到"有法可

---

① 习近平：《加强反腐倡廉法规制度建设 让法规制度的力量充分释放》，《人民日报》2015 年 6 月 28 日第 1 版。

依"。党的十八大以来，在以习近平同志为核心的党中央坚强领导下，先后制定出台了《关于改进工作作风、密切联系群众的八项规定》《关于在干部教育培训中进一步加强学员管理的规定》《关于加强干部选拔任用工作监督的意见》《关于厉行节约反对食品浪费的意见》等一系列廉政建设的重要规定，这些规定具有较强的指导性、针对性和可操作性，是全面加强党风廉政建设的重要基础。

另一方面，要抓好法律制度的真正落实问题。其实早在春秋时期的商鞅变法时，秦孝公就提出了这一"难题"。《商君书·定分》中说："法令以当时立之者，明旦欲使天下之吏民，皆明知而用之如一而无私，奈何？"在秦孝公看来，运用法家思想进行统治，面临的"难题"就是如何让官与民知法、懂法、守法的问题。今天，在推进全面依法治国，建设社会主义法治国家的进程中，我们依然面临着这样一个难题。从现实情况看，"有法可依"问题基本得到了解决，但在"有法必依"和"执法必严"方面，很多时候还存在着"选择性依法"和"选择性执法"的情况，"违法必究"也因受多种因素干扰而未能得到彻底解决。大量案例表明，那些"以言代法、以权压法、徇私枉法"的人恰恰是某些领导干部。"法规制度的生命力在于执行"，依法治国能否真正落到实处，关键在领导干部。只有广大领导干部真正坚持做到在"宪法和法律范围内活动"，"以言代法、以权压法、徇私枉法"的现象才能彻底消失，依法治国的目标才能真正实现。

所以，在全面实施依法治国的基本方略过程中，广大领导干部要不断强化法律观念、法治意识，要知法懂法，更要遵法守法。唐代的韩愈说"守王法者梦里无惊"，宋代理学家周敦颐也说"官清赢得梦魂安"。领导干部要想"梦里无惊"，要想"赢得梦魂安"，就必须有"法度不可违，清白不可污"的意识，要加大法律惩治的力度，提高腐败的成本，真正筑牢官员廉洁从政的法律基石，实现以法促廉，使官员"不敢贪"。

本章小结

党的十八大以来，以习近平同志为核心的党中央，下大力气解决贪污腐败问题，并且取得了很好的成效。腐败的有效治理，振奋了全党的信心，增强了党的威信，赢得了人民群众的信任与支持。同时，我们也清醒地看到，随着廉政治理工作的不断深入，今后所面临的任务会更加艰巨，面临的形势也会更为复杂。"冰冻三尺，非一日之寒"，腐败问题的形成是多种因素长期累积的结果。所以，腐败问题的根本解决，也绝非一日之功。当前，在"不敢腐""不能腐"和"不想腐"的"三不腐"廉政治理方略中，这三个方面是存在着一定的层次性和递进性关系的。通过掀起反腐风暴，加强震慑力，形成"不敢腐"的基本态势，这是反腐败第一个阶段的主要任务；还要不断建立健全各种体制制度，加大对权力的监督与制约，形成"不能腐"的体制约束，这是反腐败第二阶段的工作重心；还要加大对党员干部进行思想道德教育的力度，不断提高其思想道德水平，使他们由"被动不腐"到"主动向廉"转化，最终实现"不想腐"的目标。当然，廉政治理的这三个阶段并不是截然分开的，而是互有交叉的，只是在不同的阶段，所强调的侧重点有所不同而已。因此，我们必须把"以德养廉""以制保廉"和"以法促廉"三者有机结合起来，把"不敢腐""不能腐""不想腐"的"三不腐"廉政治理目标有机统一于党风廉政建设和反腐败斗争的全过程中。

结　语

儒家廉德思想是中国传统政治伦理的重要内容。在漫长的历史发展过程中，儒家关于"何为廉""为何廉"以及"何以廉"的问题有系统阐释。

"廉"之本义为侧边、棱角，后来引申为清廉、俭朴、收敛。段玉裁《说文解字注》中就说："廉，棱也。引伸之为清也，俭也，严利也。"先秦儒家在释"廉"之时，主要是从道德伦理层面来认识"廉"的，认为"廉"就是"不贪""不妄取"，是君子所具有的一种基本道德操守。如孟子所说的"可以取，可以无取，取伤廉"，荀子所说的"所谓廉者，必生死之命也，轻恬资财也"，均表达了此意。汉代以后，随着儒家思想的制度化，"廉"更多地与政治行为联系在一起，即为"廉政"，表达了儒家对一切政治活动的一种美好的价值期许。

儒家学说是一种内圣外王之学。儒家倡导"廉德"，主要基于"内圣"与"外王"的需要。从"内圣"角度来看，"廉"是个人修身、成就完美品格的必然要求。"廉"乃立人之大节，正如宋代学者真德秀在《西山政训》中所说，"士之不廉，犹女之不洁。不洁之女，虽功容绝人，不足自赎。不廉之士，纵有他美，何足道哉？"可以说，无论是孔子心中的圣人、君子，还是孟子心中的大丈夫，都蕴含着"廉"这一基本道德操守。从"外王"角度来看，"廉"是为政之本，能"廉"则政兴。"吏不廉平则治道衰"，官廉则政举，官贪则政危。《晋书·阮种传》中就说，"夫廉耻之于政，犹树艺之有丰壤，良岁之有膏泽，其生物必油然茂矣"。可以说，廉洁对于政治的重要性，就如同土壤和雨露对生物之必不可少一样，一旦失去廉洁，政权终会倾覆，为官者清正廉洁是实现政权稳固持久的客观需要。

实现"廉"的目标，为政者既需"修身以德"，还要"为政以德"。《大学》中"格物、致知、诚意、正心、修身、齐家、治国、平天下"八条目，强调上至天子，下到百姓，都要以修身为本。孟子"仁政"思想，论及的是如何做一名好官。在儒家思想中，包含着这样的逻辑：要做一名好官，先要做一个好人。所以，为政者只有先修身以德，才能"安人""安百姓"。当然，成为一个好人并不意味着就能当一个好官，从"修身、齐家"到"治国、平天下"，还需把廉德运用到政治实践中。为政以德，既要有崇公抑私、立公去私的公心，还要有义利面前舍利取义的勇气；既需"不以言举人，不以人废言"地举贤任能，还需"居之无倦，行之以忠"地勤政守职；既有为政俭约、"节用而爱人"的品行，更需涵养一腔浩然正气的节操。如此，才能实现《论语·为政》中描述的"居其所而众星共之"的清明气象。

儒家廉德思想是在漫长的封建社会发展中逐渐形成的，它对历史上风清气正社会局面的出现起到了积极的促进作用。当然，儒家廉德思想毕竟是中国古代农耕社会的产物，是根植于以自然经济为基础的宗法血缘社会之中的，带有鲜明的历史时代烙印，其中也杂糅着一些不合时宜的内容。在封建王朝中，以廉为政归根结底是为了巩固统治阶级的政权，这也使许多封建臣子在践行儒家"廉德"思想的过程中，遭遇到一些局限和困境，甚至还出现了"惩贪而贪官不绝，倡廉而清官罕见"的悖论。

文化发展具有一定的历史继承性和连续性。今天，我们进行党风廉政建设和反腐败斗争，需要汲取和借鉴中国历史上优秀的传统廉政文化。但是，这需要我们对儒家廉德思想进行辩证的分析，批判地继承。正如习近平同志所指出的，"要坚持古为今用，推陈出新，从民族精神、道德传统、治国经验、反贪方略等方面对中国优秀传统廉政文化加以认真总结、继承，并把它们融合于党员干部的价值观念、生活方式和施政行为中，使中国优秀传统廉政文化通过当代中国共产党人的实践得到发扬光大"①。

简言之，在实现中华民族伟大复兴的中国梦这一新的时代背景下，坚持用辩证唯物主义观点，对儒家廉德思想智慧进行梳理与分析，挖掘其丰富的思想内涵，对其加以创造性转化和创新性发展，可以为我们进行党风廉政和反腐败斗争提供有益借鉴。譬如，我们可以借鉴儒家"德主刑辅"的思想，重视法律惩戒，以法促廉，推进"不敢腐"的廉政治理工作；可以借鉴儒家

---

① 习近平：《与时俱进 求真务实 不断推进反腐败治本抓源工作》，《中国监察》2004 年第 10 期。

"为国以礼"的思想，重视制度建设，以制保廉，推进"不能腐"的廉政治理工作；可以借鉴儒家"以德修身"的思想，重视廉德养成，以德养廉，推进"不想腐"的廉政治理工作。在坚持"三不腐"的廉政治理基本思路下，积极借鉴儒家廉德思想智慧，将道德自律与法律制度约束的他律结合，将预防腐败与惩治腐败结合起来，真正实现干部清正、政府清廉、政治清明的目标，为实现中华民族伟大复兴的中国梦提供有力支撑。

参考文献

一　马克思主义理论文献

《列宁全集》，人民出版社 2013 年版。

《毛泽东选集》，人民出版社 1991 年版。

《建国以来重要文献选编》第二册，中央文献出版社 1992 年版。

《邓小平文选》第 2 卷，人民出版社 1994 年版。

《邓小平文选》第 3 卷，人民出版社 1993 年版。

《陈云文选》，人民出版社 1995 年版。

《江泽民文选》第 3 卷，人民出版社 2006 年版。

《十八大以来重要文献选编（上）》，中央文献出版社 2014 年版。

《之江新语》，浙江人民出版社 2007 年版。

《习近平关于党风廉政建设和反腐败斗争论述摘编》，中国方正出版社 中央文
　　献出版社 2015 年版。

《习近平总书记系列重要讲话读本》，学习出版社、人民出版社 2014 年版。

《习近平谈治国理政》，外文出版社 2014 年版。

《习近平谈治国理政》第 2 卷，外文出版社 2017 年版。

《习近平谈治国理政》第 3 卷，外文出版社 2020 年版。

《习近平谈治国理政》第 4 卷，外文出版社 2022 年版。

二　古籍文献

（汉）班固：《汉书》，中华书局 1962 年版。

（汉）司马迁：《史记》，中华书局 1982 年版。

（汉）董仲舒著，周桂钿译注：《春秋繁露》，中华书局 2011 年版。

（汉）贾谊撰，阎振益、钟夏校注：《新书校注》，中华书局 2000 年版。

（汉）刘向撰，向鲁南校证：《说苑校证》，中华书局 1987 年版。

（汉）王充著，张宗祥校注，郑绍昌标点：《论衡校注》，上海古籍出版社 2010 年版。

（北齐）颜之推著，王利器集解：《颜氏家训集解》，中华书局 2011 年版。

（唐）韩愈著，马其昶校注：《韩昌黎文集校注》，上海古籍出版社 2014 年版。

（唐）柳宗元：《柳河东集》，上海古籍出版社 2008 年版。

（唐）吴兢撰：《贞观政要》，上海古籍出版社 2008 年版。

（宋）程颢、程颐：《二程集》，中华书局 2004 年版。

（宋）黎靖德编：《朱子语类》，中华书局 1986 年版。

（宋）陆九渊：《陆九渊集》，中华书局 1980 年版。

（宋）张载：《张载集》，中华书局 1978 年版。

（宋）周敦颐：《周敦颐集》，中华书局 1990 年版。

（宋）朱熹：《四书章句集注》，中华书局 1983 年版。

（明）王守仁：《王阳明全集》，线装书局 2014 年版。

（清）戴震：《戴震全书》，黄山书社 1995 年版。

（清）龚自珍：《龚自珍全集》，上海人民出版社 1975 年版。

（清）顾炎武著，（清）黄汝成集释：《日知录集释》，上海古籍出版社 2013 年版。

（清）黄宗羲著，陈乃乾编：《黄梨洲文集》，中华书局 2009 年版。

（清）黄宗羲著，孙卫华校释：《明夷待访录校释》，岳麓书社 2011 年版。

（清）孙诒让撰：《周礼正义》，中华书局 1987 年版。

（清）唐甄著，吴泽民编校：《潜书》，中华书局 1963 年版。

（清）王夫之：《读通鉴论》，中华书局 2013 年版。

（清）王聘珍撰：《大戴礼记解诂》，中华书局 1983 年版。

（清）颜元：《颜元集》，中华书局 1987 年版。

（清）曾国藩：《曾文正公全集》，国学整理社 1936 年版。

陈鼓应注译：《老子今注今译》，商务印书馆 2003 年版。

陈鼓应注译：《庄子今注今译》，中华书局 2007 年版。

程俊英撰：《诗经译注》，上海古籍出版社 2004 年版。

顾颉刚、刘起釪:《尚书校释译论》,中华书局 2005 年版。

黄怀信等撰:《逸周书汇校集注》,上海古籍出版社 2007 年版。

黄怀信主撰:《大戴礼记汇校集注》,三秦出版社 2005 年版。

黄怀信主撰:《论语汇校集释》,上海古籍出版社 2008 年版。

黄寿祺、张善文撰:《周易译注》,上海古籍出版社 1989 年版。

江灏、钱宗武译注:《今古文尚书全译》,贵州人民出版社 2009 年版。

李学勤主编:《十三经注疏》,北京大学出版社 1999 年版。

李泽厚:《论语今读》,生活·读书·新知三联书店 2004 年版。

钱穆:《论语新解》,九州出版社 2011 年版。

孙希旦撰:《礼记集解》,中华书局 1998 年版。

汪受宽译注:《孝经译注》,上海古籍出版社 2004 年版。

王文锦译解:《礼记译解》,中华书局 2001 年版。

杨伯峻编著:《春秋左传注》,中华书局 1981 年版。

杨伯峻译注:《论语译注》,中华书局 1980 年版。

杨伯峻译注:《孟子译注》,中华书局 1960 年版。

杨朝明、宋立林主编:《孔子家语通解》,齐鲁书社 2009 年版。

杨天宇撰:《礼记译注》,上海古籍出版社 2004 年版。

曾振宇、傅永聚注:《春秋繁露新注》,商务印书馆 2012 年版。

张纯一撰:《晏子春秋》,中华书局 2017 年版。

张觉撰:《荀子译注》,上海古籍出版社 2012 年版。

赵守正撰:《管子注译》,广西人民出版社 1982 年版。

周振甫译注:《诗经译注》,中华书局 2010 年版。

周振甫译注:《周易译注》,中华书局 2012 年版。

三 今人学术专著

岑大利、顾建军:《中国古代官德研究》,中共中央党校出版社 2014 年版。

卜宪群:《中国历史上的腐败与反腐败》,鹭江出版社 2014 年版。

蔡元培:《中国伦理学史》,商务印书馆 1999 年版。

陈来:《宋明理学》,华东师范大学出版社 2004 年版。

费正清:《伟大的中国革命》,世界知识出版社 2000 年版。

冯友兰：《中国哲学史》，华东师范大学出版社 2011 年版。

傅永聚、任怀国：《儒家政治理论及其现代价值》，中华书局 2011 年版。

葛荣晋：《中国哲学范畴通论》，首都师范大学出版社 2001 年版。

韩钟文：《中国儒学史》（宋元卷），广东教育出版社 1998 年版。

郝铁川：《〈周礼〉与中国文化》，河南大学出版社 1995 年版。

亨廷顿：《变革社会中的政治秩序》，华夏出版社 1988 年版。

侯外庐：《中国思想通史》，人民出版社 1957 年版。

侯外庐、邱汉生、张岂之主编：《宋明理学史》，人民出版社 1997 年版。

胡绳：《从鸦片战争到五四运动》，人民出版社 1997 年版。

金观涛：《在历史的表象背后》，四川人民出版社 1984 年版。

金耀基：《中国民本思想史》，法律出版社 2008 年版。

匡淑红：《为官史鉴》，北京出版社 2012 年版。

梁启超：《中国近三百年学术史》，商务印书馆 2011 年版。

梁启超：《先秦政治思想史》，岳麓书社 2010 年版。

梁启超：《儒家哲学》，中华书局 2015 年版。

梁漱溟：《中国文化要义》，上海人民出版社 2011 年版。

梁劲泰：《大道官德》，北京出版社 2012 年版。

柳诒徵：《中国文化史》，东方出版中心 1988 年版。

李玉洁、任亮直：《中华伦理范畴：耻》，中国社会科学出版社 2006 年版。

李明辉：《儒家视野下的政治思想》，北京大学出版社 2005 年版。

李玉洁：《儒学与中国政治》，科学出版社 2010 年版。

李建华：《官员的道德》，北京大学出版社 2012 年版。

李钟麟：《柳宗元官德研究》，广西人民出版社 2006 年版。

李小红、张如安：《中国古代廉政思想简史》，中国方正出版社 2011 年版。

李泽厚：《中国古代思想史论》，生活·读书·新知三联书店 2008 年版。

李泽厚：《中国近代思想史》，生活·读书·新知三联书店 2008 年版。

李钟麟：《柳宗元官德研究》，广西人民出版社 2006 年版。

林岩、王蔓：《中国古代廉政文化集萃》，中国方正出版社 2009 年版。

刘明波：《廉政思想与理论》，人民出版社 1994 年版。

刘守芬：《新加坡廉政法律制度研究》，北京大学出版社 2005 年版。

刘杰：《中国式廉政——道路与模式》，学林出版社 2012 年版。

刘泽华、葛荃主编：《中国古代政治思想史》，南开大学出版社 2001 年版。

皮剑龙、姬秦兰：《中国古代的廉政和清官》，中共中央党校出版社 1991 年版。

庞朴：《儒家辩证法研究》，中华书局 2009 年版。

宋振国等：《各国廉政建设比较研究》，知识产权出版社 2005 年版。

孙晓莉：《国外廉政文化概论》，中国方正出版社 2011 年版。

孙道祥等：《中国特色反腐倡廉理论研究》，中国方正出版社 2011 年版。

唐贤秋：《廉之恒道：中国传统廉政文化现代转换研究》，中国社会科学出版社 2014 年版。

唐贤秋：《廉政理论与实践纵横》，中共中央党校出版社 2009 年版。

王钧林：《中国儒学史》（先秦卷），广东教育出版社 1998 年版。

王杰：《儒家文化的人学视野》，中共中央党校出版社 2000 年版。

王杰：《先秦儒家政治思想研究》，人民出版社 2011 年版。

王杰主编：《领导干部国学大讲堂》，中共中央党校出版社 2011 年版。

王曰美：《儒家政治思想研究》，中华书局 2003 年版。

王丽平：《官德"忠"论》，人民日报出版社 2014 年版。

王同君：《中国历代廉政思想》，中国方正出版社 2007 年版。

王文升：《廉政文化论》，中国方正出版社 2009 年版。

王关兴、陈辉：《中国共产党反腐倡廉史》，上海人民出版社 2001 年版。

王亚南：《中国官僚政治研究》，中国社会科学出版社 1981 年版。

王春瑜：《中国反贪史》，四川人民出版社 2000 年版。

吴传煌等主编：《中国共产党廉政建设史》，甘肃人民出版社 1992 年版。

吴黎宏：《做合格的领导：中国古代官德概要》，电子工业出版社 2013 年版。

魏琼：《中国传统清官文化研究》，法律出版社 2009 年版。

肖群忠：《孝与中国文化》，人民出版社 2001 年版。

肖杰：《中国传统廉政思想研究》，吉林大学出版社 2010 年版。

萧公权：《中国政治思想史》，辽宁教育出版社 1998 年版。

徐家林等：《中国共产党反腐倡廉建设史论》，中国方正出版社 2009 年版。

徐复观：《两汉思想史》，华东师范大学出版社 2001 年版。

杨春梅：《儒家文化思想研究》，中华书局 2003 年版。

杨建祥：《中国古代官德研究》，上海古籍出版社 2004 年版。

杨建祥：《儒家官德论》，江西人民出版社 2007 年版。

余华青：《中国古代廉政制度史》，上海人民出版社 2007 年版。

余英时：《中国思想传统的现代诠释》，江苏人民出版社 1992 年版。

曾振宇：《儒家伦理思想研究》，中华书局 2003 年版。

曾振宇、齐金江：《中华伦理范畴：孝》，中国社会科学出版社 2006 年版。

张涛、项永琴：《中华伦理范畴：廉》，中国社会科学出版社 2006 年版。

张希清、王秀梅主编：《官典》，吉林人民出版社 1998 年版。

张利生：《廉政文化建设要论》，中国方正出版社 2008 年版。

张岱年：《中国伦理思想研究》，江苏教育出版社 2009 年版。

周卫东：《廉政理论研究》，中央编译出版社 2005 年版。

赵雅丽：《史说官德》，北京出版社 2012 年版。

左宪民等：《申论官德》，北京出版社 2012 年版。

四　学术论文

卜宪群：《继承弘扬我国历史上的优秀廉政文化》，《光明日报》2013 年 5 月 23 日。

卜宪群：《中国古代廉政文化建设的基本特点及历史价值》，《中国监察》2006 年第 1 期。

卜宪群：《中国古代廉政文化的现代价值》，《月读》2013 年第 6 期。

卜万红：《中国古代廉政文化形态述论》，《广州大学学报》（社会科学版）2012 年第 9 期。

程遂营：《"二十四史"〈循吏〉、〈酷吏〉列传与中国古代监察官的选任》，《北方论丛》2001 年第 1 期。

陈先松：《修建颐和园挪用"海防经费"史料解读》，《历史研究》2013 年第 2 期。

陈启智：《儒家义利观新诠》，《东岳论丛》1993 年第 6 期。

常百灵：《试论中国传统廉政文化的现代转型》，《理论视野》2013 年第 2 期。

成云雷：《中国传统廉政文化解读》，《廉政文化研究》2012 年第 6 期。

从希斌：《〈易经〉廉政思想述略》，《天津师范大学学报》（社会科学版）2001 年第 2 期。

丁大同：《中国伦理学史上的廉洁范畴》，《天津师大学报》（社会科学版）1988 年第 1 期。

杜振吉、郭鲁兵：《儒家公私观述论》，《道德与文明》2009 年第 6 期。

杜振吉：《儒家孝的思想与当代家庭道德建设》，《道德与文明》2005 年第 1 期。

葛荃：《官箴论略》，《华侨大学学报》（哲学社会科学版）1998 年第 1 期。

高翔：《清官论》，《光明日报》2004 年 2 月 27 日。

郭齐勇、陈乔见：《孔孟儒家的公私观与公共事务伦理》，《中国社会科学》2009 年第 1 期。

黄启昌：《试论中国古代的反贪立法》，《中国史研究》1999 年第 1 期。

黄敏兰、方兢：《试论中国古代官吏腐败的原因》，《西北大学学报》（哲学社会科学版）1990 年第 4 期。

黄玉顺：《孟子正义论新解》，《人文杂志》2009 年第 5 期。

姜国柱：《儒学官德与政治文明》，《中国社会科学院研究生院学报》2004 年第 6 期。

李春青：《论"敬"的历史含义及其多向价值》，《辽宁大学学报》（哲学社会科学版）1997 年第 2 期。

李明辉：《廉政的伦理内涵》，《伦理学研究》2005 年第 5 期。

李翔海：《"孝"：中国人的安身立命之道》，《学术月刊》2010 年第 4 期。

林锦香：《中国家训发展脉络探究》，《厦门教育学院学报》2011 年第 4 期。

李彦彦：《中国古代廉政理念的变迁与商榷》，《求索》2011 年第 3 期。

刘宝才等：《中国传统正义观的内涵及特点》，《西北大学学报》（哲学社会科学版）2007 年第 6 期。

刘振佳：《孔子廉吏思想与现代廉政建设》，《廉政文化研究》2010 年第 1 期。

刘守芬：《对中国古代廉政法律制度的历史考察》，《北京大学学报》（哲学社会科学版）2003 年第 3 期。

吕锡琛：《王船山官德思想片论》，《衡阳师范学院学报》2005 年第 5 期。

吕耀怀：《"俭"的道德价值》，《孔子研究》2003 年第 3 期。

罗诗钿：《论"耻"的文化向度与价值呈现》，《船山学刊》2014 年第 1 期。

牟钟鉴：《儒家仁学与普遍伦理》，《北京行政学院学报》2003 年第 2 期。

梅焕庭：《论儒家的修身思想及其现代意义》，《现代哲学》1996 年第 1 期。

马广荣：《腐败加速了国民党政权的灭亡》，《党建研究》1994 年第 9 期。

彭安玉：《中国古代廉政教化机制试探》，《南京航空航天大学学报》（社会科
学版）2005 年第 3 期。

潘明武：《"廉政"释义》，《十堰大学学报》1990 年第 2 期。

钱耿文：《中国古代廉政制度浅析》，《学术月刊》1994 年第 4 期。

任继愈：《试论"天人合一"》，《传统文化与现代化》1996 年第 1 期。

任继昉、刘江涛：《"廉"的词义、词源探索》，《语言科学》2011 年第 4 期。

邵龙宝：《中西比较视域中的儒学公正思想及其现代转化》，《上海师范大学学
报》（哲学社会科学版）2012 年第 5 期。

沈壮海：《先秦儒家理欲之论及其现代启益》，《郧阳师范高等专科学校学报》
2002 年第 1 期。

唐凯麟：《继承与弘扬中华廉洁文化的优秀遗产》，《政治学研究》2014 年第
2 期。

唐贤秋：《中国古代廉政思想源流辨——兼与杨昶先生商榷》，《陕西师范大学
学报》（哲学社会科学版）2006 年第 6 期。

唐贤秋：《先秦诸子的廉政思想及其现代价值初探》，《唐都学刊》2003 年第
2 期。

唐贤秋：《从传统廉政文化渊源谈为政之德》，《广西民族大学学报》（哲学社
会科学版）2007 年第 2 期。

唐利斌：《中国官德建设的历史考察》，《湘潭大学学报》（哲学社会科学版）
2004 年第 4 期。

王春瑜：《说说古代的清官》，《求是》2005 年第 3 期。

吴光：《廉政的内涵与中国廉政建设的历史经验》，《浙江社会科学》2006 年
第 3 期。

吴光：《论廉政的理论涵义、基本内容、发展脉络及历史经验》，《探索与争
鸣》2005 年第 8 期。

吴光：《论廉政文化的理论内涵、历史传统及实践方向》，《中共宁波市委党校
学报》2004 年第 6 期。

吴光：《论儒家道德伦理的内涵、特色及其现代价值》，《浙江社会科学》1998
    年第 1 期。

吴成国、邓燕芹：《论〈贞观政要〉的官德思想》，《伦理学研究》2007 年第
    5 期。

萧致治：《略评中国近代官场的廉与贪》，《光明日报》2004 年 4 月 15 日。

肖杰：《中国古代"廉"的释义》，《红旗文稿》2007 年第 18 期。

谢世诚：《晚清吏治的腐败与洋务运动的失败》，《南京师大学报》（社会科学
    版）2001 年第 6 期。

谢俊美：《捐纳制度与晚清吏治的腐败》，《探索与争鸣》2000 年第 4 期。

谢俊美：《晚清卖官鬻爵新探——兼论捐纳制度与清朝灭亡》，《华东师范大学
    学报》（哲学社会科学版）2001 年第 5 期。

徐玉芬：《论淮北抗日根据地反对贪污和浪费的斗争》，《河南财经学院学报》
    1986 年第 3 期。

许启贤：《重视我国历史上的官德思想研究》，《道德与文明》1995 年第 6 期。

肖群忠：《孝与廉》，《光明日报》2013 年 1 月 21 日第 15 版。

肖群忠：《孝——中华民族精神的渊薮》，《河北学刊》2004 年第 4 期。

肖群忠：《孝与中国国民性》，《哲学研究》2000 年第 7 期。

杨昶：《"廉"德探源及古代廉吏标准》，《华中师范大学学报》（人文社会科
    学版）1996 年第 4 期。

杨义芹：《先秦儒家义利思想论析》，《齐鲁学刊》2009 年第 1 期。

杨义芹：《中国传统公私观及其缺陷》，《上海师范大学学报》（哲学社会科学
    版）2012 年第 2 期。

杨泽波：《公与私：义利诠释中的沉疴痼疾》，《中国文化研究》2002 年春
    之卷。

杨昶：《"廉"德探源及古代廉吏标准》，《华中师范大学学报》（人文社会科
    学版）1996 年第 4 期。

严学钧：《儒家廉耻伦理及其当代意义》，《齐鲁学刊》2014 年第 3 期。

颖之：《"清官"研究综述》，《中国史研究动态》2006 年第 1 期。

姚中秋：《儒家法律观发微》，《南方论丛》2009 年第 3 期。

周桂钿：《释"天人合一"》，《山东社会科学》2002 年第 1 期。

周欣:《周敦颐官德思想探析》,《船山学刊》2011 年第 1 期。

张立文:《儒家伦理与廉政》,《中州学刊》2014 年第 6 期。

张岱年:《新时代的义利理欲问题》,《北京大学学报》(哲学社会科学版) 1994 年第 4 期。

张践:《儒家孝道观的形成与演变》,《中国哲学史》2000 年第 3 期。

曾振宇:《儒家孝论的发生及其变异》,《文史哲》2002 年第 6 期。

后　记

呈现在大家面前的这本小书，是在博士学位论文基础上修改而成的。自2015年博士毕业，尤其是获评省优秀博士学位论文以后，我就一直想着能在适当的时机把这篇毕业论文公开出版了。转眼间，已经整整过去了七个年头。

其间，我对这一论文选题的思考也从未停止过。先后在《党员干部之友》和《齐鲁文史》两个刊物上，围绕儒家廉德思想与中国古代官德问题刊发了十余篇小文，同时还出版了《汉字中国：廉》著作一部。但因忙工作和各种事务缠身，一直没有专门抽出时间来集中修改完善博士学位论文。所以，书稿出版一事便被一拖再拖。儒家廉德思想内蕴丰厚，是一座学术的"富矿"，非常值得深入挖掘，区区20万字的书稿是不可能窥其全貌的，充其量也仅是展示了"富矿"的冰山一角，很多问题需要继续深入地研究、思考与探索。所以，在书稿即将付梓之际，心中不免惴惴不安起来。

能够挖到这座学术"富矿"，首先得益于导师傅永聚教授。十年前，蒙傅老师不弃，有幸忝列其门下。我本科阶段读的是历史专业，硕士阶段攻读的是世界古代中世纪史。研究生毕业工作以后，先是在历史文化学院给本科生讲授"世界古代中世纪史"和"中西文化交流史"等课程。后因工作岗位变动，又转到马克思主义学院给全校学生讲授"毛泽东思想和中国特色社会主义理论体系概论"和"中国近现代史纲要"等公共政治课。读博时，选择了本校的中国史专业。学科专业的大跨度转换，也对自己的学术研究确实是一个极大的挑战。所以，在选择博士学位论文选题时，傅师根据我的学历背景，专门给我"量身打造"了这样一个选题。论文思路与写作大纲也都是在老师悉心指导下完成的，论文的修改完善更是凝结了老师诸多的心血。

能够顺利地"采铜于山"，还特别受益于我的校外博士指导老师——中共中央党校哲学部王杰教授。能够拜在王老师门下读书问学，非常荣幸！王老师平时虽然事务繁忙，但十分关心我的学业与成长。每当遇到问题时，总能从王老师那里得到及时的指导和帮助。论文撰写与书稿修改，王老师都给予了很多宝贵的意见和建议。此外，读博期间，孔子研究院杨朝明教授，山东大学曾振宇教授，山东师范大学王钧林教授，曲阜师范大学李兆祥教授、成积春教授、黄怀信教授等，对论文的写作与修改，都给予了热情的指导与帮助，在此一并表示衷心的感谢。

现今，出版学术著作是非常难的，尤其是在国家一级出版社出版。所以，本书能够顺利在中国社会科学出版社出版，还要特别感谢中国社会科学出版社郝玉明老师的无私支持与帮助。没有郝老师的辛苦付出，书稿是不可能如期与大家见面的。此外，还要衷心感谢我的工作单位——曲阜师范大学马克思主义学院。对于本书的出版，学院给予了很多的经费资助。

"吾生也有涯，而知也无涯。"在研习儒学和中国传统文化的道路上，唯有付出更多的辛劳和努力，才能走得更远。聊以自勉！

任松峰

2022 年 8 月于山东日照